"十三五"大学生人文素质教育说

U0668107

职业礼仪
项目化教程

ZHIYELIYI
XIANGMUHUA
JIAOCHENG

主　审　张建华

主　编　张　娟

副主编　庞召恒　孙晓飞

山东人民出版社·济南

国家一级出版社　全国百佳图书出版单位

图书在版编目（CIP）数据

职业礼仪项目化教程/张娟主编． —济南：山东
人民出版社，2016.2（2018.9 重印）
ISBN 978 - 7 - 209 - 09261 - 6

Ⅰ．①职… Ⅱ．①张… Ⅲ．①礼仪－高等职业教育－
教材 Ⅳ．①K891.26

中国版本图书馆 CIP 数据核字（2016）第 030379 号

职业礼仪项目化教程

张　娟　主编

主管部门　山东出版传媒股份有限公司
出版发行　山东人民出版社
社　　址　济南市英雄山路 165 号
邮　　编　250002
电　　话　总编室（0531）82098914
　　　　　市场部（0531）82098027
网　　址　http://www.sd-book.com.cn
印　　装　山东华立印务有限公司
经　　销　新华书店

规　　格　16 开（184mm × 260mm）
印　　张　15.75
字　　数　260 千字
版　　次　2016 年 2 月第 1 版
印　　次　2018 年 9 月第 3 次
ISBN 978 - 7 - 209 - 09261 - 6
定　　价　34.00 元

如有印装质量问题，请与出版社总编室联系调换。

总　序

　　"十三五"大学生人文素质教育课程改革规划教材，是为了贯彻落实中共中央办公厅、国务院办公厅《关于进一步加强和改进新形势下高校宣传思想工作的意见》、国务院《关于加快发展职业教育的决定》、教育部《关于深化职业教育教学改革全面提高人才培养质量的若干意见》、教育部《关于全面深化课程改革落实立德树人根本任务的意见》，适应新形势公共基础课教学改革需要而组织开发的系列教材，对于立德树人，丰富学生的职业人文素养，提高学生的认识水平、理解能力、自学能力、应变能力，开拓学生的视野，发展学生智力、个性和特长，具有重要意义。

　　从党的十八大报告到十八届三中、四中、五中全会精神，特别是习近平总书记的重要讲话，中央反复强调教育的根本任务就是立德树人。青年大学生正处于价值观形成和确立的关键时期，抓好这一时期的价值观养成和培育十分重要。枣庄职业学院高度重视大学生人文素质教育，将中国梦作为青年大学生的共同时代理想，将社会主义核心价值观作为青年大学生的价值取向标准，引导大学生从中华民族传统文化瑰宝中汲取丰富营养，在勤学、修德、明辨、笃实上下功夫，踏实做人，锤炼本领，建功立业，报效祖国。近年来，学院在人文素质教育课教学实践中，按照素质、能力、知识三维培养目标和"项目导向、能力本位"的教学改革要求，依据学生的认知规律和职业成长规律来重构课程体系，对人文素质教育课进行重新设计，形成一套以项目导向、任务驱动、案例教学、模块教学、情境教学为主的教学方法体系，创新"做、学、教、赛"四位一体的教学模式，充分发挥了学生的主体地位，较好地调动了学生的学习积极性，教学效果明显改善。

　　本套"十三五"大学生人文素质教育课程改革规划教材的编写，在结构形式上注重创新，把教材和教法有机结合，采用项目导向、任务驱动的模式，按照学习目标、任务情境、任务分析、相关知识、任务实施、任务评价、素质拓展的体例编写，体现了学院基于项目导向的"做、学、教、赛"一体化教学改革的指导思想，共包含《职业礼仪项目化教程》《应用文写作项目化教程》《普通话项目化教程》《计算机文化基础项目化教程》《大学生心理健康教育项目化教程》《就业与创新创业指导项目化教程》《体育与健康项目化教程》七门课程。这些教材在编写上从高等职业教育规律出发，立足学生实际，突出学生的主体地位，注重理论与实践相结合，体现启发式、探究式、讨论式教学，旨在让学生主动思考问题，积极参与课堂讨论，在快乐中学习，在快乐中接受知识，进而达到提高教学质量的目的。

由王洪龄负责本套教材的规划和体例设计、通稿等工作，张建华、陶晓军分别担任相关教材的主审，负责教材内容的审订工作。各门教材主编均为枣庄职业学院公共基础课教学一线骨干教师，他们在教学改革过程中，积累了丰富的教学经验，对编写好这套教材具有很大的帮助。

在本套系列教材的编写过程中，我们借鉴和吸纳了国内外最新研究成果，引用了大量的参考资料，在此一并表示感谢。由于本套教材具有探讨性和改革性的特点，加之我们的能力和水平有限，书中难免会出现不足之处，敬请广大读者和专家批评指正。

教材编写委员会

前　言

我国是历史悠久的文明古国，几千年来创造了灿烂的文化，被称为礼仪之邦，至今有着高尚的道德准则、完整的礼仪规范。

讲究礼仪，遵从礼仪规范，可以有效地展现一个人的教养、风度与魅力，更好地体现一个人对他人和社会的认知水平和尊重程度，从而使个人的学识、修养和价值得到社会的认可和尊重。

礼仪是良好品德修养的表现形式，也是良好道德品质养成的重要途径之一，良好的道德品质需用彬彬有礼的方式去体现。礼仪的研究和教育在国内已经有所发展，特别是职业与礼仪的结合已成大势所趋。

对于当代大学生而言，礼仪礼貌是非常重要的。在人才招聘会上，言谈儒雅、服饰得体、仪表端庄、神态大方、礼仪到位的大学生更能受到用人单位的青睐。

本书的编写，旨在反映教学改革成果，突出高职教育"立德树人，能力本位"的教育理念，为进一步提高教育教学水平发挥应用的作用。

《职业礼仪项目化教程》全书共分十个项目，内容包括现代职业礼仪的概述、个人礼仪、日常交往礼仪、公共场合礼仪、求职面试礼仪、职场礼仪、中国民俗礼仪等。这些内容基本上涵盖了大学生学习、生活以及走向社会所要遵守的主要礼仪规范，是高校大学生素质教育课程的必备教材，也是关注自身成长的大学生朋友的有益读本。

本书按照"学习目标——任务情境——任务分析——相关知识——任务实施——拓展训练与测评"的体例来编写，意在体现"做、学、教、赛"四位一体教学改革的理念。撰写学习目标时，将"能力目标"放在第一个，以突出整套教材编写的指导思想——能力本位；任务情境的编写，注意体现时代感、先进性，尽量选用有代表性和时代感的例子，体现前沿工作岗位的要求；任务分析围绕任务情境展开分析，引出相关知识；相关知识体现系统化的要求；任务实施栏目意在对知识进行归纳、提升，由感性认识上升至理性认识；"拓展训练与测评"设置课堂练习、课堂训练，还有学生的小组互评和自我测评。另外，本书还设置欢乐课堂的情景模拟等相关内容，通过情景模拟加深学生对礼仪规范的感知程度。

本书既适合高职高专职业教育的需要，也可作为现代职业从业人员、职业礼仪培训及自学的教材。

本书各部分的分工：项目一至项目六：张娟（枣庄职业学院），项目七至项目十：庞召恒（枣庄职业学院），全书校对由孙晓飞（枣庄职业学院）完成。

在编写过程中，我们参考国内外大量书籍和网站上的有关资料，在此向原作者表示衷心的感谢。

枣庄职业学院王洪龄教授对书稿进行了审阅，并提出了许多宝贵的修改意见，对此表示衷心的感谢。

山东人民出版社的马洁编辑对本书给予了热情的帮助，在此深表感谢。

由于学识水平所限，书中的缺点和不足在所难免，恳请给予批评与指正。

目　录

项目概述

礼仪是在人际交往中，以一定的约定俗成的程序方式来表现的律己敬人的过程，涉及穿着、交往、沟通、情商等方面的内容。从个人修养的角度来看，礼仪是一个人内在修养和素质的外在表现；从交际的角度来说，礼仪是人际交往中适用的一种艺术、一种交际方式或交际方法，是人际交往中约定俗成的示人以尊重、友好的习惯做法；从传播的角度来看，礼仪是在人际交往中进行相互沟通的技巧。礼仪在人们在长期共同生活和相互交往中逐渐形成，并且以风俗、习惯和传统等方式固定下来。

在信息高速发展的现代社会，要想使自己成为一个懂礼仪、擅公关，胜任本职工作、受尊重的人，就必须了解礼仪的相关知识，掌握各种礼仪规范，使自己自如地应对不同层次、不同场合的工作和活动。

探究与实践

任务一　了解礼仪

学习目标

● **能力目标：**
理解掌握礼仪相关知识的重要性。

● **知识目标：**
了解礼仪的含义、特征、原则等相关知识。

● **素质目标：**
学做一个具备礼仪规范的职业人。

探究与实践

任务情境

小吴，1996年出生，某职业学院大一学生，开学后，看到第一学期的课程安排，其中，《职业礼仪项目化教程》是一门必修课，对此表示很不理解。心里想，我们是来学专业的，礼仪有必要作为一门必修课来开设吗？礼仪作为必修课，又要了解哪些礼仪知识和礼仪规范呢？

想一想

你认为当代大学生应该加强礼仪知识的学习吗？

任务分析

当代大学生，大多为独生子女，长期养成"以我为中心"的意识，同礼仪的核心思想——尊重他人、关爱他人、严于律己等格格不入，从而形成一种对礼仪的抵制。这与家庭教育、学校教育以及社会大环境的影响都有一定的关系。当代大学生对自身形象非常关注，他们强化各种能力的培养，追求时髦得体的着装，却没有认识到用符合礼仪要求的方式表达自己更为重要。当今社会是一个高度重视形象的时代，有的大学生虽然认识到了礼仪的重要性或对礼仪知识有一定的认识，但缺乏在实践中的规范训练和持之以恒的培养，并使之成为个人的礼仪习惯，因此也时常出现失礼的言行，甚至还存在一些错误认识。

因此，作为当代大学生，急需补上礼仪这门课。

相关知识

礼仪是一门学问，有特定的要求。在家庭、学校和各类公共场所，礼仪无处不在。就个人而言，表现在举止文明、动作优雅、姿态潇洒、手势得当、表情自然、仪表端庄等。

一、礼仪的含义

礼仪是指在人际交往中，自始至终地以一定的、约定俗成的程序方式表现的，律己、敬人的完整行为规范。礼仪是礼貌、礼节、仪表和仪式的统称。

礼貌是指人们在相互交往过程中表示敬重和友好的行为规范。

礼节是人们在日常生活中，特别是在交际场合中相互表示尊敬、祝颂、问候、致意、哀悼、慰问以及给予必要协助和照料的惯用形式。如：握手、鞠躬、拥抱、接吻、致意、微笑等都属于礼节。不同民族、不同国家有不同的礼节，礼节也随着时代发展而发展。

仪表是指人的外表，包括容貌、表情、谈吐、姿态、风度、服饰及个人卫生等，是礼仪的重要组成部分。

知识链接

孔子曰："不学礼，无以立。"就是说一个人要有所成就，就必须从学礼开始。

仪式是一种正式的礼节形式，是指为表示礼貌和尊重在一定场合举行的、具有专门程序的、规范化的活动。

礼仪是一个人乃至一个民族、一个国家文化修养和道德修养的外在表现形式，是做人的基本要求。一个人要有所成就，就必须从学礼开始。在现代社会，虽然一个国家、一个民族的综合国力所包含的内容十分广泛，但在评价一个国家、一个民族时，通常是从这个国家、这个民族中，人们的言行举止、文明习惯所体现的公民素质与精神面貌入手的。因为，从国家和民族的角度讲，礼仪是一个国家、一个民族社会风貌、道德水准、文明程度、公民素质的重要标志。从个体的角度说，礼仪是一个人思想觉悟、道德修养、精神面貌和文化教养的综合反映。通过一个人在社会生活中对礼仪运用的程度，可以察知其教养的高低、文明的程度和道德的水准。可见，礼仪学习对培养文明有礼、道德高尚的高素质人才有着十分重要的意义。

加强个人礼仪修养，处处注重礼仪，能使你在社会交往中左右逢源，无往不利；使你在尊敬他人的同时也赢得他人对你的尊敬，从而使人与人之间的关系更趋融洽，使人们的生存环境更为宽松，交往气氛更加愉快。

二、礼仪的内容

从内容上讲，礼仪是由礼仪的主体、礼仪的客体、礼仪的媒体、礼仪的环境四项基本要素构成的。

（一）主体

礼仪的主体指礼仪活动的操作者和实施者。既可以是个人，也可以是组织。当礼仪活动规模较小、较为简单时，其主体通常是个人。

例如，乘务员使用礼貌言行接待乘客，这个乘务员就是这个礼仪行为的主体。当礼仪活动规模较大、较为复杂时，其主体通常是组织。没有礼仪主体，礼仪活动就不可能进行。

（二）客体

礼仪的客体指礼仪活动的指向者和承受者。它可以是人，也可以是物；可以是物质的，也可以是精神的；可以是具体的，也可以是抽象的。

例如，演员演出结束，观众鼓掌，演员就是观众礼仪的客体；升国旗时，我们行注目礼，五星红旗就是我们的礼仪客体。没有礼仪客体，礼仪也无从谈起。

（三）媒体

媒体指礼仪活动所依托的一定的媒介。是礼仪内容和形式的统一，任何礼仪都必须使用礼仪媒体，包括人体媒体、物体媒体、事

探究与实践

知识链接
加强个人自身修养要做到：（1）要自觉提高个人品德修养；（2）要有正义感和原则性；（3）要关心他人，尊重他人，助人为乐。

体媒体等。在具体操作时，不同的礼仪媒体往往是交叉配合使用的。

（四）环境

环境指礼仪活动得以进行的特定的时空条件，分为自然环境和社会环境。礼仪的环境经常制约着礼仪的实施，它不仅决定实施何种礼仪，而且也决定具体礼仪的实施方法。

例如，父子俩在同一单位，父亲是领导，儿子是普通员工，在单位，他们要按照领导与被领导的关系来规范各自的行为；而在家里，情况就有所不同了。

三、礼仪的特征

现代礼仪具有的特征主要表现在规范性、限定性、可操作性、传承性、变动性五个方面。

（一）规范性

规范性指礼仪不仅约束着人们在一切交际场合的言谈举止，使之合乎礼仪；而且也是人们在一切交际场合必须采用的一种"通用语言"，是衡量他人、判断自己是否自律和敬人的一种尺度。礼仪作为公共道德的组成部分，它的产生、形成源于人类共同生活的需要，一旦稳定成一种行为规范，它就成为协调社会成员相互关系的准则，成为文明社会人人必须遵守的自然法规。总之，由于礼仪是约定俗成的一种自尊、敬人的惯用形式，因此，要想在交际场合表现得合乎礼仪、彬彬有礼，都必须遵守各种礼仪。

（二）限定性

限定性指礼仪主要适用于交际场合，适用于普通情况之下的、一般的人际交往与应酬。在这个特定的范围之内，礼仪肯定是行之有效的。离开了这个特定的范围，礼仪未必适用。理解这一点，就不会把礼仪当成放之四海而皆准的真理，就不会在非交际场合拿礼仪去以不变应万变。必须明确，当所处场合不同、身份不同时，所要应用的礼仪往往会有所不同，有时甚至还会差异很大。如中国人崇拜龙，就是从原始社会的图腾崇拜开始的，进入君主时代，龙又成了"真龙天子"的象征。到今天，龙又成了吉祥喜庆的代名词。然而，在英国以至整个西方世界，龙是凶残阴险的标志，人人惧怕，人人厌恶，而且很多有关于龙（蛇）的故事中，它总是被宰杀的下场。所以，圣诞节给中国人送龙的贺卡（当然，送"龙卡"的还不多），则很适合中国人的口味，若对英国人也如此，则是大大的失礼了。

礼仪的这一特性要求，在社交和礼仪活动中，我们既要注意各民族、国家、区域文化的共同共通之处，又应十分注意谨慎地处理相互间的文化差异，科学恰当地处理礼仪活动中不同文化的碰撞问题。

（三）可操作性

礼仪的可操作性指礼仪切实有效、易学易会、便于操作。它不是空洞无物的纸上谈兵，既有总体上的礼仪原则、礼仪规范，又有一系列的方式、方法，以及具体的操作流程。礼仪的形成本身就是一种行为规范，只有便于操作才能行之有效。

（四）传承性

任何国家的礼仪都具有明显的民族特色，任何国家的当代礼仪都是在继承本国传统礼仪的基础上发展起来的。作为一种人类文明的积累，礼仪将人们在交际应酬之中的习惯做法固定下来，流传下去，并逐渐形成自己的民族特色。这不是一种短暂的社会现象，而且不会因为社会制度的更替而消失。

（五）变动性

礼仪可以说是一种社会历史发展的产物，并具有鲜明的时代特点。一方面，它是在人类长期的交际活动实践中形成、发展、完善的，绝不可能凭空杜撰，一蹴而就，完全脱离特定的历史背景。另一方面，社会的发展，历史的进步，因此而引起的众多社会活动的新特点、新问题的出现，又要求礼仪有所变化、有所进步，推陈出新，以适应新形势下的新的要求。

如20世纪初，在欧美国家，如果哪位少妇外出遛狗，将被视为极大地丧失风度，有辱礼节。即使那只狗很有"教养"，同样证明少妇是没有教养的，周围的异样的眼光将使她陷入尴尬境地。但是20年之后，欧美国家遛狗成风，遛狗成为最有风度的少妇的行为。在人们羡慕的眼光里，这不但符合礼节，而且是一种上层生活的表现。

历史的长河奔流不息，每一个发展阶段都有与之相适应的礼仪。我们有充足的理由相信，未来更高阶段的礼仪，必然适应更高度的文明，从而更能为人们所自觉遵守。

四、礼仪的原则

礼仪的"礼"字指的是尊重，即在人际交往中既要尊重自己，也要尊重别人。古人讲"礼仪者敬人也"，实际上是一种待人接物的基本要求。礼仪的"仪"字，顾名思义，仪者仪式也，即尊重自己、尊重别人的表现形式。

从本质上说，礼仪是治人之道，属于道德范畴。它以文明为基础，以真诚为原则，以对他人的尊重为核心。礼仪有八个主要原则，它们同等重要，不可缺少。

知识链接

陶冶自我情操需要：（1）加强科学文化的学习，使自己成为一个知识渊博的人；（2）性格乐观、开朗、大方；（3）热情诚恳、善解人意、善良友好。

（一）遵守的原则

在交际应酬之中，每一位参与者都必须自觉、自愿地遵守礼仪，以礼仪去规范自己在交际活动中的一言一行，一举一动。不仅要学习、了解礼仪，更重要的是将其付诸个人的社交实践。任何人，不论身份高低、职位大小、财富多寡，都有自觉遵守、应用礼仪的义务，否则，就会受到公众的指责，交际就难以成功，这就是遵守的原则。没有这一条，就谈不上礼仪的应用、推广。

（二）自律的原则

从总体上来看，礼仪规范由对待个人的要求与对待他人的做法两大部分构成。对待个人的要求，是礼仪的基础和出发点。学习、应用礼仪，最重要的就是要自我要求、自我约束、自我控制、自我对照、自我反省、自我检点，这就是所谓自律的原则。古语云："己所不欲，勿施于人。"若是没有对自己的要求，人前人后不一样，只求律人，不求律己，不讲慎独与克己，遵守礼仪就无从谈起，就是一种蒙骗他人的大话、假话、空话。

（三）敬人的原则

孔子曾经对礼仪的核心思想有过一次高度的概括，他说："礼者，敬人也。"所谓敬人的原则，就是要求人们在交际活动中，与交往对象既要互谦互让，互尊互敬，友好相待，和睦共处，更要将对交往对象的重视、恭敬、友好放在第一位。在礼仪的两大构成部分中，有关对待他人的做法这一部分，比对待个人的要求更为重要，这一部分实际上是礼仪的重点与核心。而对待他人的诸多做法之中最重要的一条，就是要敬人之心常存，处处不可失敬于人，不可伤害他人的个人尊严，更不能侮辱对方的人格。掌握了这一点，就等于掌握了礼仪的灵魂。在人际交往中，只要不失敬人之意，哪怕具体做法一时失当，也不能算是失礼。

（四）宽容的原则

宽容的原则是指人们在交际活动中运用礼仪时，既要严于律己，更要宽以待人。要多容忍他人，多体谅他人，多理解他人，而千万不要求全责备，斤斤计较，过分苛求，咄咄逼人。在人际交往中，要容许其他人有个人行动和独立进行自我判断的自由。对不同于己、不同于众的行为耐心容忍，不必要求其他人处处效法自身，与自己完全保持一致，实际上也是尊重对方的一个主要表现。

那么，如何在礼仪中体现宽容原则呢？我们认为，应从以下几个方面做起：

第一，要做到"入乡随俗"。如中东一些国家，受宗教信仰的影响，禁止女性向家庭成员以外的男人裸露肌肤，严格讲究男女授受不亲。去这些国家访问做客，就应尊重他们的礼仪规范。

第二，理解他人，体谅他人，对他人不求全责备。俗话说"金无足赤，人无完人"，现实生活中的人，没有十全十美的。表现在礼仪方面，有些人擅长于礼仪交际，说话办事滴水不漏；有些人则不熟悉礼仪知识，形似粗俗。

第三，虚心接受他人对自己的批评意见，即使批评错了，也要认真倾听。俗话说"人非圣贤，孰能无过"，有了过错后允许他人批评指正，才能得到大家的理解和尊重。有时，批评者的意见是错误的，但只要不是出于恶意，就应以宽容大度的姿态对待，有则改之，无则加勉。

（五）平等的原则

在具体运用礼仪时，允许因人而异，根据不同的交往对象，采取不同的具体方法。但是，与此同时必须强调指出：在礼仪的核心点，即尊重交往对象、以礼相待这一点上，对任何交往对象都必须一视同仁，给予同等程度的礼遇。不允许因为交往对象彼此之间在年龄、性别、种族，文化、职业、身份、地位、财富，以及与自己的关系亲疏远近等方面有所不同，就厚此薄彼，区别对待，给予不同待遇。这是社交礼仪中平等原则的基本要求。

（六）从俗的原则

由于国情、民族、文化背景的不同，在人际交往中，实际上存在着"十里不同风，百里不同俗"的现象。对这一客观现实要有正确的认识，不要自高自大，唯我独尊，以我画线，简单否定其他不同于己的做法。必要之时，必须坚持入乡随俗，与绝大多数人的习惯做法保持一致，切勿目中无人，自以为是，指手画脚，随意批评，否定其他人的习惯性做法。遵守从俗原则的这些规定，会使对礼仪的应用更加得心应手，更加有助于人际交往。

（七）真诚的原则

礼仪上所讲的真诚的原则，就是要求在人际交往中运用礼仪时，务必待人以诚，诚心诚意，诚实无欺，言行一致，表里如一。只有如此，自己在运用礼仪时所表达的对交往对象的尊敬与友好，才会更好地被对方所理解、所接受。与此相反，倘若仅把运用礼仪作为一种道具和伪装，在具体操作礼仪规范时口是心非，言行不一，弄虚作假，投机取巧，或是当时一个样，事后一个样，有求于人时一个样，被人所求时另外一个样，则有悖礼仪的基本宗旨。将礼仪等同于"厚黑学"，肯定是行不通的。

（八）适度的原则

适度的原则要求，应用礼仪时，为了保证取得成效，必须注意技巧，合乎规范，特别要注意做到把握分寸，认真得体。这是因为凡事过犹不及，运用礼仪时，假如做得过了头，或者做得不到位，都不能正确地表达自己的自律、敬人之意，当然，运用礼仪要真正做到恰到好处，恰如其分，唯有勤学多练，积极实践，此外别无他途。

五、礼仪的作用

礼仪的核心是尊重。礼仪的作用，概括地说，是表示不同地位的人们之间的相互关系和调整、处理人们相互关系的手段。礼仪的作用表现在以下几个方面：

（一）尊重的作用

尊重的作用即向对方表示尊敬、表示敬意，同时对方也还之以礼。礼尚往来，有礼仪的交往行为，蕴含着彼此的尊敬。

（二）约束的作用

礼仪作为行为规范，对人们的社会行为具有很强的约束作用。礼仪一经制定和推行，久而久之，便形成社会的习俗和社会行为规范。任何一个生活在某种礼仪习俗和规范环境中的人，都自觉或不自觉地受到该礼仪的约束，自觉接受礼仪约束是"成熟的人"的标志，不接受礼仪约束的人，社会就会以道德和舆论的手段来对他加以约束，甚至以法律的手段来强迫。

（三）教化的作用

礼仪具有教化作用，主要表现在两个方面：一方面是礼仪的尊重和约束作用。礼仪作为一种道德习俗，它对全社会的每个人，都有教化作用，都在施行教化。另一方面，礼仪的形成、礼仪的完备，会成为一定社会传统文化的重要组成部分，它以"传统"的力量不断地由老一辈传承给新一代，世代相继、世代相传。在社会进步中，礼仪的教化作用具有极为重大的意义。

（四）调节的作用

礼仪具有调节人际关系的作用。一方面，礼仪作为一种规范、程序，作为一种文化传统，对人们之间相互关系模式起着规范、约束和及时调整的作用；另一方面，某些礼仪形式、礼仪活动可以化解矛盾、建立新关系模式。礼仪在处理人际关系中，在发展健康良好人际关系中，是有其重要作用的。

六、礼仪的基本功能

现代社会中，礼仪无时不在，无处不有，渗透到日常生活的方方面面，发挥着越来越大的作用。它对社会和个人具有多方面的作用。礼仪作为一种形式，可以满足不同社会的需要，任何社会交往都离不开礼仪，而且，社会越进步，人们越需要礼仪来调节社会生活。礼仪的基本功能有以下几个方面：

（一）塑造高尚人格的途径

礼仪是一个国家、一个民族社会风尚和道德水准的重要标志，也是一个人的思想觉悟、文化修养、精神风貌的主要标志。这是因为，礼仪在塑造高尚人格方面具有重要的作用，礼仪对人的要求包括表、里两个方面，它既要求一个人要有与人为善的道德观念，又要求优雅得体的言行举止。因此，良好的礼仪教育对于塑造高尚的人格至关重要。

（二）追求事业成功的手段

有的礼仪形式看似简单，只不过是一个微笑，一声道谢，一种举手之劳，但这不起眼的表现，却可能成为我们立身处世的法宝。通过学习礼仪，可以提高自身道德修养和文明程度，更好地显示自身的优雅风度和良好的形象。一个彬彬有礼、言谈有致的人，在其人生道路上将会如沐春风，受到人们的尊敬和赞扬，给他人、给社会带来温暖和欢乐。礼仪教育是培养造就成功人士的重要内容，其作用是其他形式不可替代的。

（三）打开交际大门的钥匙

一个人如果能懂得并且运用不同场合的礼仪知识，就能够更容易地与交际对象打成一片，使他们倍感亲切自然，感受到你对他们的熟悉、理解和尊重，从而把你当成自己人，乐于接纳和接近你。礼仪本身作为人际关系的一把特殊钥匙，能够较轻易地打开各种交际活动的大门。

（四）联系人际关系的纽带

人际关系是人们通过交际活动而形成的交际者之间直接的心理关系。人际关系的和谐离不开一定的情感因素，而这一情感因素的最好表达形式就是一种符合规范的礼仪。比如，作为子女，上学前向父母打个招呼；作为同事，上班见面热情地问个好，这些看似细小的礼节形式，会像一条美丽的纽带，把自己同他人紧密地联系在一起，形成人际关系的美丽风景线。礼仪在交流中的重要性越来越突出。因为只有讲究礼仪，共同用礼仪来规范彼此的交际活动，才能更好地表达对对方的尊重之情，增进相互间的了解和友谊。如果不讲究礼仪，即使你心里再尊重对方，想得到对方的好感，也不一定会给对方留下好的印象。因为人与人之间的相互观察和了解，一般都是从礼仪开始的，因此必须遵守礼仪的规则和方式。同时，人们常常有意无意地由他人对礼仪的履行程度，以及自己所感受到的礼遇来分析和判断这其中折射的对方的心态、情感和意向，而后便

知识链接

　　礼仪对个人的作用是：对于个人来说，礼仪可以建立自尊，增强自重、自信、自爱，为社会的人际交往铺平道路，处理好各种关系。

会产生一定的情绪、体验，增加好感，或者产生排斥，心生不快。讲究礼仪，可以唤起人们的沟通欲望，建立好感和信任，进而形成和谐、良好的人际关系，促进交际的成功。

（五）良好社会秩序的基石

人是社会动物，需要团体生活。所以，社会生活中，必须有正常的社会秩序。社会的良好运行与稳定，社会秩序的井然有序，人际关系的协调融洽，家庭邻里的和睦安宁，都需要人们共同遵守礼仪的规范和要求。正是因为礼仪有规范和维护的功能，所以人人都应自觉遵守礼仪规范，并逐步形成社会的风尚和良好的道德习惯，从而形成一种强大的道德力量，保证社会正常的生产和生活秩序。

（六）社会发展的助力器

在现代社会中，人们常常把礼仪看作一个国家、一个民族精神面貌和凝聚力的体现。学习礼仪，遵守礼仪，可以净化社会风气，提升个人、组织及至整个社会的精神品味，展示良好形象，推动精神文明建设，促进社会和谐与发展。

任务实施

作为新时代的大学生，我们即将步入社会，更应该懂得礼仪的重要性。而在市场经济大潮之下，社会对大学生的个人素质提出了更高的标准和更加具体的要求，在这种背景下，大学生有必要加强现代职业礼仪的学习。大学生学习现代礼仪，对我们今后的工作、生活有重要的意义。

拓展训练与测评

1.元世祖忽必烈一次召见应聘官员，应聘者中有一位学士叫胡石塘。此人生性粗心，不拘小节，歪戴着帽子，就进去面见元世祖。忽必烈看见他，问道："你有什么本事啊？说来我听听。"胡学士回答说："我有治国平天下的学识。"忽必烈听了哈哈大笑，"你连自己头上的帽子都戴不平，还能平天下吗？"胡学士因为歪戴帽子，不拘小节而葬送了前程，难道不足以说明礼仪礼貌的重要吗？

互评成绩：一等奖_____，二等奖_____，三等奖_____。

2.威尼斯一家酒店大堂中立着一块这样的牌子，上面用中文写道："请勿随地吐痰！"在日本的一家酒店的自助早餐厅，有用中文写的"请勿将食品带出餐厅！"在泰国皇宫，有用中文写的"便后冲水！"在美国珍珠港，有用中文写的"垃圾桶在此！"在法

探究与实践

分组讨论
你是怎样理解"小处不可随便"这个问题的？

问 题
这些不良习惯你有吗？如果有，请改正！并记录改正的经历。如果你没有，你

国巴黎圣母院，有用中文写的"请保持安静！"而这些汉字旁边都没有同样内容的当地语言的标牌。对我们来说，美丽的汉字此刻无声地诉说着某些国人的陋习。

自测得分：_____。

3. 现代社会可以说是一个"无礼寸步难行"的社会，谈谈你对这种说法的认识。

能纠正你身边的人，如同学、同事、朋友和家人的这些不良行为吗？你曾经有没有制止过类似的不良行为，如果有，请描述。

📊 欢乐课堂

》》情景模拟

有个小伙初次出远门，到一个亲戚家去，约莫着快到了，想找人问问。

这时路边树下坐着一个老汉，在那里抽旱烟，小伙走上前问道："喂，老头，到大王庄还有几里？"

"你问我？"老汉说。小伙子点点头。

"到大王庄还有三百杆子。"老汉吐口烟说。

小伙子惊奇地说："你们这里怎么不论里啊？"

老汉又吐口烟说道："论理？论理得叫大爷。"

想一想
如何做一位有礼貌的问路人？

任务二　追溯礼仪之源

📈 学习目标

● **能力目标：**
培养个人的礼仪意识。

● **知识目标：**
了解礼仪的产生和发展的相关知识。

● **素质目标：**
学做具备礼仪知识的现代文明人。

🖼 任务情境

我国是文明古国、礼仪之邦，拥有五千年的文明史，那么我国礼仪是怎样产生和发展的呢？

想一想
为什么说我国是"文明古国，礼仪之邦"？

📊 任务分析

对于礼仪的起源，研究者们说法不一。归纳起来有五种说法：一是天神生礼仪；二是礼仪为天地人的统一体；三是礼仪产生于人的自然本性；四是礼仪为人性和环境矛盾的产物；五是礼仪生于理，起源于俗。礼仪作为一种文化，像其他事物发展过程一样，同样经历了初始、发展和完善的过程。

相关知识

礼仪作为人际交往的重要的行为规范，它不是随意凭空臆造的，也不是可有可无的。了解礼仪在远古时代的起源和发展，有利于认识礼仪的本质，自觉地按照礼仪规范的要求进行社交活动。

一、中国礼仪的起源

（一）从理论上说，礼的产生，是人类为了协调主客观矛盾的需要

首先，礼的产生是为了维护自然的"人伦秩序"的需要。人类为了生存和发展，必须与大自然抗争，不得不以群居的形式相互依存，人类的群居性使得人与人之间相互依赖又相互制约。在群体生活中，男女有别，老少有异，既是一种天然的人伦秩序，又是一种需要被所有成员共同认定、保证和维护的社会秩序。人类面临着的内部关系必须妥善处理，因此，人们逐步积累和自然约定出一系列"人伦秩序"，这就是最初的礼。其次，起源于人类寻求满足自身欲望与实现欲望的条件之间动态平衡的需要。人对欲望的追求是人的本能，人们在追寻实现欲望的过程中，人与人之间难免会发生矛盾和冲突。为了避免这些矛盾和冲突，就需要为"止欲制乱"而制礼。

（二）从具体的仪式上看，礼产生于原始宗教的祭祀活动

原始宗教的祭祀活动都是最早也是最简单的以祭天、敬神为主要内容的"礼"。这些祭祀活动在历史发展中逐步完善了相应的规范和制度，正式形成祭祀礼仪。随着人类对自然与社会各种关系认识的逐步深入，仅以祭祀天地鬼神祖先为礼，已经不能满足人类日益发展的精神需要和调节日益复杂的现实关系的需要，于是人们将侍神致福活动中的一系列行为，从内容和形式扩展到了各种人际交往活动，从最初的祭祀之礼扩展到社会各个领域、各种各样的礼仪。

二、中国礼仪的发展

礼仪在其传承沿袭的过程中不断发生着变革。从历史发展的角度来看，其演变过程可以分四个阶段。

（一）礼仪的起源时期：夏朝以前（公元前21世纪前）

礼仪起源于原始社会，在原始社会中晚期（约旧石器时代），出现了早期礼仪的萌芽。整个原始社会是礼仪的萌芽时期，礼仪较为简单和虔诚，还不具有阶级性。内容包括：制定了明确血缘关系

知识链接
中国古代的"礼"和"仪"实际上是两上不同的概念。"礼"是制度、规则和一种社会意识观念，"仪"是"礼"的具体表现形式，它是依据"礼"的规定和内容形成的一套系统而完整的程序。

的婚嫁礼仪，区别部族内部尊卑等级的礼制，为祭天敬神而确定的一些祭典仪式，还制定一些在人们的相互交往中表示礼节和表示恭敬的动作。

（二）礼仪的形成时期：夏、商、西周三代（公元前21世纪至前771年）

人类进入奴隶社会，统治阶级为了巩固自己的统治地位把原始的宗教礼仪发展成符合奴隶社会政治需要的礼制，礼被打上了阶级的烙印。在这个阶段，中国第一次形成了比较完整的国家礼仪与制度。如"五礼"就是一整套涉及社会生活各方面的礼仪规范和行为标准。古代的礼制典籍亦多撰修于这一时期，如周代的《周礼》《仪礼》《礼记》就是我国最早的礼仪学专著。在汉以后2000多年的历史中，它们一直是国家制定礼仪制度的经典著作，被称为礼经。

（三）礼仪的变革时期：春秋战国时期（公元前771至前221年）

这一时期，学术界形成了百家争鸣的局面，以孔子、孟子、荀子为代表的诸子百家对礼教给予了研究和发展，对礼仪的起源、本质和功能进行了系统阐述，第一次在理论上全面而深刻地论述了社会等级秩序划分及其意义。

孔子对礼仪非常重视，把"礼"看成是治国、安邦、平定天下的基础。他认为"不学礼，无以立"，"质胜文则野，文胜质则史。文质彬彬，然后君子"。他要求人们用礼的规范来约束自己的行为，要做到"非礼勿视，非礼勿听，非礼勿言，非礼勿动"；倡导"仁者爱人"，强调人与人之间要有同情心，要相互关心、彼此尊重。

孟子把礼解释为对尊长和宾客严肃而有礼貌，即"恭敬之心，礼也"，并把"礼"看做是人的善性的发端之一。

荀子把"礼"作为人生哲学思想的核心，把"礼"看做是做人的根本目的和最高理想，"礼者，人道之极也"。他认为"礼"既是目标、理想，又是行为过程。"人无礼则不生，事无礼则不成，国无礼则不宁。"

管仲把"礼"看做是人生的指导思想和维持国家的第一支柱，认为礼关系到国家的生死存亡。

（四）强化时期：秦汉到清末（公元前221至公元1911年）

在我国长达2000多年的封建社会里，尽管在不同的朝代，礼仪文化具有不同的社会政治、经济、文化特征，却有一个共同点：就是一直为统治阶级所利用，礼仪是维护封建社会的等级秩序的工具。这一时期礼仪的重要特点是尊君抑臣、尊夫抑妇、尊父抑子、尊神抑人。在漫长的历史演变过程中，它逐渐变成为妨碍人类个性

探究与实践

查一查
　诸子百家对礼教的研究和发展，还有哪些言论？

13

自由发展、阻挠人类平等交往、窒息思想自由的精神枷锁。

纵观封建社会的礼仪，内容大致有涉及国家政治的礼制和家庭伦理两类。这一时期的礼仪构成中华传统礼仪的主体。

（五）现代礼仪的发展

1.形式趋简

辛亥革命以后，受西方资产阶级"自由、平等、民主、博爱"等思想的影响，中国的传统礼仪规范、制度受到强烈冲击。五四新文化运动对腐朽、落后的礼教进行了清算，符合时代要求的礼仪被继承、完善、流传，那些繁文缛节逐渐被抛弃，同时接受了一些国际上通用的礼仪形式。新的礼仪标准、价值观念得到推广和传播。

2.礼仪的内容日益丰富

新中国成立后，逐渐确立以平等相处、友好往来、相互帮助、团结友爱为主要原则的具有中国特色的新型社会关系和人际关系。改革开放以来，随着中国与世界的交往日趋频繁，西方一些先进的礼仪、礼节陆续传入我国，同我国的传统礼仪一道融入社会生活的各个方面，构成了社会主义礼仪的基本框架。许多礼仪从内容到形式都在不断变革，现代礼仪的发展进入了全新的发展时期。大量的礼仪书籍相继出版，各行各业的礼仪规范纷纷出台，礼仪讲座、礼仪培训日趋红火。人们学习礼仪知识的热情空前高涨，讲文明、讲礼貌蔚然成风。今后，随着社会的进步、科技的发展和国际交往的增多，礼仪必将得到新的完善和发展。

三、中国古代礼仪五礼的内容

礼仪即礼节与仪式。中国古代有"五礼"之说，祭祀之事为吉礼，冠婚之事为嘉礼，宾客之事为宾礼，军旅之事为军礼，丧葬之事为凶礼。

五礼的内容相当广泛，从反映人与天、地、鬼神关系的祭祀之礼，到体现人际关系的家族、亲友、君臣上下之间的交际之礼；从表现人生历程的冠、婚、丧、葬诸礼，到人与人之间在喜庆、灾祸、丧葬时表示的庆祝、凭吊、慰问、抚恤之礼，可以说是无所不包，充分反映了古代中华民族的尚礼精神。

（一）吉礼

吉礼居五礼之手，它主要是对天神、地祇、人鬼的祭祀典礼。其主要内容可包括三个方面。第一是祭天神，即祀昊天上帝，祀日月星辰，祀司中、司命、风师、雨师等。第二是祭地祇，即祭社稷、五帝、五岳，祭山林川泽，祭四方百物等。第三是祭人鬼，主要为春夏秋冬享祭先王、先祖。

（二）凶礼

凶礼是哀悯、吊唁、忧患之礼。它的主要内容有：以丧礼哀死亡，以荒礼哀区礼，以吊礼哀祸灾，以桧礼哀围败，以恤礼哀寇乱。其中，丧礼是对各种不同关系的人之死亡，通过规定时间的服丧过程来表达不同程度的悲伤。

荒礼是对某一地区或某一国家受到饥馑疫疠的不幸遭遇，国王与群臣都采取减膳、停止娱乐等措施来表示同情。

吊礼是对同盟国或挚遇有死丧或水火灾祸而进行吊唁慰问的一种礼节。以上三种礼节各级贵族都可举行。

桧礼是同盟国中某国被敌国侵犯，城乡残破，盟主国应会合诸国，筹集财货，偿其所失。

恤礼是某国遭受外侮或内乱，其邻国应给予援助和支持。

（三）宾礼

宾礼是接待宾客之礼。它主要包括朝、宗、觐、遇、会、同、问、视八项。

（四）军礼

军礼是师旅操演、征伐之礼，军礼主要有大师之礼、大均之礼、大田之礼、大役之礼、大封之礼。大师之礼是军队征伐的仪礼；大均之礼是王者和诸侯在均土地、征赋税时举行军事检阅，以安抚民众；大田之礼是天子的定期狩猎，以练习战阵，检阅军马；大役之礼是国家兴办的筑城邑、建宫殿、开河、造堤等大规模土木工程时的队伍检阅；大封之礼是勘定国与国，私家封地与封地间的疆界、树立界碑的一种活动。

（五）嘉礼

嘉礼是沟通人际关系、联络感情的礼仪。嘉礼的主要内容有饮食之礼、婚冠之礼、宾射之礼、燕之礼、赈幡之礼、贺庆之礼。

民俗界认为礼仪包括生、冠、婚、丧四种人生礼仪。实际上礼仪可分为政治与生活两大部类。政治类包括祭天、祭地、宗庙之祭，祭先师先圣、尊师乡饮酒礼、相见礼、军礼等。生活类礼仪的起源，按荀子的说法有"三本"即"天地生之本""先祖者类之本""君师者治之本"。

在礼仪中，丧礼的产生最早。丧礼于死者是安抚其鬼魂，于生者则成为分长幼尊卑、尽孝正人伦的礼仪。在礼仪的建立与实施过程中，孕育出了中国的宗法制。礼仪的本质是治人之道，是鬼神信仰的派生物。礼仪与封建伦理道德说教相融合，即礼仪与礼教相杂，成为实施礼教的得力工具之一。行礼为劝德服务，繁文缛节极尽其

探究与实践

知识链接

在中国古代，礼仪是为了适应当时社会需要，从宗族制度、贵贱等级关系中衍生出来的，因而带有产生它的那个时代的特点及局限性。时至今日，现代的礼仪与古代的礼仪已有很大差别，我们必须舍弃那些为剥削阶级服务的礼仪规范，着重选取对今天仍有积极、普遍意义的传统文明礼仪，如尊老敬贤、仪尚适宜、礼貌待人、容仪有整等，加以改造与继承。这对于培养良好的个人素质，协调和谐的人际关系，塑造文明的社会风气，进行社会主义精神文明建设，具有重要价值。

能。直到现代，礼仪才得到真正的改革，无论是国家政治生活的礼仪，还是人民生活礼仪，都改变成无鬼神论的新内容，从而成为现代文明礼仪。

任务实施

从礼仪的起源可以看出，礼仪的起源具有一定的目的性，主要是维护人类在社会活动中稳定的秩序、保持一种交际的和谐。正是由于协调人类社会矛盾的需要，礼仪应运而生。在历史的进程中，随着生产力的发展，人们认识能力的提高，礼仪的形式和内容逐渐扩展到了各个领域，并在不断的继承过程中，弃其糟粕、发扬光大，体现了人们道德观念和交往准则，成为人类文明进步的标志。历经几千年，人类形成了一套完整的礼仪思想和规范。

拓展训练与测评

1. 中国传统礼仪

（1）"九宾之礼"。这是我国古代最隆重的礼节。它原是周朝天子专门用来接待天下诸侯的重典。周朝有八百个诸侯国，周天子按其亲疏，分别赐给各诸侯王不同的爵位，爵位分公、侯、伯、子、男五等，各诸侯国内的官职又分为三等：卿、大夫、士，诸侯国国君则自称为"孤"。"公、侯、伯、子、男、孤、卿、大夫、士"合起来，被称为"九仪"或称"九宾"。周天子朝会"九宾"时所用的礼节，就叫"九宾之礼"。"九宾之礼"是很隆重的，先是从殿内向外依次排列。九位礼仪官员，迎接宾客时则高声呼唤，上下相传，声势威严。按古礼，"九宾之礼"只有周天子才能用，但到了战国时代，周朝衰微，诸侯称霸，"九宾之礼"也为诸侯所用，演变为诸侯国接见外来使节的一种最高外交礼节了。《廉颇蔺相如列传》中的"设九宾之礼"就是指此。

（2）"跪拜礼"。早在原始社会就已产生，但那时人们仅仅是以跪拜的形式表示友好和敬意，并无尊卑关系。进入阶级社会后，情况就不同了，特别是在封建社会里，"跪拜"是一种臣服的表示，"拜，服也；稽首，服之甚也"。即使是平辈跪拜，也有彼此恭敬的意思。"跪拜礼"其表现形式有多样，但主要有以下几种：第一，"稽首"，是臣拜君之礼。拜者头首着地，并停留较长一段时间；第二，"顿首"，即叩首、叩头。头一触地就起，是一种用于平辈间的，比较庄重的礼节。古人就常常在书信的头或尾书以"顿首"二字，以表敬意，另外，还有"空首""再拜"等。

（3）"揖让礼"。"揖"是作揖，双手抱拳打拱，身体向前微倾；"让"表示谦让。这是一种大众化的礼节，一般用于宾主相见时，或平辈间、比较随便的场合。"打躬作揖"即是一种引见，也表示一种寒暄问候。这一礼节，最能体现中华民族"谦让"的美德。

（4）"袒臂礼"。又叫"左右袒"，是一种特定场合下的特殊礼节。所谓"左右袒"，是指露出左手臂或右手臂，以表示拥护哪一方面的意思。它一般用于事态严重的场合，通过"袒臂"表示拥护谁，借以解决争端。相当于今天的举手表决。这种礼节，大约产生于春秋战国时代。

（5）"虚左礼"。古人一般尊崇左，故以右为较尊贵的地位。但乘坐车辆时，却恰好相反：车骑以"左"为尊位。如《信陵君窃符救赵》："公子车骑，虚左，自迎夷门后生。"后来经过演变，"虚左"就表示对人的尊敬。在"待客"或"给某人留下官位"时。常谦称"虚左以待"。"虚左以待"的行为，就成为尊重人的一种礼节。

互评成绩：一等奖_____，二等奖_____，三等奖_____。

2. 孟子休妻

孟子，我国战国时期的思想家、政治家和教育家，是继孔子之后儒家学派的主要代表人物，被后世尊奉为仅次于孔子的"亚圣"。

孟子一生的成就，与他的母亲从小对他的教育是分不开的。孟母是一位集慈爱、严格、智慧于一身的伟大的母亲，至今仍流传着"孟母三迁""孟母断织"等富有深刻教育意义的故事。孟子成年娶妻后，孟母仍不断利用处理家庭生活的琐事等去启发、教育他，帮助他从各方面进一步完善人格。有一次，孟子的妻子在房间里休息，因为是独自一个人，便无所顾忌地将两腿叉开坐着。这时，孟子推门进来，一看见妻子这样坐着，非常生气。原来，古人称这种双腿向前叉开坐为箕踞，箕踞向人是非常不礼貌的。

孟子一声不吭就走出去，看到孟母，便说："我要把妻子休回娘家去。"孟母问他："这是为什么？"孟子说："她既不懂礼貌，又没有仪态。"孟母又问："因为什么而认为她没礼貌呢？""她双腿叉开坐着，箕踞向人"，孟子回道："所以要休她。""那你又是如何知道的呢？"孟母问。孟子便把刚才的一幕说给孟母听，孟母听完后说："那么没礼貌的人应该是你，而不是你妻子。难道你忘了《礼记》上是怎么教人的？进屋前，要先问一下里面是谁，上厅堂时，要高声说话，为避免看见别人的隐私，进房后，眼睛应向下看。你想想，卧室是休息的地方，你不出声、不低头就闯了进去，已经先失了礼，怎么能责备别人没礼貌呢？没礼貌的人是你自己呀！"一席话说得孟子心服口服，再也没提什么休妻子回娘家的话了。

自测得分：_____。

探究与实践

分组讨论
　　我国有哪些礼仪是从古一直延续至今的？还有哪些重要礼仪现在已经不再沿用？

想一想
　　在与家人相处的日常生活中，你注意礼节了吗？

17

3. 1786年，法国国王路易十六的王后玛丽·安东尼到巴黎戏剧院看戏，全声起立鼓掌。放荡不羁的奥古斯丁为了引起王后的注意，面向王后吹了两声很响的口哨。当时吹口哨被视为严重的调戏行为，国王大怒，把奥古斯丁投入监狱。而奥古斯丁入狱后似乎就被遗忘了，即不审讯，也不判刑，就日复一日地关着。后因时局变化，也曾有过再次出狱的机会，但阴差阳错，终究还是无人问津。直到1836年老态龙钟的奥古斯丁才被释放，当时已经72岁。两声口哨换来50年的牢狱之灾，实在是天大的代价。

欢乐课堂

≫ 情景模拟

甲：新搬来的邻居好可恶，昨天晚上三更半夜跑来猛敲我家的门。

乙：那你有没有马上报警？

甲：没有。我当他们是疯子，继续吹我的小喇叭。

探究与实践

问 题

（1）两声口哨换来50年的牢狱之灾值得吗？

（2）你在生活中遇到的无礼的事情，你是怎么对待无礼之人的？

谈一谈

如果你遇到这种不注意邻里关系，只顾自己、不顾别人的情况你该怎么做？

装扮自己，尊重他人

项目概述

个人礼貌修养程度的高低会直接影响他人的看法与评价，在交往中将产生巨大的影响。

真正的礼貌行为是一种本能的表现，它源自一个人的性格和内心。礼貌修养和礼貌行为应该是一致的，提高自己的礼貌修养，更好地掌握和自如地运用各种礼貌礼节规范自己，已经成为个人进步的一个重要方面。歌德说过："一个人的礼貌就是一面照出他肖像的镜子。"

任务一　美好形象从"头"开始
——仪容礼仪

学习目标

● **能力目标：**

通过模拟训练掌握个人礼仪规范。

● **知识目标：**

通过学习，了解个人礼仪的相关知识。

● **素质目标：**

学会正确地运用个人礼仪规范，做文明现代人。

任务情境

小王身材高大，口头表达能力强，作为公司销售代表，能够把公司产品介绍得很得体，做事踏实、认真，老总对他抱有很大的期望。由于忙于工作，他不修边幅，经常是忙得满脸大汗顾不得擦，有时眼角带着分泌物，黑黑的，头发也经常是乱糟糟、油腻腻的，白衬衫的衣领多是酱黑色的，双手拇指和小指喜欢留长指甲，指甲里藏着很多"东西"，有时候手上还写着电话号码。尤其喜欢吃大葱，但是不知道去除异味的必要性，大多数情况下，客户不愿意和他见第二面。你觉得小王的销售业绩能上去吗？小王该如何对待自己的仪容呢？

探究与实践

想一想
  作为当代大学生的你，在日常交往中注重自己的仪容、仪表吗？

任务分析

仪容仪表是一个人的另一张名片，一个人在社会中需要扮演不同的角色，当一个人以某种角色出现时，在仪容仪表方面就要符合社会对这个角色所规定的要求。

相关知识

仪容，简单讲是指人体不需要着装的部位，主要是面部，广义上还包括头发、手部，以及穿着某些服装而暴露出的腿部。在人际交往中，每个人的仪容都会引起交往对象的特别关注，并将影响到对方对自己的整体评价。

一、仪容的中心——头发

（一）头发的要求

头发应保持清洁，梳理整齐。头发很能吸引他人的注意力。今天，头发的功能不仅仅限于表现人的性别，更多地反映一个人的道德修养、审美水平、知识层次以及行为规范。

首先，保持头发干净、清爽，是职场人士对于护发礼仪的基本要求。日常生活中，头发会分泌油脂，加之头发会不断地吸附灰尘，因此头发很容易变脏，甚至会产生难闻的气味。为了保持头发的清洁，首先要经常洗头发。一般情况下，应隔天洗一次，最长不能超过三天。在夏季，或经常进行户外运动以及油性发质者，应每天清洗，中性或干性发质者，每周应洗发三至四次。

其次是梳理头发。梳理头发是每天必做之事，在梳理时，有三点应注意：一是梳理头发不宜当众进行，作为私人事务，应避开外人；二是梳理头发不宜直接"下手"，最好随身携带一把发梳，以备必要时梳理头发之用，不到万不得已，千万不要以手指代替发梳；三是断发、头皮屑不宜乱扔，信手乱扔，是缺乏教养的表现。梳理头发完毕，应随手清理衣服上的断发、头皮屑，以免让别人看到不舒服。

最后是修剪头发，修剪头发需要定期进行，通常男士头发半月修剪一次，最长不要超过一个月；女士头发要保持头发的造型，头发长短应适度。一般职场上要求男士前发不覆额，侧发不掩耳，后发不及领，不留长发和大鬓角；女士要求长发不过肩，发不遮脸，刘海儿不过低，发饰不宜过鲜艳。

（二）发型的修饰

发型对人的形象有极强的修饰作用，它能够反映一个人的气质、文化修养和内心情感，甚至可以"改变"人的容貌。因此，选择适合自己、适合场合的发型极其重要。发型应与脸型、体型、年龄、气质和谐统一。在整个的发型设计中，脸型是最重要的参照对象。

1. 发式与发质的协调

每个人的发质不一样，适合的发式也会不一样。所以，要根据自己的发质选择发式，把自己的头发打扮得更美丽。例如，稀少的头发，这种发质缺少弹性，如果梳成蓬松式的发式很快就会复原。但其比较伏贴，适宜留长发或梳成发髻，不但梳起来容易，同时也能比较持久。通常这种发质缺乏时尚感，可以辅之以假发。如果梳在头顶上，适合正式场合；梳在脑后，是家居式；而梳在后颈上时，则会显得高贵典雅。

2. 发式与脸型的协调

头发与脸部处于相邻状态，利用发式来修饰脸部缺陷，改善脸部的视觉形象，具有非常重要的意义。如果能使发式设计与脸型有效协调，则脸部的形象就会在发式的映衬下，获得更为生动、更有魅力的表现。

3. 发式与体型的协调

发式与体型之间的关系，应是相互依存、相互衬托的，发式处理得好，对体型能起到扬长避短的作用，反之，就会夸大形体缺点，破坏人的整体美。如能掌握这一准则，根据个人的具体条件选择相应的设计方案，就可获得与整体形象和谐的完美发式。反之，就会夸大形体缺点，破坏人的整体美。

4. 发式与服饰的协调

现在，由于美发师才思敏捷、技艺精巧，只要您留了适当长度的头发，每天换一个发型也易如反掌。然而发型不能以变换取胜。要有一个动人发型，除了应与脸型、发质、性格和年龄相称外，与服装款式的协调也十分重要。一种合适的发型配以相应的服装，将会使您倍添风采。

5. 发式与年龄、职业的协调

发式是一个人文化修养、社会地位、精神风貌的综合反映。职业是发式设计的重要参考因素，不同职业有不同的环境氛围。只有

■ 探究与实践

知识链接
发式与脸型的协调方法有：
（1）衬托法。利用两侧鬓发和顶部的一部分块面，改变脸部轮廓，分散原来瘦长或宽胖头型和脸型的视觉。
（2）遮盖法。利用头发来组成合适的线条或块面，以掩盖头面部某些部位的不协调及缺陷。
（3）填充法。利用宽长波浪发来填充细长头颈，还可借助发辫、发鬟来填补头面部的不完美之处，或缀以头饰来装饰。

设计与之相适应、相协调的发式，才能更好地体现职业的风度美。作为职业女性，发式要清秀典雅，体现出持重、干练、成熟的特征；男性也是一样的持重、干练、成熟。通常年龄也是发型选择参考的一个因素，年长者最适宜的发型是大花型卷发或者盘发，给人留下精神、温婉可亲的印象。而年轻人适合活泼、粗放、简单、富有青春活力的发型。大学生的发型要给人自然、清新、轻便的感觉。

二、仪容的重点——美容化妆

（一）面容卫生

对面容最基本的要求是：时刻保持面部干净清爽，无汗渍和油污等不洁之物。清洁面部最简单的方法就是勤于洗脸。午休、用餐、出汗、劳动或者外出之后，都应立刻洗脸。

1. 眼部

首先，眼部分泌物要及时清除。其次，眉毛要坚持必要的修饰，女士要每天修剪杂眉，就像男士剃须一样，要养成习惯。

2. 耳朵

要经常进行耳部的清洁及耳毛的修剪，及时清理耳孔中的分泌物，但是不能在公共场所掏耳朵。

3. 鼻部

要保持鼻腔清洁，公共场所不要掏鼻孔，清洁鼻腔要用手帕或纸巾遮挡，注意经常修剪鼻毛，不要让鼻毛露出鼻腔。

4. 嘴部

牙齿洁白，口腔无异味是对口腔的基本要求。每天要做到"三个三"（三餐后刷牙，每次刷牙时间在饭后三分钟内，每次刷牙时间不少于三分钟）。在公共场所不要随地吐痰，尽量不要发出如哈欠、喷嚏、吸鼻、打嗝等异响，实在忍不住，要用手帕或者纸巾遮挡，如果不慎发出异响，要向身边的人道歉。

5. 脖颈

不要只顾脸上干干净净，而忽视了对脖子的照顾。脖子尤其是脖后、耳后，不能成为"藏污纳垢"之地。

6. 手臂

手部要保持清洁，指甲应定期修剪，指甲的长度以不超过指尖为宜，不在公共场合修剪指甲。腋毛不外露。

7. 腿脚

注意清洁，在正式场合，不允许男士暴露腿部，女士可以穿长裤裙子，但不得穿短裤，或暴露大部分大腿的超短裙。正式场合女士穿裙子时，不允许光着大腿不穿袜子，尤其是不允许袜子以外的

小贴士
化妆就是人们在政务、商务、事务及社交生活中，以化妆品及艺术描绘手法来装扮自己，以达到振奋精神和尊重他人的目的。

部分暴露出裙子之外。

在正式社交场合，不允许光脚穿鞋子，而且使脚部过于暴露的鞋子也不能穿。注意保持脚部卫生，无异味。脚趾甲要勤于修剪，趾部通常不露于鞋外。

（二）美容化妆

美容化妆，指运用化妆品和工具，采取合乎规则的步骤和技巧，对人的面部、五官及其他部位进行渲染、描画、整理，增强立体印象，调整形色，掩饰缺陷，表现神采，从而达到美容的目的。

化妆能表现出女性独有的天然丽质，焕发风韵，增添魅力。

成功的化妆能唤起女性心理和生理上的潜在活力，增强自信心，使人精神焕发，还有助于消除疲劳，延缓衰老。

爱美是人类的天性，早在原始时期，人类就开始用一些特别的东西来装饰自己，使自己变得更加美丽。考古学家曾在原始人类的遗址上发现用小石子、贝壳或兽牙等物制作而成的美丽的串珠，用于装饰；在洞穴壁画上发现了美容化妆的痕迹。

化妆是一种历史悠久的女性美容技术。古代人们在面部和身上涂上各种颜色和油彩，表示神的化身，以此祛魔逐邪，并显示自己的地位和存在。后来这种装扮渐渐变为具有装饰的意味，一方面在演剧时需要改变面貌和装束，以表现剧中人物；另一方面是由于实用而兴起。如今，化妆则成为满足女性追求自身美的一种手段，其主要目的是利用化妆品并运用人工技巧来增加天然美。

1.美容化妆的原则

（1）化妆应以自身面部客观条件为基础。

化妆不是整容，应适当美化、强化，但不可失真。职业妆力求自然。应尽量"化而不觉，妆而不露"，素净雅致，自然大方，切记留过重的人工痕迹。

（2）化妆应追求和谐。

化妆应与环境、场合、时间、年龄、身份、服饰、发型协调一致。

（3）化妆要突出重点，以点带面。

化妆的目的是要求突出、强化"美"点，避开自身短处。这个美点可以是眉、眼、鼻、肤，找到这个值得突出强化和令人羡慕的美点，你就可以真正美化自己。

（4）化妆或补妆应遵循修饰避人的原则。

化妆或补妆，应选择无人的地方，如化妆间、洗手间等。一般情况下，女士在用餐、饮水、出汗等之后应及时为自己补妆。

化妆的禁忌：化妆的浓、淡，要视时间、场合而定，不要在公共场所化妆，不要在男士面前化妆，不要非议他人的化妆，不要借

探究与实践

知识链接

化妆的种类

（1）少女妆。少女妆的特点应在于自然，予人以青春朝气和不加修饰之感。

（2）裸妆。裸妆的"裸"字并非裸露、完全不化妆，而是要自然清新，虽经精心修饰，但并无刻意化妆的痕迹，又称为透明妆。

（3）新娘妆。准新娘首先要练好内功，了解基础的彩妆造型知识，知道自己的气质、脸型适合怎样的造型风格，才能判断出哪个造型适合自己。

（4）职场妆。职场中的妆容，目的是让你看上去干练又不缺乏亲和力。

23

用他人的化妆品，男士不要过分化妆。

2. 化妆的步骤

一般化妆的程序：

第一步：清洁皮肤。

第二步：用润肤或是爽肤水（视皮肤不同性质而用）给皮肤补充水分或是收缩毛孔。

第三步：上营养面霜（给皮肤补充营养）。

第四步：上防晒隔离霜（隔离空气中的粉尘、污垢，紫外线的照射，起到保护皮肤的作用。防晒隔离霜适合干性皮肤用，防晒时间为6小时；防晒隔离乳适合油性、敏感性皮肤用，防晒时间为2～4小时）。

第五步：修颜液（调整我们的肤色，偏黄的皮肤用淡紫色，偏白的皮肤一般用淡绿色）。

第六步：打粉底（让皮肤显得细腻，选比自己肤色暗一点的，或是与自己肤色相等的粉底，这样的妆会显得透明，没有假的感觉）。

第七步：上粉饼或散粉（定妆用）。

第八步：画眉（眉头淡，眉坡深，眉峰高，眉尾要清晰）。

第九步：眼影（塑造眼睛的轮廓与个性。从外眼角开始，外深内浅，眉下方处要用亮色。要选择与衣服相配合的眼影）。

第十步：眼线笔（上方从眼睛的三分之二开始画，下方画二分之一，也可以不画下眼线）。

第十一步：画唇线。

第十二步：口红（要与自己衣服相配的，亮色的口红一定要用口红刷上去）。

第十三步：打胭脂。

第十四步：夹睫毛（先是根部，中部，睫毛尖）。

第十五步：上睫毛膏（先是上下涂，后是拉"之"字形涂，让睫毛看起来更长、更浓）。

3. 男士化妆

男生化妆需要遮盖力比较强的粉底。不同于女生的是，男生的毛孔比较粗大，男生要是想提高面部立体感，不能选择亮度较高的高光粉底，除非是写真拍摄的需要。

男生的嘴唇可以只涂润唇膏，但想表现得比较俊美，也可以用唇膏，但颜色以偏自然的肉粉红色调为主。

男士的肌肤大多需要遮瑕修饰，特别是在细节处遮瑕修饰轮廓很重要，选择引领美精细遮瑕刷进行小范围修饰肌肤痘印、遮盖黑眼圈等都是最佳选择。

探究与实践

评一评
　　周围的同学中谁的化妆最合适？

4. 化妆的注意事项

（1）面部不宜搽香水。

搽了香水的部位，经太阳光线照射会引起化学变化，产生红肿刺痛，严重的还会发展成为皮炎。

（2）不宜化妆拔眉毛。

化妆拔眉毛会给人一种光秃的造型感，从医学观点看，拔眉不仅会损害生理功能，而且会因破坏了毛囊和化妆涂料的刺激导致局部感染。

（3）不宜多用口红。

因为口红中的油脂能渗入人体皮肤，而且有吸附空气中飞扬的尘埃、各种金属分子和病原微生物等副作用。通过唾液的分解，各种有害的病菌就可乘机进入口腔，容易引起"口唇过敏症"。

（4）不宜用一种粉底。

粉底的颜色比脸部的肤色过深或过浅，都会破坏你的容貌，因此，应该多备几种粉底，随四季肤色的改变而不断调整。

（5）不宜眼圈重涂眼影粉。

尤其是夏季，汗水多，汗水会将眼影冲入眼内，损害视觉器官，如再用手揉，更易将细菌带入眼内，染上沙眼或红眼病。

（6）不宜把面膜涂在眉和睫毛上。

面膜粘在眉毛和睫毛上，除去时容易将眉毛和睫毛一起拔掉。

（7）不宜将脸抹得白里透青。

若脸上使用油脂化妆品，再搽上一层香粉，使之白里透青，阳光中的紫外线就无法被吸收，影响体内维生素 D 的产生。

（8）不宜用他人化妆品。

化妆品可能成为疾病传染媒介，因此，不要乱用他人化妆品化妆，也不要将自己用过的化妆品随意借给别人。

（9）磨面时手指用力不宜过大。

天热时人体毛孔放大，表皮较嫩，磨面用力过大，面皮被磨面膏中的"沙子"损伤，再经风吹日晒，反而变得粗糙。

（10）不宜不断补粉。

如果终日不断地在脸上补粉，胭脂之上敷胭脂，脸上就会出现很不雅观的斑底，首先鼻子就会因不断的油粉混合而发黑。

5. 化妆品的选择

首先要学会分析自己的皮肤，其次要选择适合自己的产品。

对一般人来讲，化妆的最实际的目的，是为了对自己的容貌上的某些缺陷加以弥补，以扬长避短，使自己更加美丽。化妆后，人们大都可以拥有良好的自我感觉，身心愉快、振奋精神、缓解来自

✏ 探究与实践

外界的种种压力，而且可以在人际交往中表现得更为自信，更为潇洒自如。

对进入职场的人而言，化妆的最重要的功能有两个：

第一，企业要求职员化妆上岗，有助于体现单位的统一性、纪律性，有助于使单位形象更为鲜明、更具特色，是塑造单位形象之必需。

第二，企业要求职员化妆上岗，意在向交往对象表示尊重之意。也就是说，在商务交往中化妆与否，绝非个人私事，而是判定对被交往对象尊重程度的尺度。在对外商务交往中，这一点表现得更为明显。在国外许多地方，参加商务活动而不化妆，就会被交往对象不由分说地理解为蔑视对方，或是一种侮辱。

作为现代职业人，为了体现自己的敬业精神，为了更好地维护自己所在单位的形象，同时也是为了对自己的交往对象表现应有的友好与敬重之意，在商务交往中必须始终不懈地精神焕发、神采奕奕。

任务实施

仪容仪表是一个人的广告，它给人的印象既是初步的，又是难忘的。仪容仪表也是谈判的技术手段之一，用以动员对方向自己靠拢，它直接影响客户洽谈的情绪，也会影响成交结果。因为与人接触的第一感性认识都是从仪容仪表开始的，所以仪容仪表至少应给人以舒服自然的感觉，这样才能吸引对方的注意力，并让其集中在谈判者的发言和所做的事情上。

任务情境中的小王，首先应该让自己保持仪容仪表干净整洁，舒适自然。销售，首先是"销售"自己！一个成熟的销售人员不能只是研究如何销售商品，在研究销售商品之前应该首先研究如何"销售"自己。要知道客户首先接触到的其实并不是你的产品，而是你自己，如果客户不接受你，自然能够接受你的产品的几率就不高，但是相反，如果客户已经接受了你，接受你的产品几率就相对提高了许多。所以，一个销售人员如果成功地将自己"销售"出去了，其实就已经将产品销售的大门打开了！

拓展训练与测评

1. 一次某公司招聘文秘人员，由于待遇优厚，应聘者很多。中文系毕业的小张同学前往面试，她的背景材料可能是最棒的：大学四年，在各类刊物上发表了 3 万字的作品，内容有小说、诗歌、散文、评论、政论等，还为 6 家公司策划过周年庆典，英语表达也极

分组讨论
（1）小张能等到录用通知吗？为什么？
（2）假如你是小张，你认为怎样装扮自己？

为流利，书法也堪称佳作。小张五官端正，身材高挑、匀称。面试时，招聘者拿着她的材料等她进来。可她一进门就把考官吓了一跳，只见小张脸上抹了惨白的、厚厚的粉底，眼上涂抹了烟熏妆，睫毛又浓又密，脸蛋绯红，涂抹着鲜艳的唇膏，身上散发出浓重的香水味道。3位招聘者互相交换了一下眼色，主考官说："张小姐，请回去等通知吧。"她喜形于色："好！"挎起包飞跑出门。

互评成绩：一等奖_____，二等奖_____，三等奖_____。

2. 阅读以下案例，回答问题。

案例一

林肯是美国历史上最著名的总统之一，他出生于一个拓荒者家庭，他本人是律师，竞选总统时名气并不是很大，他在竞选过程中，收到了一个小姑娘的来信，信中说，你的相貌太平常了，你的下巴秃秃的，不够威严，不像男子汉，如果你蓄上一大撮胡子，那么我们全家都会投你的票。林肯采纳了小姑娘的意见，蓄上一大撮胡子，使他的形象增添了几分光彩，赢得了许多选民的信赖。

案例二

日本著名企业家松下幸之助，从前不修边幅，也不注重企业形象，企业发展缓慢，一天，他去理发，理发师不客气地批评他太不注重仪容仪表，说："你是公司的代表，却这样不重视仪容仪表，别人会怎么想，连你自己都这样邋遢，你的公司会好吗？"从此松下幸之助一改过去的习惯，开始注意自己在公众面前的仪容仪表，生意也随之兴旺起来，现在，松下电器的各种产品享誉天下，与松下之助长期率先垂范、注重个人仪容仪表是分不开的。

自测成绩：_____。

3. 有一家房产中介公司制定的"员工仪容仪表规范"中，有这样一些规定："过肩长发及头发蓬松者要扎起，不抹过多的发胶把头发弄得像刺一样硬"，"男士指甲不超过1毫米，女士指甲不超2毫米，没有多余的手指死皮"。这本手册共有30章，多达106页，前面提到的内容就是出自第十八章"仪容仪表规范"，共有3页。导报记者仔细查看了一下，其中所列的各种规范要求，从头发、鼻子、鼻毛、耳朵、手指，一直到皮带、袜子颜色、领带材质，都有明确的规定，共100多条。"中介人员天天出租房子、卖房子，风里来雨里去的，哪有工夫搞这些，太不靠谱了！"听闻导报记者说起这样的规定，一些中介从业者感觉很不实际；还有一些老中介颇不以为然："只是卖房子，有必要搞这些花样儿吗？真是太雷人了！"

探究与实践

问 题

你的好朋友中在仪容仪表方面有没有值得你学习的榜样？请描述他（或她），你的朋友在仪容仪表方面有没有很不讲究的，也请描述他（或她）应该改进的地方。

问 题

这家公司制定的"员工仪容仪表规范"，对公司品牌的塑造有无帮助？

4.6 名同学一组，合作为其中一位同学设计适合的妆容。

欢乐课堂

>>> 情景模拟

1. 今天中午，办公室里，公司业务部的荔枝姑娘正对着镜子化妆，那化妆术相当好了！姑娘悠悠地来了句："今天下午出去，哪个客户要不同意签合同，我洗洗脸吓死他！"

2. 今天坐公交车，一姑娘在车上化妆，正在涂着口红，公交车突然一颠簸，口红直接插鼻孔里了，那画面太美了，我不敢看……

探究与实践

说一说
　通过本节所学内容，谈谈你对这两个案例的看法。

任务二　让你的着装更得体——服饰礼仪

学习目标

● 能力目标：
运用服饰展示自身的力度和美，最大限度地发挥服饰的作用。
● 知识目标：
了解服饰礼仪的原则和社交场合的服装穿着要求。
● 素质目标：
培养自身的翩翩风度，在以后的社交场合中做到不失礼。

任务情境

张华是一家大型国有企业的总经理。有一次，他获悉有一家著名的德国企业的董事长正在本市进行访问，并有寻求合作伙伴的意向。于是他想尽办法，请有关部门为双方牵线搭桥。让张总经理欣喜若狂的是，对方也有兴趣同他的企业进行合作，而且希望尽快与他见面。到了双方会面的那一天，张总经理对自己的形象刻意地进行了一番修饰，他根据自己对时尚的理解，上穿夹克衫，下穿牛仔裤，头戴棒球帽，足蹬旅游鞋。无疑，他希望自己能给对方留下精明强干、时尚新潮的印象。你觉得张华所希望的合作会成功吗？

想一想
　仪表礼仪应注重什么？

任务分析

俗话说："穿衣打扮，各有所爱。"意思是自己喜欢穿什么样的衣服是个人的事情，与别人没有关系。但是作为职场中人来说，衣着却不仅仅是个人的事。因为，你的衣着要和你的职业身份相符合，身上所穿的衣服，不仅代表了自己的品味，还代表着单位的形象，代表着对他人的尊重。在社交场合，从某种意义上说，你的衣着就是一封无言的介绍信，向你的交往对象传递着各种信息，别人可以从你的衣着上看出你的品位、你的个性，甚至可以看出你的职业状况。著名影星索菲亚·罗兰就深有感触地说过："你的服装往往表明你是哪一类人物，它们代表着你的个性。一个和你会面的人往往自觉不自觉地根据你的衣着来判断你的为人。"莎士比亚也说过："服装往往可以表现人格。"因此，从这个意义上来说，服装就不仅仅具有蔽体、遮羞、挡风、防雨、抗暑、御寒的作用，它可以美化人体，扬长避短，展示个性，体现生活情趣，还具有反映社会分工、体现地位和身份差异的社会功用。

相关知识

服饰礼仪是人们在交往过程中为了相互表示尊重与友好，达到交往的和谐而体现在服饰上的一种行为规范。

服饰是一种文化，它反映着一个民族的文化水平和物质文明发展的程度。服饰具有极强的表现功能，在社交活动中，人们可以通过服饰来判断一个人的身份地位、涵养；通过服饰可展示个体内心对美的追求、体现自我的审美感受；通过服饰可以增进一个人的仪表、气质，所以，服饰是人类内在美和外在美的统一。因此，首先需要掌握服饰打扮的礼仪规范，让和谐、得体的穿着来展示自己的才华和美学修养，以获得更高的社交地位。

一、服饰礼仪着装原则

（一）着装的 TPO 原则

TPO 原则是目前国际上公认的衣着标准。着装遵循了这个原则，就是合乎礼仪的。TOP 是三个英语单词的缩写，它们分别代表时间（Time）、场合（Occasion）和地点（Place），即着装应该与当时的时间、所处的场合和地点相协调。

说一说
在日常生活中，你的着装应遵循什么原则呢？

1. 场合原则

衣着要与场合协调。与顾客会谈、参加正式会议等，衣着应庄重考究；听音乐会或看芭蕾舞，则应按惯例着正装；出席正式宴会时，则应穿中国的传统旗袍或西方的长裙晚礼服；而在朋友聚会、郊游等场合，着装应轻便舒适。试想一下，如果大家都穿便装，你却穿礼服就有欠轻松；同样的，如果以便装出席正式宴会，不但是对宴会主人的不尊重，也会令自己颇觉尴尬。

2. 时间原则

不同时段的着装规则对女士尤其重要。男士有一套质地上乘的

29

深色西装或中山装足以包打天下，而女士的着装则要随时间而变换。白天工作时，女士应穿着正式套装，以体现专业性；晚上出席鸡尾酒会就须多加一些修饰，如换一双高跟鞋，戴上有光泽的佩饰，围一条漂亮的丝巾；服装的选择还要适合季节气候特点，保持与潮流大势同步。

3. 地点原则

在自己家里接待客人，可以穿着舒适但整洁的休闲服；如果是去公司或单位拜访，穿职业套装会显得专业；外出时要顾及当地的传统和风俗习惯，如去教堂或寺庙等场所，不能穿过露或过短的服装。

（二）协调原则

1. 着装要和从事的职业相协调

着装要与职业相宜，这是不可忽视的原则。工作时间着装应遵循端庄、整洁、稳重、美观、和谐的原则，能给人以愉悦感和庄重感。

一个单位职工的着装和精神面貌，便能体现这个单位的工作作风和发展前景。现在越来越多的组织、企业、机关、学校开始重视统一着装，是很有积极意义的举措。这不仅给了着装者一分自豪，同时又多了一分自觉和约束，成为一个组织、一个单位的标志和象征。

现代职业人在衣着打扮上必须注重服装与自己所从事职业相协调，体现职业气质。

（1）职业着装打扮的要求。

一要端正稳重；二要表现出进取之意，尽可能添置质优的套装；三要符合领导期望，在个性表现与群体合作上求得平衡；四要选典雅的服装。

（2）着装要和从事的职业相协调的攻略。

攻略之一：庄重大方型。适合从事教育、文化、咨询、信息和医疗卫生等工作的职业人士。

攻略之二：成熟含蓄型。适合从事保险、证券、律师、公司主管、公共事业和政府机关公务员等工作的职业人士。

攻略之三：素雅端庄型。适合从事科研、银行、商业、贸易、医药和房地产等工作的职业人士。

攻略之四：简约休闲型。适合从事新闻、广告、平面设计、动画制作和形象造型等工作的职业人士。

攻略之五：清纯秀丽型。适合网络、计算机、公关、记者、娱乐等工作的职业女性。

（3）职业着装的注意事项。

一是整洁平整。服装并非一定要高档华贵，但须保持清洁，并熨烫平整，穿起来就能大方得体，显得精神焕发。整洁并不完全为了自己，更是尊重他人的需要，这是良好仪态的第一要务。

二是色彩技巧。不同色彩会给人不同的感受，如深色或冷色调的服装让人产生视觉上的收缩感，显得庄重严肃；而浅色或暖色调的服装会有扩张感，使人显得轻松活泼。因此，可以根据不同需要进行选择和搭配。

三是配套齐全。除了主体衣服之外，鞋袜手套等的搭配也要多加考究。

四是饰物点缀。巧妙地佩戴饰品能够起到画龙点睛的作用，给女士们增添色彩。但是佩戴的饰品不宜过多，否则会分散对方的注意力。

2. 着装要和自身条件相协调

选择服装首先应该与自己的年龄、身份、体形、肤色、性格和谐统一。

年长者、身份地位高者，选择服装款式不宜太新潮，款式简单而面料质地则应讲究些，才与身份年龄相吻合。

青少年着装则着重体现青春气息，朴素、整洁为宜，清新、活泼最好，"青春自有三分俏"，若以过分的服饰破坏了青春朝气实在得不偿失。

形体条件对服装款式的选择也有很大影响。

身材矮胖、颈粗圆脸形者，宜穿深色低"V"字形领，大"U"型领套装、浅色高领服装则不适合。而身材瘦长、颈细长、长脸形者宜穿浅色、高领或圆形领服装。方脸形者则宜穿小圆领或双翻领服装。身材匀称，形体条件好，肤色也好的人，着装范围则较广，可谓"浓妆淡抹总相宜"。

3. 着装还要注意色彩的搭配

色彩搭配的方法有两种，即亲色调和法和对比色调和法。亲色调和法是将色调近似但深浅浓淡不同的颜色组合在一起。对比调和法是将对比色进行搭配，使之对立，既突出各自的特征，又能相映生辉。

服饰的美是款式美、质料美和色彩美三者完美统一的体现，形、质、色，三者相互衬托、相互依存，构成了服饰美统一的整体。而在生活中，色彩美是最先引人注目的，因为色彩对人的视觉刺激最敏感、最快速，会给他人留下很深的印象。

服饰色彩的相配应遵循一般的美学常识。服装与服装、服装与

探究与实践

饰物、饰物与饰物之间的色彩应色调和谐，层次分明。饰物只能起到"画龙点睛"的作用，而不应喧宾夺主。服饰色彩在统一的基础上应寻求变化，肤与服、服与饰、饰与饰之间在变化的基础上应寻求平衡。一般认为，衣服里料的颜色与表料的颜色，衣服中某一色与饰物的颜色均可进行呼应式搭配。

服装色彩搭配有三种方法：

第一，同色搭配。即由色彩相近或相同，明度有层次变化的色彩相互搭配造成一种统一和谐的效果。如墨绿配浅绿、咖啡配米色等。在同色搭配时，宜掌握上淡下深、上明下暗。这样整体上就有一种稳重踏实之感。

第二，相似色搭配。色彩学把色环上大约九十度以内的邻近色称之为相似色。如蓝与绿、红与橙。相似色搭配时，两个色的明度、纯度要错开，如深一点的蓝色和浅一点的绿色配在一起比较合适。

第三，主色搭配。指选一种起主导作用的基调和主色，相配于各种颜色，造成一种互相陪衬、相映成趣之效。采用这种配色方法，应首先确定整体服饰的基调，其次选择与基调一致的主色，最后再选出多种辅色。主色调搭配如选色不当，容易造成混乱不堪，有损整体形象，因此使用的时候要慎重。

在选择服饰色彩的时候，不仅要考虑色彩之间的相配，还要考虑与着装者的年龄、体形、肤色、性格职业等相配。

（1）服色与年龄。

不论年轻人还是年长者，都有权利打扮自己。但是在打扮时要注意，不同年龄的人有不同的着装要求。年轻人的穿着可鲜艳、活泼和随意些，这样可以充分体现年轻人朝气蓬勃的青春美；而中老年人的着装则要注意庄重、雅致、含蓄，体现其成熟和端庄，充分表现出成熟之美。但无论何种年龄段，只要着装与年龄相协调，都可以显示出独特的韵味。

（2）服色与体形。

天下人等，高矮胖瘦各得其所，不同的体形着装应有所区别。

对于高大的人而言，在服装选择与搭配上，要注意：服色宜选择深色、单色为好，太亮太淡太花的色彩都有一种扩张感，使着装者显得更高更大。

对于较矮的人而言，服色宜稍淡、明快柔和些为好，上下色彩一致可以造成修长之感。

对于较胖的人而言，在服色的选择上，应以冷色调为好，过于强烈的色调就更显得胖。

探究与实践

做一做
　　同学分组互相搭配衣服，选出最协调的一组。

对于偏瘦的人而言，服色选择应以明亮柔和为好，太深太暗的色彩反而显得瘦弱。

（3）服色与肤色。

肤色影响服饰配套的效果，也影响着服装及饰物的色彩。但反过来说服饰的色彩同样作用于人的肤色而使肤色发生变化。一般认为：

肤色发黄或略黑、且略显粗糙的人，在选择服色时应慎重。

服色的调子过深，会加深肤色偏黑的感觉，使肤色毫无生气；反之，也不宜用调子过浅的服色，色泽过浅，会反衬出肤色的黝黑，同样会令人显得暗淡无光。这种肤色的人最适宜选用的是与肤色对比不强的粉色系、蓝绿色，最忌色泽明亮的黄、橙、蓝、紫，或色调极暗的褐色、黑紫、黑色等。

肤色略带灰黄，则不宜选用米黄色、土黄色、灰色的服色，否则会显得精神不振和无精打采。

肤色发红，则应配用稍冷或浅色的服色，但不宜使用浅绿色和蓝绿色，因为这种强烈的色彩对比会使肤色显得发紫。

（4）服色与性格。

不同的性格需要由不同的色彩来表现，只有选择与性格相符的服色才会给人带来舒适与愉快。性格内向的人，一般喜欢选择较为沉着的颜色，如青、灰、蓝、黑等；性格外向的人，一般以选用暖色或色彩纯度高的服色为佳，如红、橙、黄、玫瑰红等。

（5）服色与职业。

不同的职业有不同的着装要求。如法官的服色一般为黑色，以显示出庄重、威严；银行职员的服色一般选择深色，这会给客户以牢靠、信任的感觉。

（三）三色原则

职场中人在公务场合着正装，必须遵循"三色原则"，即全身服装的颜色不得超过三种颜色。如果多于三种颜色，则每多出一种，就多出一分俗气，颜色越多则越俗。遵循此原则，在正式场合会使穿着者展示大方、得体、稳重的风格，并使其显得规范、简洁、和谐。比如，男士正式场合穿西装套装时，上下装、皮带、鞋袜是一种色调，衬衫是一种色调，领带是一种色调。

二、国际礼服礼仪

礼仪服是正式社交和礼仪场合穿着的服装，有正式、半正式和略正式之分。但这种划分界限并不是十分严格，只是根据场合的隆重与否来分。而真正的原则性区别是依据穿着的时间不同而分为日

探究与实践

装礼服和晚礼服两大类。日装礼服和晚礼服所选择的面料是不可以相互代替的。

（一）男士礼服

在国际上，特别是西方国家，男士在出席不同正式场合时，需要着不同样式的礼服，其中，主要包括以下几种：

1. 大礼服

大礼服又称燕尾服，是西式晚礼服的一种，曾被视为晚间第一礼服，号称男士礼服之王，是晚间最为正式的礼服。起源于英国，源于欧洲马车夫的服装造型。由深色高级衣料制成，以黑色为正色，表示严肃、认真、神圣之意；前身较短，后身较长而下端张开像燕子尾巴；翻领上镶缎面；裤腿外侧有丝带；通常系白色领结；配黑色皮鞋、黑丝袜、戴白手套。用于隆重庄严的场合，适用于参加婚礼晚宴、观歌舞剧、授勋仪式、授奖仪式、舞会、招待会、递交国书等活动。

图 2-1 大礼服

2. 晨礼服

晨礼服曾经是欧洲上流阶层出席英国 Ascot 赛马场金杯赛时的服装，因此也被称为"赛马礼服"。通常上装为灰色或黑色，剑领，后摆为圆弧形，衣长与膝齐，胸前仅有一粒扣，配白色衬衫，系灰色、驼色领带；下装为深灰色黑条裤，一般用背带，穿黑袜子、黑皮鞋；可戴黑礼帽。晨礼服是白天穿着的正式礼服，适合参加各种典礼、婚礼及星期日上教堂做礼拜时穿用。

3. 平口式礼服

平口式礼服，人称王子式礼服，单排扣和双排扣都可以，他不及燕尾服与晨礼服的正式，可用于婚宴派对上的穿着，平口式礼服的特色是裁剪设计较类似于西装，适合较为瘦高的新郎穿着，平口礼服的正式穿法，是外套、衬衣、长裤，搭配领结、腰封。

图 2-2 晨礼服　　图 2-3 平口式礼服

4. 西装礼服

普通西装并不能应用于正式场合，尤其是在自己的婚礼上，穿礼服才够隆重。如果将西服的戗驳领用缎面制成，成为西装礼服，再配领结和腰封（或者背心），衬衣选择胸前打褶皱设计的礼服衬衣，也可以出席隆重场合，称为小礼服。西装礼服可以说是一种现代的改良礼服。西装礼服的正式穿法为外套、衬衣、长裤，搭配背心、领带。

图 2-4　西装礼服

（二）女士礼服

在国际上，正式场合中，女士是不能着裤装出席的。而根据场合的不同，也应当穿着不同的礼服，主要由以下几种：

1. 大礼服

大礼服也叫晚礼服、夜礼服或晚装，是晚间八点钟以后在礼节性活动中穿用的正式礼服，也是女士礼服中档次最高、最具特色和能充分展示个性的穿着样式。

源于欧洲着装习俗的晚礼服，最早盛行于宫廷贵妇们的穿着，后来，经过设计师的不断推创，最终演变发展成为女性出席舞会、音乐会、晚宴、夜总会等活动必备的完美服装。形式多为低胸、露肩、露背、收腰和贴身的单色拖地或不拖地长裙，佩带颜色相同的帽子和长纱手套以及各种饰品，适合在高档的、具有安全感的场合穿用。

2. 小礼服

通常指长至脚面而不拖地的露背式单色连衣裙，以小裙装为基本款式适合在众多场合穿的服饰，例如酒会、宴会等。

3. 常礼服

女子常礼服为套裙或连衣裙，上下颜色一致，应避免选择透明、耀眼的质料。可戴帽子和手套。臂、肩、腿很少裸露。适合参加游园、会见、拜会、午宴、出访、迎宾、观礼等活动时穿。在各种款式和造型中被誉为"款式皇后"，变化莫测，是种类最多、最受青睐的款式。

三、中国礼服礼仪

（一）男士礼服

在中国，除了上述国际上通用的服装作为礼服外，男士还有以下几种服饰可作为正式场合穿。

1. 中山装

由于孙中山的提倡，也由于它的简便、实用，自辛亥革命起，中山装便和西装一起开始流行。1912年民国政府通令将中山装定为礼服，修改中山装造型，并赋予了新的含义。立翻领（最早是立领），对襟，前襟五粒扣，四个贴袋，袖口三粒扣，后片不破缝。这些形制其实是有讲究的，根据《易经》周代礼仪等内容寓以意义。

其一，衣服前脸四个兜各代表立法、司法、行政、考试权，衣服的内兜代表弹劾权（检察权），而弹劾权是人民制衡权力集中的杀手锏。这就是五权分立。

其二，门禁五粒纽代表五族共和，分别是汉、满、蒙、回、藏。

其三，左右袖口的三个纽扣则分别表示三民主义（民族、民权、民生）和共和的理念（平等、自由、博爱）。

其四，后背不破缝，表示国家和平统一之大义。

其五，衣领定为翻领封闭式，显示严谨治国的理念。

中山装是因孙中山先生率先穿用而得名。在民国十八年制定国民党宪法时，曾规定一定等级的文官宣誓就职时一律穿中山装，以表示遵奉先生之法。

中山装，一般应为上下同色的深色毛料精制而成，广泛吸收欧美服饰优点的基础上设计而成，综合了中式服饰和西式服饰的特点，成为中国男子最喜欢的标准服装之一。

由于新中国开国领袖毛泽东经常在公开场合穿中山装，西方也习惯称呼中山装为"毛装"。在20世纪六七十年代，亿万中国成年男性大多穿着中山装。

20世纪80年代以后，随着改革开放的深入，西装和其他时装逐渐开始流行。虽然中山装在民间逐渐被人们遗忘，但值得一提的是，中国国家领导人在出席国内重大活动时，依旧习惯穿着中山装。

图 2-5　中山装

2. 西装

在中国，许多正式场合，可直接穿着西装作为礼服使用。

3. 民族服装

在中国，少数民族众多，每个民族在节日庆典时都会穿着隆重的民族庆典服饰。因而，在正式场合中，也尊重民族习惯，让少数民族将这些服饰也作为礼服使用。

（二）女士礼服

在中国，还有些服饰是女士可作为礼服来穿的，如旗袍、西装套裙。

1. 旗袍

旗袍是在 20 世纪中叶由国民服饰设计师参考满族女性传统旗服，在西洋文化基础上设计的一种时装，由当时的中华民国政府于 1929 年确定为国家礼服之一，盛行于三四十年代。旗袍有不同的款式和花色，紧扣的高领、贴身、衣长过膝、两边开衩、斜式开襟，表现出中华女性贤淑、典雅、温柔、清丽的性情与气质。在正式场合穿着旗袍，开衩不宜过高，应到膝关节上方一到两寸为佳。近十几年来，时装中重新出现的旗袍，在国际时装舞台频频亮相，风姿绰约尤胜当年，并被作为一种有民族代表意义的正式礼服出现在各种国际社交礼仪场合。

2. 西装套裙

西装套裙是指上装是西装，下装是面料统一、长度适宜的裙子，对于日间办的一些正式活动也可着这类服装参加，特别是一些年龄偏大、身份高贵的女士。

3. 民族服装

同样，在中国，很多少数民族的女性也会穿着民族庆典服饰作为礼服出席许多重要场合。

四、西装礼仪

（一）西装的选择

西装，又称西服，通常是商界、政界等精英男士参加正式场合的首选服饰。究其原因，在于西装最能体现男士"有品位、有教养、有绅士风度、有权威感"等优点。当然，不是任何一套西装都能够衬托穿着者的魅力，男士要精心挑选适合自己的西装。

1. 面料的选择

毛料应为西装首选之面料，具有轻、薄、软、挺的特点，穿着舒适，外形挺括，上下保持统一，给人典雅高贵之感。

2. 色彩的选择

一般来说，身材高大者，宜选择深色，这样可避免人们视觉上的臃肿感；而身材较为矮小者，则最好选择浅色面料，这样可给人一种伸展感。年轻人不要穿花形模糊、颜色灰暗的面料，以免显得老气横秋。而老年人也不宜选择花形明快的鲜艳面料，以免有失其稳重、深沉的形象。

3. 尺寸的选择

第一步，挑选西装时的首要条件是肩膀。西装是靠肩膀来撑起气度的，这是重点。服帖的肩膀线条，才能充分地发挥出利落的线条轮廓。尺寸过小时，颈部后方会出现皱褶。

探究与实践

选一选
　根据所学知识，为自己选一套适合自己身材的西装。

第二步，从衣领到胸部的线条角度。

衣领的后方是否有空隙，并且也要注意由衣领后方至胸部的剪裁是否服帖、平顺。线条的服帖度是完美的西装需具有的条件。

图2-6   图2-7

第三步，西装的大小是否合宜，需扣纽扣后再判断。

肩膀跟衣领符合了之后，接下来就是看看西装的大小。扣好纽扣后的状态，在胸部的部分可以放入半个拳头大小的话即为最适宜的尺寸。

 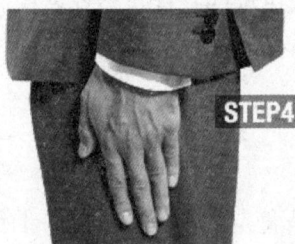

图2-8   图2-9

第四步，袖长多少才是正确的？

衬衫露出于西装袖口1厘米左右的袖长，西装袖口至大拇指的第一关节长度约10～11厘米，若是长度不符合的话，就需要再重新丈量。

第五步，西装的标准尺寸从喉结到地面的一半长度是最标准的。

第六步，西装裤子长短，从正面看，裤管的长度必须舒适地垂到鞋面上；从背面看，裤管的长度应落在鞋跟和鞋身的交界处，若想让腿部看起来更修长，则可将裤管的长度延至鞋后跟1/2处。肥瘦则以扣好裤扣以后能伸进一只手为宜。

图2-10

4.做工的选择

西装的做工也很重要，粗糙的做工，使西装在穿着过程中很易走形，大大降低西装的美感。因此，购买西装时一定要检查做工。首先，要看缝线是否平直，有无断线、重线和跳线。其次，是要看西装里与西装面是否服帖，有无鼓包、折皱感。再次，是要看西装表面有无油迹、污点。然后，是要看面料拼接是否协调自然。最后，是要看西装的熨烫效果，是否挺直，光泽是否一致，有无烫损之处。

（二）西装穿着礼仪

1.男士西装穿着礼仪

（1）纽扣的系法。

西装纽扣的系法讲究很多，一般情况下，西装有单排扣上衣和双排扣上衣之分。

如果是单排一粒扣，扣子可扣可不扣。如果是单排两粒扣，两颗全都不扣，或者只扣上面一粒。如果是单排三粒扣，可以三颗全都不扣，也可以扣上面两粒，或者扣中间一粒。

如果是双排扣西装，应该把扣子都扣上，以显得稳重，而且一定要记得扣上与"内扣"对应的外扣。

简单来说，单排扣西装扣上不扣下，双排扣西装要全扣。依照目前国际西装着装礼仪，男士坐下时，必须解开西装扣，西装才能随着身体的弧度，自然服帖地顺势而下，线条看起来也会比较流畅，就不会有束缚的感觉，也才能舒适自在地坐在自己的位子上。无论解扣或系扣，都不能低头看着西装，要以非常流畅、自然的手势来进行；同时要记得"由下往上"依次解扣，"由上往下"依次系扣。掌握了这些细节上的技巧之后，男士才能潇洒自如地在各个场合自由发挥，彰显自我本色。

（2）口袋的使用。

正规的西装三件套包括西裤、背心、上衣，共有14个口袋，每个口袋的作用各异，不要张冠李戴，混淆一体。

西装上衣两个下袋用来盛放松、软、薄的东西，诸如纸巾之类，切不可装得鼓鼓囊囊，给人窝窝囊囊疲沓之感。上衣左胸上袋也叫手巾袋，专插装饰性手帕，也可以放一些厚硬的如名片夹等东西，使胸部显得丰满平挺。上衣内袋可用来放重要证件、凭证和钢笔，有的上衣还有直口内袋，专用于放眼镜。

西装背心的上下四个口袋用于放名贵的小件物品，如戒指、打火机。

西裤的左右插袋用作插手取暖和放放烟盒等厚硬的东西。裤子右边有个放手表的表袋。西裤两个后袋，右边的用来放手帕，有纽扣的左后袋则用来放钱包、记事本之类的东西。

西装通常适合在正式场合下穿着，所以西装口袋的正确使用就显得尤为重要。

（3）衬衫的穿着。

正装衬衫的选择，面料以纯棉、纯毛为主，不可选择条绒、水洗等布料，色彩方面，一般选择单一色。

正规场合应穿白衬衫或浅色衬衫，配之以深色西装和领带，以显庄重。

衬衫袖子应比西装袖子长出一厘米左右，这既体现出着装的层次，又能保持西装袖口的清洁。

当衬衫搭配领带穿着时（不论配穿西装与否），必须将领口纽、袖口纽和袖叉纽全部扣上，以显男士的刚性和力度。

衬衫领子的大小，以塞进一个手指的松量为宜。脖子细长者尤忌领口太大，否则会给人羸弱之感。

不系领带配穿西装时，衬衫领口处的一粒纽扣绝对不能扣上，而门襟上的纽扣则必须全部扣上，否则就会显得过于随便和缺乏修养。

配穿西装时，衬衫的下摆忌穿在裤腰之外。应尽量选穿曲下摆式样的衬衫，既便于下摆掖进裤腰内，又使穿着舒适，腰臀部位平服美观。

外穿型衬衫忌穿在任何外套里面（尤其是西装），避免给人以臃肿、不和谐的感觉。

新买来的衬衫，须洗涤之后再穿，以除去生产过程中可能存在的脏污，确保贴身穿着时清洁卫生，男士衬衫应勤洗勤换，穿脏领子衬衫者，会给人不负责任之嫌。

衬衫里面不宜穿其他衣服，如果天气较冷，衬衫外面也可以穿V领羊毛衫。

（4）领带的搭配。

在比较庄重、正式的场合中，穿着西装很多时候要搭配领带，领带可以起到"画龙点睛"的作用。领带的选择，面料以真丝、棉麻为宜，领带最好选择单一颜色，黄色、蓝色、紫红色都是不错的选择，应尽量避免选择多于三种颜色的领带，如果喜欢图案、斜纹、小圆点、规则的小图形都是不错的选择。

穿西服不扎领带，是不够正式的，不适宜出席正式场合。说起打领带这里边可有不少讲究。领带的花色与图案，一般来说素色、斜纹、圆点和几何图案的领带都能够与任何款式的西服或衬衫搭配。

探究与实践

知识链接

根据领带宽度的不同，领带基本上分为三种款式，常用的领带宽度多为8～9厘米，最宽的可达12厘米，最窄的仅有5～7厘米。可以根据自己的爱好来选择。

但是要注意的是，草履虫的图纹却只能在休闲时穿戴，在上班时最好避免使用，否则会有失大雅。

穿着西装是否系领带，根据场合、服饰的不同来选择。领带的长度保持最底端在皮带扣上端为宜，如需佩戴领带夹，则只宜将其夹在领带打好之后、衬衫自上而下的第四粒至第五粒纽扣之间。

（5）鞋袜的穿着。

人们经常说："闻香识女人"，而对于男士来说，"看鞋品男人"再恰当不过了。鞋可以反映一个男人的生活条件、身份、职业、性格、阅历和爱好等。

从着装礼仪来看，正装、鞋子和袜子的色调要谐调一致，一般深色的正装应该用深色的鞋子和袜子搭配。

先来看看男士的鞋子。从质地上来说，选择西装配套的鞋子，只能选择皮鞋；布鞋、球鞋、旅游鞋、凉鞋或拖鞋，显然都是与西装"互相抵触"的。与西装配套的皮鞋，应当是真皮制品而非仿皮，牛皮鞋与西装最为般配，羊皮鞋、猪皮鞋则不甚合适，至于以鳄鱼皮、鸵鸟皮、蟒蛇皮制作的皮鞋，穿出去多为炫耀之嫌，一般也不宜选择。

从色彩上来说，与西装配套的皮鞋，按照惯例应为深色、单色。人们通常认为，最适合与西装套装配套的皮鞋，只有黑色一种，就连棕色皮鞋，往往也会大受排斥。

从款式上来说，与西装配套的皮鞋，理当庄重而正统。根据这一要求，系带皮鞋是最佳之选；各类无带皮鞋，如船形皮鞋、盖式皮鞋等等次之（在一般的工作场合可以）。另外，在正式场合，男士穿厚底皮鞋、高跟皮鞋、坡跟皮鞋或高帮皮鞋也会显得不伦不类。

男士穿袜子最重要的原则是讲求整体搭配，多数的时候，长长的裤身会直盖鞋面，只有在不经意中才能见到袜子的存在。此时，它的色彩、质地、清洁度就会为你的品位提供打分依据。

袜子也是比较有讲究的，一般情况下深色的袜子代表庄重和正规，这是对对方的尊重和礼貌，同时也显示出你的内涵和修养；在正式场合，深色正装是不能配浅色袜子的，否则被认为是肤浅无知和庸俗。

日常生活中常见的一个错误是一位男士坐着的时候，从西裤的裤腿和西装皮鞋之间露出来一截雪白的棉袜，这种不和谐是由正装和休闲袜搭配混乱造成的。改变这个习惯恐怕要靠大力宣传国际通用的规范来实现。男裤被分成两大类——深色的西装裤和浅色的纯棉休闲裤，白棉袜只能用来配休闲服和便鞋。

上班穿正装，要注意西裤、皮鞋和袜子三者的颜色统一或相近，

探究与实践

使腿和脚在色调上成为完整的一体。例如，周一穿藏青色的西装和皮鞋，那么袜子就应该选藏青或黑色的；周二穿银灰套装和咖啡色皮鞋，那么袜子可以是深灰或咖啡色系的。

袜子的长度应该在你坐下后，跷起二郎腿的时候也不会走光你的小腿肉为最佳。

男子着西装"三个三"。三色原则：正式场合，着西装套装全身上下不超过三种颜色。三一定律：着西装正装，腰带、皮鞋、公文包应保持同一颜色——黑色。三大禁忌：西装左袖的商标没有拆，穿白色袜子、尼龙袜子出现在正式场合，领带的打法出现错误。

2. 女士西装穿着礼仪

女士穿西服套裤（裙）时，可塑造出专业品味的形象。女式正装上衣讲究平整和挺括，较少使用饰物和花边进行点缀，穿着时要求纽扣应全部系上，双排扣的则应一直系着，包括内侧的纽扣。

职业套裙的最佳颜色是黑色、藏青色、灰褐色、灰色和暗红色，精致的方格、印花的条纹也可以接受。衬衣是多彩的，只要与套装相匹配就好，纯白色、米白色和淡蓝色与大多数套装相匹配。另外，丝绸、纯棉都是最好的衬衫面料，但都要注意熨烫平整。

女士正装裙子以窄裙为主，年轻女性的裙子可选择下摆在膝盖以上 3～6 厘米，但不可太短；中老年女性的裙子则应选择下摆在膝盖以下 3 厘米左右。裙内应穿着衬裙。真皮或仿皮的西装套裙均不宜在正式场合穿着。

选择围巾需要注意包含有套裙颜色，围巾选择丝绸质为佳。

女士穿裙子应当配长筒袜子或连裤袜，颜色以肉色、黑色最为常用，肉色长筒丝袜配长裙、旗袍最为得体。女士袜子一定要大小相宜，不可在公共场合整理自己的长筒袜子，而且袜子口不能露出，否则会很失礼。不要穿带图案的袜子，因为它们会引人注意你的腿部。宜随身携带一双备用的透明丝袜，以防袜子拉丝或跳丝。黑色船鞋最为妥当，穿着舒适，美观大方。建议鞋跟高度 3～4 厘米。正式场合不宜穿凉鞋，以及后跟用带系住的女鞋或露脚趾的鞋。鞋的颜色应当和西服一致或再深一些。衣服从下摆开始到鞋的颜色应保持一致。

（三）饰品的搭配礼仪

1. 饰品的佩戴原则

（1）数量规则。

任何搭配，首饰的数量应该以少为宜，一般以不超过三种为佳。关注时尚的人应该会发现一些高端美图上的模特基本上都不会佩戴三种以上的首饰，有时只是一款项链或手链就已经能够很美了。

（2）色彩规则。

如果比较喜欢色彩感，那么在佩戴首饰时，应该力求色彩的同色。若同时佩戴两件或三件首饰，则应该保证色系搭配的协调性，应使其色彩一致。佩戴镶嵌宝石类首饰时，应该尽量保证主色调的一致性。

（3）质地规则。

有的人在搭配首饰时会出现一些误区，就是不论什么材质，只要自己喜欢的都放在一起来装饰自己。其实在佩戴首饰时，应该要特别注意质地的相同，这样才能展现出一种精致的协调感，从而给人带来端庄的美感。

（4）身份规则。

任何人在搭配首饰时都应该注意自己的性别、年龄、职业特征与所戴首饰的协调性。

（5）体型规则。

不同体型的人在搭配首饰时应该学会扬长避短。例如瘦小的人可以选择佩戴长度适中、设计精巧的项链，偏胖的人则比较适合佩戴具有坠感的项链。

（6）季节规则。

每一个季节都有特定的时尚颜色，故在不同的季节应该迎合季节的色彩去搭配首饰。例如冬季选择深色系的首饰，而夏季则比较适合选择亮色系的首饰。

2. 香水的礼仪

法国著名服装设计师夏奈尔曾这样评价："香水是服饰的最后搭配"。

香水的喷洒方法有沾抹法和喷洒法。

（1）沾抹法。女士七点法：首先将香水喷抹在手腕上，再移往另一只手腕，等手腕上温热后，再从手腕移至耳后，然后擦在耳下颈动脉及其他脉搏跳动处、手肘、膝盖内侧等处，涂抹用无名指在各个地方按压两次。另外，由于香水经紫外线照射会产生斑痕，在直接接触阳光的地方不要涂抹香水。忌用两个手腕互相摩擦，这样会破坏香水分子，影响香水的原味。

男士三点法：男士一般应将香水抹在心房、锁骨和耳后处。

（2）喷洒法：将香水喷抹在衣服上也是一种保持香味纯正的好方法，但是由于香水中的香精未经过脱色处理，带有色素，当酒精挥发后就会在衣服上特别是浅色衣服上留下痕迹，一般多喷在内衣上或是外衣内侧、衣领后面、裙摆、衣摆内边沿等较为隐蔽处。

不希望香气太强烈，可先将香水往空气中喷洒，然后使身体靠

探究与实践

知识链接

在不同的手指佩戴戒指代表的意义不同。一般来说，戴在食指上表示求婚，中指上表示正处在热恋中，无名指上表示已订婚或结婚，小指上则表示独身，而大拇指上一般不戴戒指。

选戴手镯时应注意：如果只戴一个手镯，应戴在左手上；戴两个时，可每只手戴一个，也可以都戴在左手上；戴三个时，都应戴在左手上，不可一手戴一个，另一只手戴两个。另外，手镯要与戒指、服装样式协调统一。

图 2-11

近香雾以沾取香气，一般香水距离身体 20 厘米至 30 厘米为最佳。体温偏高的人应将香水抹在血液循环较慢、体温较低的非脉搏部位，以使香水的挥发速度减慢，延长香味持续的时间。喷抹香水时，千万不要集中在身体某一部位，少量多处、平均散布才是正确的方法。有许多女性因为考虑遮盖体味汗味的因素而将香水涂抹在腋下，这是万万不可取的。腋下分泌出的汗水如与香水味混合，会产生更加"可怕"的效果。

总之，穿衣是"形象工程"的大事。西方的服装设计大师认为："服装不能造出完人，但是第一印象的 80% 来自于着装。"因此，大家都不可以掉以轻心。

任务实施

在当今激烈竞争的社会中，一个人的形象远比人们想象的更为重要。作为职场人员，给你的客户留下干练的专业形象，是你成功的开始。

张华总经理，作为一个单位的主要领导，去参加这样一个会见，尤其是严谨的德国人，首先，在服饰上，要选择正装。穿正装既可以表达出对工作的看重及对对方的尊重，又可以使人显得成熟、稳重，具有职业气质。选择套装时，还要注意衣服的面料及质量问题，选择的衣服也要合体。其次，为了会见顺利，还将注意职业装颜色上的搭配。男装颜色大多数是以"黑白灰"等较暗的颜色为主，而这些暗淡的颜色又会让人常常觉得没活力。不过，可以通过合理的色彩搭配调节这个感觉。比如黑色正装，选择亮一点的衬衣搭配，如白色。这样搭配出来的效果是有活力而不失稳重。

拓展训练与测评

1. 2002 年，著名表演艺术家程冰如在香港遭遇了着装带给他的窘境。那次境遇让程冰如改变了一成不变的老观念：穿衣服确实不能忽视场合。当时，正在香港的某影星获悉程冰如也到了香港，邀请他出席胞兄的画展，并嘱咐他一定去帮忙"捧场"。程冰如到展厅的时间不早也不晚，展厅里的人熙熙攘攘，程冰如深深地感到人们的装束无不得体异常，而自己的一身打扮实在有失体面。

程冰如回想起当时的情景还感慨不已："我身边的几位老总穿得都很到位：精制西装，风度翩翩，头发光亮整齐，整齐得能看出梳子在头发上划过的一绺绺痕迹。那位明星一头短发，上衣的两个

探究与实践

注意事项

应买高品质的香水；

应在出门前半小时使用；

不要在他人面前喷洒香水；

皮肤过敏者慎用；

千万不能在腋窝和鞋子里喷洒香水；

工作时不能涂抹浓烈香水；

去看望病人的时候，参加葬礼的时候，不能擦香水，会让人觉得不庄重；

参加婚礼不能涂抹浓烈香水，不然会有抢风头之嫌，不礼貌。

大尖领，像两把刀一样伸向两肩，腴白的脖子上是金光闪闪的小珠子项链。胡慧中身穿明艳的晚礼服，黑色套头衫，显得那么帅气，那么干练。我呢，尽管西服料子不错，也合体，只是在香港穿了一个星期没离身，裤线早没了，上衣的兜盖不知怎么的反了向了，兜口老是张着，领带呢，恰巧又忘了戴。"

程冰如说最发憷的是头和脚。头发乱，因为他从不抹油，习惯于早上起床后用梳子随便扒两下就算完事。"当时，我的头发都各自为政地在头上横躺竖卧，尤其是脑后'旋儿'旁边的那一绺，高高地树立着，不照镜子都能'心知肚明'。脚下一双皮鞋更显得寒酸，因为我穿着它已经走了整整一个星期。不亮不说，整个都走了形，像两个大鲶鱼头套在脚上。"

程冰如说他感到了一种不自在，一种被环境隔离开来的不自在。更不自在的是很多人都认识他，知道他是内地著名的相声艺术家，这个握手，那个交谈，问这问那，他则答非所问，因为脑子里老想着头上'旋儿'边的那一绺站立着的头发……

从那以后，程冰如非常注意在不同时间、不同场合、不同环境的服饰穿着和饰物的搭配，使自己的形象更完美。

互评成绩：一等奖_____，二等奖_____，三等奖_____。

2. 小李是个理财专家，她有很好的学历背景，常能为顾客提供很好的建议，在公司里表现一直很出色。但当她到客户公司提供服务时，对方主管却不大重视她的建议，她所能发挥才能的机会也就不大了。一位服装设计师发现小李在着装方面有明显的缺憾：她28岁，身高155厘米，体重43千克，看起来机智可爱，喜欢着休闲装，像个小女孩，其外表和她所从事的工作相差甚远，客户对她所提出的建议缺乏安全感、依赖感，所以她难以实现她的创意。这位形象设计师建议她用服装来强调出学者专家的气质，着深色职业套装，用对比色的衬衫、丝巾、时尚公文包来搭配，甚至带上黑边的眼镜。小莉照办了，结果，客户的态度有了较大的转变。很快，她成为公司的董事之一。

自测得分：_____。

3. 小安刚满28岁，一名刚晋升的公司业务经理，最近有很多场合需要出席，首先公司过几天要举行周年庆典，会邀请公司所有合作伙伴在香格里拉酒店的宴会厅举行自助酒会；周末则是她公司关系很好的同事小雪的婚礼，是在海边举行的海滩婚礼；而下周她又要代表公司赴北京出席行业协会的研讨会，会见到许多同行和合作企业的代表。

自测得分：_____。

分组讨论
（1）程冰如在画展上为什么会有"一种被环境隔离开来的不自在"的感觉？
（2）结合学到的知识分别谈谈自己对着装礼仪的认识。

问 题
结合案例，根据自己的情况，分析自己的着装表现。

问 题
（1）如果你是小安的好朋友，你会帮她选择怎样的服饰？
（2）根据小安将要出席的三个场合为她分别设计一套适宜的服饰，然后出一份方案。

欢乐课堂

》》情景模拟

小魏是刚刚进入职场的新手，平时工作也学着其他同事的样子，穿着衬衫、西裤上班，但因为天气原因，又一直在办公室工作，所以没有机会穿西装套装。

一天，公司接待一家重要的外资企业合作伙伴，总经理要求所有员工必须穿着西装出席。小魏到商场精心挑选了今年最流行的一套粉色西装，并配以红色领带、黑色皮鞋、白色袜子、看着镜子中英俊潇洒的自己，特别满意。

第二天，小魏穿着新买的西装来到公司，为了显得郑重其事，西装单排两粒扣子都扣了起来。一进门，公司同事都放下手头工作直愣愣地看着他，当他走到总经理面前时，给总经理打招呼的时候，总经理一下反应过来，说："为了庆祝你今天的精心装扮，公司特批你今天不用上班，回家休息一天，现在可以向后转回家休息了……"

探究与实践

谈一谈

根据本次课学到的知识，分析解决以下问题：

（1）总经理为什么让小魏回家休息？

（2）请指出小魏在服装搭配上的不妥之处？

（3）假如你是小魏，你应如何为自己选择搭配合适的服装参加这次接待活动。

项目概述

几千年的人类文明史证明，人们对文雅的仪风和悦人的仪态一直孜孜以求。而今，随着现代社会人际交往的日渐频繁，人们对个人的言谈举止神态礼仪更是倍加关注。从表面看，个人言谈举止神态礼仪仅仅涉及个人举手投足之类无关宏旨的小节小事，但小节之处显精神，举止言谈见文化。个人言谈举止神态礼仪，作为一种社会文化，不仅事及个人，而且事关全局。若置个人言谈举止神态礼仪规范而不顾，自以为是，我行我素，必然授人以柄，小到影响个人的自身形象，大到足以影响社会组织乃至国家和民族的整体形象。

任务一 社交中面部神态礼仪的运用
——面部神态礼仪

学习目标

● **能力目标：**
能够恰当运用微笑和眼神进行交流。

● **知识目标：**
了解并掌握正确的微笑礼仪和眼神礼仪。

● **素质目标：**
学习做一个和蔼可亲的人。

任务情境

某公司要招聘一位市场部经理，孙华的简历深深吸引了总经理程鹏。他是国内某知名院校硕士，有相关理论著述，而且在两家公司任过职，有一定经验。于是公司通知孙华三天后来公司面试。

面试是程鹏总经理亲自主持的。他发现那位孙华有个特点，就是不管什么时候都是锁着双眉，不会微笑，显示出很沉闷的样子。他说，这种表情的人是典型的不擅长做沟通工作的。而作为市场部的负责人，沟通是非常重要的工作内容……最后，孙华没能顺利通过面试。

探究与实践

想一想
如果你是孙华，你怎么应对这次面试？

任务分析

一个人的表情在人际交往特别是初次交往中非常重要，千万不可小看。心理学家珍·登不列说："假如顾客的眼睛往下看，脸转向一边，就表示拒绝你了；假如他的嘴唇放松，笑容自然，下颚向前，可能会考虑你的建议；假如对你的眼睛注视几秒钟，嘴角到鼻翼部位都显出轻松、热情的微笑，这个买卖就做成了。"从这句话可以得出两个启示：一是要想建立良好的人际关系，就要注意表情或神态礼仪；二是面部表情最传神表意的笑容，是决定面部表情礼仪的关键。

相关知识

所谓神态表情，通常是指一个人在面部所表现出来的其内在的思想、感觉和情绪，它包括眼神、笑容及其面部肌肉的综合运动。

在人际交往中，神态表情真实可信地反映着人们的思想、情感、反应，以及其他一切方面的心理活动与变化，因此更加直观、可信。它超越了地域文化的界限，成为一种人类的世界性"语言"，民族性、地域性差异较少。

正确运用神态表情，会使表达更充分，更富有感情色彩，更富有感染力，同时更能展示个人的形象，提升个人魅力。

一、应用表情神态必须遵循的原则

（一）表现谦恭

与人交往时，待人谦恭与否，人们可以从表情神态方面很直观地看出来。同时，交往对象也会非常重视，因此，人们在生活和工作中务必要使自己的表情神态于人恭敬，于己谦和。

（二）表现友好

通常要求人们要对人友好、和善，要善于关心、体谅、照顾或帮助别人，同别人和睦相处。在生活和工作中，要自然而然地在神态表情上表现出来。

（三）表现真诚

人们在交往时，既要使自己的表情神态恭谦、友好，又要使之出自真心，发乎诚意，这样才能给人表里如一、名副其实的感觉，才会赢得别人的信任。

（四）表现适时

从大的方面来看，人的表情神态可以庄重、随和，也可以是活泼、俏皮、高兴，还可以表示不满、气愤和悲伤。不论采用何种表情神态，人们都要注意使之与现场气氛实际需要相符合。这就是所谓的表情神态要适时。比如，当你去看望病人时，万万不能显示高兴之情。

二、最具礼仪功能的面部表情——眼神和笑容

在现代交往中，人们最能感受到的、最具有礼仪功能的面部表情就是眼神和笑容。

（一）眼神

眼睛是心灵之窗。眼神，是对眼睛总体活动的一种统称，它能够最明显、最自然、最准确地展示自身的心理活动。

眼神一向被认为是人类最明确的情感表现和交际信号，在面部表情中占据主导地位。"一身精神，具乎两目"，眼睛具有反映深层心理的特殊功能。据专家们研究，眼神实际上是指瞳孔的变化行为。瞳孔是受中枢神经控制的，它如实地显示着大脑正在进行的一切活动。瞳孔放大，传达正面信息（如爱、喜欢、兴奋、愉快）；瞳孔缩小，则传达负面信息（如消沉、戒备、厌烦、愤怒）。人的喜怒哀乐、爱憎好恶等思想情绪的存在和变化，都能从眼睛这个神秘的器官中显示出来。因此，眼神与谈话之间有一种同步效应，它忠实地显示着说话的真正含义。

与人交谈，要敢于和善于同别人进行目光接触，这既是一种礼貌，又能帮助维持一种联系，使谈话在频频的目光交接中持续不断。更重要的是，眼睛能帮你说话。恋人们常常用眼神传递爱慕之情，特别是初恋的青年男女，使用眼神的频率一般超过有声语言。

有的人不懂得眼神的价值，以至于在某些时候感到眼睛成了累赘，总习惯于低着头看地板或盯着对方的脚，要不就"四顾左右而言他"，这是很不利于交谈和发挥口才的。要知道，人们常常更相信眼睛。谈话中不愿进行目光接触者，往往叫人觉得在企图掩饰什么或心中隐藏着什么事；眼神闪烁不定，则显得精神上不稳定或性格上不诚实；如果几乎不看对方，那是怯懦和缺乏自信心的表现，这些都会妨碍交谈。

当然也不能老盯着对方。英国人体语言学家莫里斯说："眼对

探究与实践

比一比

　哪种眼神最受欢迎？

眼的凝视只发生于强烈的爱或恨之时，因为大多数人在一般场合中都不习惯于被人直视。"但是集会中的独白式发言，如演讲、作报告、发布新闻、产品宣传等则不一样，因为在这些场合讲话者与听众的空间距离大、范围广，必须持续不断地将目光投向听众，或平视，或扫视，或点视，或虚视，才能跟听众建立持续不断的联系，以取得更好的效果。

因此，在人际交往活动中，目光运用是否得当，直接影响到交际效果。学会正确地运用目光，为交谈创造轻松、愉快、亲切的环境与气氛，消除陌生感，缩短距离，有助于良好的合作关系。所以应在注视时间、部位、角度等3个方面注意规范礼仪。

1. 注视时间

掌握好运用眼神的时间。心理学的研究表明：人们视线相互接触的时间，通常占整个交往时间的30%至40%。在这个范围内，对方可以明显感觉到我们对他的尊重和重视，同时也不会感到拘束和不自然：超过这一平均值，则表明对谈话者本人比谈话内容更有兴趣；低于平均值，则表示对谈话本人和谈话内容都不怎么感兴趣。

而视线接触的最合适的时间，除关系十分密切的人外，一般连续注视对方的时间不超过3秒，过长时间的接触会让对方觉得你对他本人的兴趣大于他的话语，会让对方感到不适，同时也表现出你自己的无礼和冒犯。如果你在路上或人群中行走，双目直视前方，旁若无人，那你的眼睛会无声地说出：我是一个高傲的人、"了不起"的人。反之，如果频频左盼右顾，张望不停，那你的目光会告诉人家："我心中有事"，或"戒心十足"。

2. 注视部位

注视的部位指的是在人际交往中目光所及之处。注视他人的部位不同，不仅说明自己的态度不同，也说明双方关系有所不同。一般情况下，与他人相处时，不宜注视其头顶、大腿、脚部与手部，或是"目中无人"。对异性而言，通常不应注视其肩部以下，尤其是不应注视其胸部、裆部、腿部。允许注视的常规部位有：

（1）双眼。注视对方双眼，表示自己聚精会神、一心一意，重视对方，但时间不宜过久。它也叫关注型注视。

（2）额头。注视对方额头，表示严肃、认真、公事公办。它叫公务型注视，适用于极为正规的公务活动。

（3）眼部至唇部。注视这一区域，是社交场合面对交往对象时所用的常规方法，因此也叫社交型注视。

（4）眼部至胸部。注视这一区域，表示亲近、友善，多用于关系密切的男女之间，故称近亲密型注视。

（5）眼部至裆部。它适用于注视相距较远的熟人，亦表示亲近、友善，故称远亲密型注视，但不适用于关系普通的异性。

（6）任意部位。对他人身上的某一部位随意一瞥，可表示注意，也可表示敌意，通常也叫瞥视。多用于公共场合注视陌生之人，但最好慎用。

3. 注视角度

在注视他人时，注视的角度是与交往对象亲疏远近的一大表现。注视他人的常规角度有：

（1）平视。即视线呈水平状态，也叫正视。一般适用于在普通场合与身份、地位平等之人进行交往。

（2）侧视。它是一种平视的特殊情况，即位居交往对象一侧，面向对方，平视着对方。它的关键在于面向对方，否则即为斜视对方，那是很失礼的。

（3）仰视。即主动居于低处，抬眼向上注视他人。它表示尊重、敬畏之意，适用于面对尊长之时。

（4）俯视。即抬眼向下注视他人，一般用于身居高处之时。它可对晚辈表示宽容、怜爱，也可对他人表示轻慢、歧视。

图 3-1 平视　　图 3-2 侧视　　图 3-3 仰视　　图 3-4 俯视

4. 两种错误的眼神

在人与人交往中，相互接触的第一个行为就是眼神。正确地运用眼神会给你的交往中增添成功的几率，赢得友情，否则就会适得其反。正确地运用眼神是直视对方，但不能总盯着对方。

（1）盯视。盯视常常传递着一种不礼貌的语言。如果死死地盯视一个人，特别是盯视他的眼睛，不管有意无意，都显示着一种非礼，对方会感到不舒服，像是你在打他的什么主意。因为，人们在凝视对方时，自己内心肯定会有心理活动，而对方也会有较强烈的心理反应。

盯视，在某些特定场合，是作为心理战的招数使用的，在正常社交场合贸然使用，便容易造成误会，让对方有受到侮辱甚至挑衅的感觉。在我们的日常生活中经常遇到一些人令人生厌的眼神。比如，有的人看到对方的服饰或是长相比较出众，就"视无忌惮"地盯视对方，而人的第六感官都是敏感的，只要有人在盯视他，他马上本能地意识到，而且会马上将视线转向这个人。所以，尽管你不是恶意的，但毕竟很不礼貌，所以要规范自己的眼神。

（2）眯视。眯视反映出的并不是太友好的语言，它除了给人有睥睨与傲视的感觉外，至少也是一种漠然的语态。另外，在西方，对异性眯起一只眼睛，并眨两下眼皮，是一种调情的动作。

眼睛的语言，其实透示着一个人的品质与修养。成熟的、有教养的人会善于控制自己的情感，不轻易让它从眼睛里流露出来浸染别人。即使不喜欢交往对方的人和事，也不要轻易地做出一种鄙夷或不屑一顾的眼神。而且，他的眼神，展示着一种落落大方、亲和友善的风度，让那些有斜视、盯视、瞟视、瞥视、眯视毛病的人自惭形秽，从而受到某种程度上心灵的净化。

5. 训练眼睛有神的方法

一个充满魅力的眼神，可以让别人看到我们的自信，可以很好地促进人际交往。

可以随身携带一面小镜子，平时没有事的时候，拿个小镜子，然后将自己设定于某种意境中，寻找相应的眼神表现并反复练习。把喜、怒、哀、乐、怨、愁等不同的心境表达出来，然后自己再对自己的眼神做出评价。

学习工作累了、放松休闲的时候，还可以多看着比较空敞的地方，用眼神在空中写字母，比如写个 K，再继续写个 Y，然后跟着眼神写出的字母位置不断变化，这样可以让眼神变得有神起来的。当然这都需要坚持下来。

（1）定穿眼。立正姿势站好，两手握拳于腰间，双眼圆瞪，盯住正前方一个目标不动，好似要看穿目标一样（以下开始，步法都为立正式）。

（2）左右晃眼。头部不动，双眼圆瞪，眼球平行左转，看左侧的极限角度。定一会儿后，迅速平行右转。左右反复练习数次。

（3）上下晃眼。头部不动，双眼圆瞪，眼球平行看上方的极限角度。定一会儿再下移，下移到最低角度。上下反复练习数次。

（4）旋眼。头部不动，沿双眼边缘所能看到的极限角度，按顺时针或逆时针的方向做圆形旋眼动作。

练习时要注意：环境要安静、清洁，避免阳光直射，最好在松柏常青、风景秀丽的地方练习；头要正，身要直，舌抵上腭，下颌内收。每个动作练完后，可休息一会儿，也可配合按摩。

探究与实践

小贴士

演员都是要经过严格的眼神训练的。

京剧大师梅兰芳，只要站在台上，眼睛向台下一扫，无论你坐在哪个角落，都能感觉到他已经在看你了。其实，梅兰芳从小就有眼疾，而且还是近视。他的眼神完全是练出来的。梅大师的锻炼方法是用眼远望，尽可能远，看绿色的东西。可以养一缸鱼，眼睛跟着鱼的游动游走。长此以往，就可以练就一双传神双眼的。

六小龄童也是近视眼，他练习的方法是：白天盯着日出看20分钟，直到眼泪流下来——这样练眼神固定；经常打乒乓球，球动眼动——这样练眼睛的灵活度；晚上看香头，屏气凝神——这样练眼神聚光。

（二）微笑

微笑是人际交往中最基本、最常用的礼仪，在人类社会生活中，传达着友好的信息。微笑在礼仪活动中体现出重要的实践性价值。

"微笑一下并不费力，但它却产生无穷的魅力；受惠者成为富有，施予者并不贫穷；它转瞬即逝，却往往留下永久的回忆……"（法国小诗）。微笑是人类最美的表情，每个人都有一个瞬间的微笑是最美的。如何微笑，就是要找到这样一个美丽的瞬间，用这样美好的表情参与到交往活动中。确定微笑礼仪的标准，为在礼仪活动中正确地运用这种表情提供了尺度。在交往活动中，依据礼仪的标准控制微笑的尺度，为人们顺利交往打下良好的基础。作为人类内心情感状态的流露，微笑的标准应当具备人性化的特点。从人性化的视角确定微笑的标准是要从人自身表情的角度出发，不能脱离表情的特征。微笑应该是自然的、动态的，是"诚于内而形于外"的愉悦情绪的外在表现。

微笑在人类各种文化中的含义是基本相同的，是真正的"世界语"，能超越文化而传播。微笑是人类最富魅力、最有价值的体态语言，既是一种人际交往的技巧，也是一种礼节。它表现着友好、愉快、欢喜等情感，几乎所有的商业服务中都提供"微笑服务"，微笑成了评价服务质量的重要标志。例如：美国著名的希尔顿集团的董事长在谈及企业成功秘诀时，自豪地说："是靠微笑的影响力。"因此，他经常问下属的一句话便是"今天，你对顾客微笑了没有"。

1. 微笑的内涵

（1）微笑是自信的象征。

一个人只要充分尊重、重视自己，必然重视强化自我形象。

（2）微笑是道德修养的充分体现。

懂礼貌、尊重别人，为表达热情友谊，就要把微笑当作礼物，慷慨地奉献给别人。

（3）微笑是和睦相处的反映。

见面时，微笑是问候语；客人到来时，微笑是欢迎曲；接待客人时，微笑是热情与尊重；送别时，微笑是告别词；不小心出了错，微笑便成为道歉语。

（4）微笑是心理健康的标志。

一个心理健康的人，一定能将美好的情操、愉快的心境、善良的心地变成微笑。

2. 微笑的标准

国际标准微笑即"三米，八 / 六齿"，就是别人在离你三米时

探究与实践

53

就可以看到你绝对标准迷人的微笑，面容和祥，嘴角微微上翘，露出上齿的八/六颗牙齿。注意要保持牙齿的干净以表示尊重。微笑的最佳时间长度，以不超过 7 秒钟为宜。时间过长会给人以傻笑的感觉。

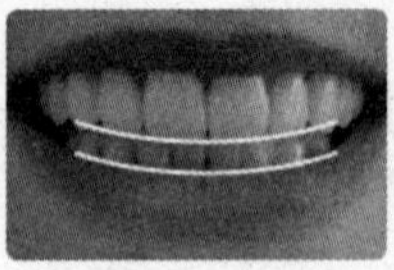

图 3-5

（1）上唇的位置：露出上前牙和牙颈部牙龈的 75% ~ 100%。

（2）上唇的曲线：向上弯曲的曲线意味着嘴角比上唇中部的下界要高。

（3）上前牙曲线与下唇的平行：平行即上前牙的切端线平行于下唇的上界。

（4）上前牙与下唇之间的关系：不接触和刚刚接触为好。

（5）微笑时显露的牙齿：显露出 8 颗上牙是最美的。

（6）微笑，不要急于把 8 颗牙都露出来，牙齿微露也可以表示开朗真诚。

（7）上嘴唇不要有动作，随下唇轻微动作即可，尽量保持嘴角微微上扬。

（8）不要扬眉瞪眼，应把眉毛放舒缓，再睁大眼睛（可以用手压住眉毛，睁眼练习）。

（9）不要有意识地把两腮的肉都堆起来，真正笑的肌肉是由神经组织协调完成的。

3. 微笑的种类

人们在工作中应表现出笑容可掬的神态：略带笑容，不显著、不出声，热情、亲切、和蔼，是内心喜悦的自然流露，而非傻笑、抿嘴笑、奸笑、大笑、狂笑等。

根据人际关系学家的观点，笑可以分为三种，第一种是哈哈大笑。哈哈大笑时，嘴巴张得较大，上牙和下牙均露出，并发出"哈哈"之声。第二种是轻笑。轻笑时嘴巴略微张开，一般下牙不露出，并发出轻微的声音。第三种是微笑。微笑时，嘴巴不张开，上、下牙齿均不露出，也不发出声音，是一种笑不露齿的笑，仅仅是脸部肌肉的美丽运动，这也是微笑的具体要求。

"三度"微笑及其运用如下。

一度微笑：嘴角微微翘起，做自然轻度微笑，表示友好情绪，适宜社交场合初次见面。

二度微笑：嘴角明显上弯，肌肉较明显舒展，表示亲切、温馨，适宜社交场合与熟人亲友间的友谊性微笑。

三度微笑：嘴角大幅上扬，两颊肌肉明显向两侧推展，表示亲爱甜蜜情绪，适宜亲人、恋人之间。

4. 微笑的好处

（1）笑使你的表情丰富多彩。

（2）笑是愉快的使者。

（3）笑是表现自我的机会。

（4）微笑时无声胜有声。

5. 微笑的"四要""四不要"

（1）四要。

一要口眼鼻眉肌结合，做到真笑。发自内心的微笑，会自然调动人的五官，使眼睛略眯、眉毛上扬、鼻翼张开、脸肌收拢、嘴角上翘。二要神情结合，显出气质。笑的时候要精神饱满、神采奕奕、亲切甜美。三要声情并茂，相辅相成。只有声情并茂，你的热情、诚意才能为人理解，并起到锦上添花的效果。四要与仪表举止的美和谐一致，从外表上形成完美统一的效果。

（2）四不要。

一不要缺乏诚意，强装笑脸；二不要露出笑容随即收起；三不要仅为情绪左右而笑；四不要把微笑只留给上级、朋友等少数人。

6. 微笑训练方法

（1）情绪诱导法。

情绪诱导法就是设法寻求外界物的诱导、刺激，以求引起情绪的愉悦和兴奋，从而唤起微笑的方法。诸如，打开你喜欢的书页，翻看使你高兴的照片、画册，回想过去幸福生活的片断，放送你喜欢的、容易使自己快乐的乐曲等等，以期在欣赏和回忆中引发快乐和微笑。如有条件，最好用摄像机摄录下来。

（2）记忆提取法。

据载这是演员在训练中常采用的一种方法，也被称为"情绪记忆法"。就是将自己过去那些最愉快、最令人喜悦的情景，从记忆中唤醒，使这种情绪重新袭上心头，重享那惬意的微笑。

（3）观摩欣赏法。

这是几个人凑在一起，互相观摩、议论，互相交流，互相鼓励，互相分享开心微笑的一种方法。也可以平时留心观察他人的微笑，把精彩的"镜头"封存记忆中，时时模仿。

（4）口型对照法。

通过一些相似的发音口型，找到适合自己的最美的微笑状态，如"一""茄子"等。

任务实施

在人际交往中，神态表情真实可信地反映着人们的思想、情感、

探究与实践

练一练

　　最迷人的微笑是怎样的？

反应，以及其他一切的心理活动与变化，因此显得更加直观、可信。它超越了地域文化的界限，成为一种人类的世界性语言，民族性、地域性差异较少。真诚的笑容是人际交往的一种轻松剂和润滑剂，可以缩短彼此之间的心理距离，为深入的沟通与交往创造和谐、温馨的良好氛围。

作为应聘者的名校硕士小孙，有着很好的个人条件，应该把自信和微笑挂在脸上，培养个人的亲和力，这样才能在职场上游刃有余。

拓展训练与测评

探究与实践

1.一双炯炯有神的眼睛，可以给他人留下足够好的印象，而眼睛是心灵的窗户。所以，在沟通过程中，眼光的运用非常重要。很多人和别人交往时紧张、恐惧，主要表现就是不敢正视别人的眼睛，怕四种人的目光：领导的或是职业分量比自己重的人、陌生的人、漂亮的异性及于心有愧疚的人的。

故事一

一位年轻人非常自卑、内向且自我封闭，平时很害怕看别人的目光，总是显得有点"贼眉鼠眼"，甚至"猥琐"。一天晚上，由于无聊，他在街上闲逛，因为自闭，他走路总是弓腰驼背，看路人的目光也是游离飘忽不定。——乍一看，还真像个小偷。

凑巧的是，有一位警察在旁边值勤。看到他的形象就注视了他一会儿。

这一看不要紧，这位学生竟然不自信起来，眼睛和警察对了一眼，竟然立即转移目光。警察越看越像有问题的人，就向他跨了一步，结果这位同学更加紧张，反而转身想跑。警察一看，想逃，没门，立即大声一喝上前就追。这位年轻人竟然拔腿飞奔。两人是跑得上气不接下气的，最终警察把他逮住，追问身份证、工作证，一一俱全。

警察就问他："你为什么见到我就跑？老实交代。"

这位学生可怜巴巴地说："我是好人啊。你为什么这么追我啊？你不追，我也不会跑。"

故事二

有一天，在公交汽车上，一位年轻人的手机被小偷偷走了。当时他发现手机不见了，就请求司机停车。司机停车后，他从前排开始，一个一个地进行目光对视，每位乘客坚持一分钟以上。当和小偷目光对视时，整整坚持了五分钟，小偷竟然乖乖地把手机掏出来

分组讨论

对这两则故事进行对比，分析眼神在生活中的作用。

了。——自信眼神将会让您赢取更多的机会！

2.飞机起飞前，一位乘客请求空姐给他倒一杯水吃药。空姐很有礼貌地说："先生，为了您的安全，请稍等片刻，等飞机进入平稳飞行后，我会立刻把水给您送过来，好吗？"15分钟后，飞机早已进入了平稳飞行状态。突然，乘客服务铃急促地响了起来，空姐猛然意识到：糟了，由于太忙，她忘记给那位乘客倒水了！空姐连忙来到客舱，小心翼翼地把水送到那位乘客跟前，面带微笑地说："先生，实在对不起，由于我的疏忽，延误了您吃药的时间，我感到非常抱歉。"这位乘客抬起左手，指着手表说道："怎么回事，有你这样服务的吗，你看看，都过了多久了？"空姐手里端着水，心里感到很委屈。但是，无论她怎么解释，这位挑剔的乘客都不肯原谅她的疏忽。

接下来的飞行途中，为了补偿自己的过失，空姐每次去客舱给乘客服务时，空姐都会特意走到那位乘客面前，面带微笑地询问他是否需要水，或者别的什么帮助。然而，那位乘客余怒未消，摆出一副不合作的样子，并不理会空姐。

临到目的地时，那位乘客要求空姐把留言本给他送过去，很显然，他要投诉这名空姐。此时，空姐心里虽然很委屈，但是仍然不失职业道德，显得非常有礼貌，而且面带微笑地说道："先生，请允许我再次向您表示真诚的歉意，您提出什么意见，我将欣然接受！"那位乘客脸色一紧，嘴巴准备说什么，可是却没有开口，他接过留言本，开始在本子上写了起来。

飞机安全降落。所有的乘客陆续离开后，空姐打开留言本，惊奇地发现，那位乘客在本子上写下的并不是投诉信，相反，是一封给她的热情洋溢的表扬信。信中有这样一段话："在整个过程中，你表现出的真诚的歉意，特别是你的十二次微笑，深深地打动了我，使我最终决定将投诉信写成表扬信！你的服务质量很高，下次如果有机会，我还将乘坐你们的这趟航班！"

自测得分：_____。

3.设计一份微笑培训计划书。

有一家刚开业的四星级酒店，设施设备先进、高档、齐全，实力雄厚。但员工服务缺乏亲切热情的态度，开业初期屡屡有顾客投诉，造成不良的社会声誉。于是酒店高层决定为员工进行一次微笑培训。结合所学请你为其做一份微笑培训计划书。

要求：从培训需求分析、训练目标、训练方案和方法、督导策略四个方面进行分析整理，最好能用 PPT 展示。

探究与实践

问 题
　　为何空姐忘记倒水，不但没有被投诉，却换来了乘客的表扬信？在生活中，你会经常很恰当地运用你的微笑吗？

欢乐课堂

≫情景模拟

一个停尸间里，送来三具尸体，奇怪的是，他们脸上都带着微笑！

那里的工作人员看到这三具奇怪的尸体，不禁问那送来的人："他们为什么死了还在笑？"那开车送尸体来的人指着第一具尸体说："这可怜的家伙，买彩票中了 300 万，高兴死了！"接着指着第二个人说："这个倒霉的人，家里房子改建的时候，挖出了一批古董，也笑死了！""那这第三个人呢？"工作人员迫不及待地想知道这个家伙是怎么乐极生悲的。"他？"送尸体的人看了一眼那早已凝固了的笑容，"他是被闪电劈死的！""什么？"那工作人员怎么也不相信自己的耳朵，"那他还笑什么？""他以为是有人在给他拍照片呢！"

探究与实践

谈一谈
　　每小组推选一位代表，到讲台讲述你生活中认为最开心的小事，其他同学用手机捕捉该同学最美的微笑，然后汇集整理，展示点评。

任务二　社交场合应规范自己的言谈行为举止——言谈举止礼仪

学习目标

● **能力目标：**
通过模拟训练掌握言谈举止的操作规范。

● **知识目标：**
了解言谈举止的行为规范。

● **素质目标：**
学做一个行为上规范的现代职业人。

任务情境

某照明器材厂的业务员小金，手拿企业新设计的照明器样品，去拜访一个对他们产品有兴趣的客户张经理，他兴冲冲地跑上六楼，脸上的汗珠未及擦一下，便直接走进了业务部张经理的办公室，正在处理业务的张经理被吓了一跳。"对不起，这是我们企业设计的新产品，请您过目"，小金说。张经理停下手中的工作，接过金先生递过的照明器，随口赞道："好漂亮呀！"并请小金坐下，倒上一杯茶递给他，然后拿起照明器仔细研究起来。

想一想
　　你觉得小金的言谈举止有哪些方面不太合适？

　　小金看到张经理对新产品如此感兴趣，如释重负，便往沙发上一靠，跷起二郎腿，一边吸烟一边悠闲地环视着张经理的办公室。当张经理问他电源开关为什么装在这个位置时，小金习惯性地用手搔了搔头皮。好多年了，别人一问他问题，他就会不自觉地用手去搔头皮。虽然金先生作了较详尽的解释，张经理还是有点半信半疑。谈到价格时，张经理强调："这个价格比我们预算的高出较多，能否再降低一些？"小金回答："我们经理说了，这是最低价格，一分也不能再降了。"张经理沉默了半天没有开口。小金却有点沉不住气。不由自主地拉松领带，眼睛盯着张经理，张经理皱了皱眉，"这种照明器的性能先进在什么地方？"小金又搔了搔头皮，反反复复地说："造型新、寿命长、节电。"张经理托辞离开了办公室，只剩下小金一个人。小金等了一会儿，感到无聊，便非常随便地抄起办公桌上的电话，同一个朋友闲谈起来。这时，门被推开，进来的却不是张经理，而是办公室秘书。

任务分析

　　一个人的言谈举止不仅仅代表自己的形象，体现自己的教养，在一定的场合，个人的行为代表组织行为，个人形象代表组织形象。在人际交往中，人们可以通过自己的言行举止向他人传递自己的学识与修养，并以其交流思想，表达感情，同时也是对别人的尊重。所以，必须养成良好习惯，提高个人修养，从小处做好，商机才不会溜走。

相关知识

　　高尔基曾说过："作为一种感人的力量，语言的真正美，产生于言辞的准确、明晰和动听。"

一、谈吐礼仪

　　所谓交谈，指的是两个或者两个以上的人所进行的对话。交谈是人们交流思想、传递信息、进行交际、开展工作、建立友谊、增进了解的一种形式，它可以反映一个人的知识、阅历、教养以及综合的应变能力。

　　交谈的语言是交谈内容的外在表现和载体，交谈时首先要重视语言。在语言方面，总的来说，要求语言要文明、准确、礼貌和幽默。

（一）语言要准确

　　在交谈中，语言必须准确，否则不利于彼此之间的沟通。要注意的问题主要有：

小贴士
　　鲁迅说："语言有三美：意美的感心，一也；音美的感官，二也；形美的感目，三也。"

1. 发音准确。首先要用普通话读准字音，不能读错音，念错字；其次是发音要清晰，不能含含糊糊、口齿不清；最后，交谈时发音不要拖拖拉拉、重复不休。

2. 音量适中。交谈时音量以在座者都能听清为好，音量过高让人耳朵不舒服，过低则让人听来费劲，都不大合适。

3. 语速适度。语速指讲话的速度，在讲话时，对其应加以控制，使之保持匀速，快慢适中。在交谈中，语速过快、过慢或忽快忽慢，都会影响效果。

4. 语气谦和。在交谈时语气一定要平等待人，亲切谦和。不要端架子、摆派头，以上压下、以大欺小，官气十足、倚老卖老。更不能盛气凌人，随便教训、指责别人。

5. 内容简洁。在交谈时力求言简意赅、简单明白，不要讲废话、短话长说、没话找话，不要节外生枝、任意发挥、不着边际，让人听起来不明不白。"繁言无要，要言不烦"是交谈中的重要原则。

6. 内容准确。交谈时要实事求是，用词恰当，既不夸大其词，也不谦虚过度、贬低自己，更不要贬低别人。

7. 少用土语。交谈对象若不是家人、乡亲，则最好不要在交谈之中采用对方有可能听不懂的方言和土语。如果那么做，就是对对方不尊重。在多方交谈中，即便有一个人听不懂，也不要采用方言、土语交谈，以免使其产生被排挤、受冷落之感。

8. 慎用外语和网络语言。在一般的交谈中，应当讲中文，讲普通话。若无外宾在场，则最好不用外语。若不是谈论网络，就不要使用网络上一些奇奇怪怪的语言。

（二）语言要幽默

幽默在交谈中的作用是不可低估的。恰到好处的幽默，能使人感到轻松愉快，使沟通的效果更趋完美，可以活跃交谈的气氛，还可以驱除交谈中的疲劳感。

幽默是一种特殊的情绪表现。它是人们适应环境的工具，是人类面临困境时减轻精神和心理压力的方法之一。俄国文学家契诃夫说过：不懂得开玩笑的人，是没有希望的人。可见，生活中的每个人都应当学会幽默，多一点幽默感，少一点气急败坏，少一点偏执极端，少一点你死我活。

幽默可以淡化人们的消极情绪，消除沮丧与痛苦。具有幽默感的人，生活充满情趣，别人看来令人痛苦烦恼之事，他们却应付得轻松自如。用幽默来处理烦恼与矛盾，会使人感到和谐愉快，相融友好。

那么，怎样培养幽默感呢？

1. 领会幽默的内在含义，机智而又敏捷地指出别人的缺点或优点，在微笑中加以肯定或否定

幽默不是油腔滑调，也非嘲笑或讽刺。正如有位名人所言：浮躁难以幽默，装腔作势难以幽默，钻牛角尖难以幽默，捉襟见肘难以幽默，迟钝笨拙难以幽默，只有从容，平等待人，超脱，游刃有余，聪明透彻才能幽默。

2. 幽默是一种智慧的表现，它必须建立在丰富知识的基础上

一个人只有具备审时度势的能力，广博的知识，才能做到谈资丰富，妙言成趣，从而做出恰当的比喻。因此，要培养幽默感，必须广泛涉猎，充实自我，不断从浩如烟海的书籍中收集幽默的浪花，从名人趣事的精华中撷取幽默的宝石。

3. 幽默是一种宽容精神的体现，要注意陶冶情操，乐观对待现实

要善于体谅他人，使自己学会幽默，就要学会雍容大度，克服斤斤计较，同时还要乐观。乐观与幽默是亲密的朋友，生活中如果多一点趣味和轻松，多一点笑容和游戏，多一份乐观与幽默，那么就没有克服不了的困难，也不会出现整天愁眉苦脸、忧心忡忡的痛苦者。

4. 培养深刻的洞察力，提高观察事物的能力，培养机智、敏捷的能力，是提高幽默的一个重要方面

只有迅速地捕捉事物的本质，使用以恰当的比喻、诙谐的语言，才能使人们产生轻松的感觉。当然，在幽默的同时，还应注意，重大的原则总是不能马虎，不同问题要不同对待，在处理问题时要极富灵活性，做到幽默而不俗套。

（三）语言要礼貌

交谈中多使用礼貌用语，是博得他人好感与体谅的最为简单易行的做法。所谓礼貌用语，简称礼貌语，是指约定俗成的表示谦虚恭敬的专门用语。

1. "五句十字"礼貌语

（1）您好。

"您"是一个敬称，用于对长辈、老者、职位高者或者平辈的称呼，表示自己十分尊敬对方。"您好"是一句表示问候的礼貌语。遇到相识者与不相识者，都应主动向对方先问一声"您好"。若对方先问候了自己，也要以此来回应。"您好"简洁通行。

（2）请。

"请"是一句请求别人、托付别人办事的礼貌语。在要求他人做某件事情时，居高临下、颐指气使不合适，低声下气、百般乞求

探究与实践

小贴士

在一切使人喜悦的艺术中，说话的艺术占第一位，只有通过它才能使被钝化的感官获得新的乐趣。谈吐礼仪是通过优化语言来提高表达效果的。优化语言的具体方法可因人、因时、因地而异，其主要方法有委婉法、幽默法、模糊法和暗示法等。

也没有必要。在此情况下，多用上一个"请"字，就可以逢山开路、遇水架桥，赢得主动，得到对方的帮助。

（3）谢谢。

"谢谢"是一句致谢的礼貌语。每逢获得理解、得到帮助、接受服务、受到礼遇之时，都应当立即向对方道一声"谢谢"。这样做，既是真诚地感激对方，又是对对方的一种积极肯定，还能显得自己有修养。

（4）对不起。

"对不起"是一句道歉的礼貌语。当打扰、妨碍、影响了别人，或是在人际交往中给他人造成不便，甚至给对方造成某种程度的损失和伤害时，务必要及时向对方说一声"对不起"。这将有助于大事化小、小事化了，并且有助于修复双方的关系。

（5）再见。

"再见"是一句道别的礼貌语。在交谈结束与人作别之际，道上一句"再见"，可以表达惜别之意、恭敬之心以及希望再次见面的心情。

2."四有四避"礼貌法

（1）"四有"。

①有分寸。语言有分寸是指该说的要说，不该说的只字不提。

②有礼节。语言的礼节就是寒暄。五种最常见的礼节语言惯用形式，表达了人们交际中的问候、致谢、致歉、告别、回敬这五种礼貌。

③有教养。有教养是指说话有分寸、讲礼节，富于学识、用语雅致，交谈时尊重和谅解别人。

④有学识。有学识是指同他人交谈时内容富有知识性，用词准确生动，能针对不同的交谈对象使用专门的术语或通俗的语言，使交谈对象很快就明白自己的意思。

（2）"四避"。

①避隐私。隐私就是不可公开或不必公开的某些情况，如生理缺陷、家庭秘密等。因此，在言语交谈中避谈避问隐私，是有礼貌的重要表现。

②避浅薄。浅薄是指不懂装懂、"教诲别人"或讲外行话，或者言不及义。社会、自然是知识的海洋，我们每个人都不可能做万能博士或百事通，总有不如他人之处，总有不懂某种知识之处，所以要谦虚谨慎，不可妄发议论。

③避粗鄙。粗鄙是指言语粗野，甚至污秽，满口粗话、丑话、脏话。言语粗鄙是最没有礼貌的表现，它是对一个民族语言的污染。

④避忌讳。忌讳是人类视为禁忌的现象、事物和行为，避忌

讳的语言同它所替代的词语有约定俗成的对应关系。社会通用的避讳语也是社会一种重要的礼貌语言，它往往顾念对方的感情，避免触犯忌讳。

如关于"死"的避讳语相当多，如把到厕所大小便叫"去洗手间"等。

3. 交谈的注意事项

（1）态度应谦虚、诚恳。

和人交谈时态度要虚心、诚恳、亲切。切忌武断，不要事事都以自己的观点为正确，对别人的不同意见横加驳斥。说话本身是用来向人传递思想感情的，所以，说话时的神态、表情都很重要。例如，当你向别人表示祝贺时，如果嘴上说得十分动听，而表情却是冷冰冰的，那对方一定认为你只是在敷衍而已。

（2）神态要认真、专注。

在倾听对方讲话时，切忌愁眉苦脸或心不在焉地一边听，一边打电话、做家务、翻杂志、看电视、听音乐等。

（3）要回应对方。

在别人谈得兴高采烈时，应配合对方情绪，用语言如"好""行""是"等表示自己在认真倾听，或者用动作如点头、微笑等表示高兴，绝不可以无动于衷，漠然处之；在对方谈到悲伤之处时，要表示难过，绝不可幸灾乐祸。

（4）兼顾在座的每个人。

不要只顾自己谈得高兴，对于那些说话少的尤其应照顾到，并设法打开他们的话匣子。比如转变话题，说一些对方熟悉的事物、擅长的活动。

（5）机智灵活。

在谈话中出现一些不愉快情况时，应及时转换话题，改变气氛。

（6）不要唱独角戏。

风趣幽默的谈吐一向为众人所欢迎，但是交谈时不要自己一个人喋喋不休，让别人插不进话。交谈时应让对方也有发言的机会，这样对方才有继续交谈下去的愿望。

（7）不要老用"我"字。

要记住"我"是一个最微不足道的词，不要在交谈时无限制地使用它。一个有礼貌的人，不要把"我认为"总是挂在嘴上，而应该问"你认为如何？"不过，一个成熟的人在讨论问题时会说"我认为应该……"，而不说"不是这样"或"你说得不对"，因为后者无异于指责别人。可以说，一个处事成熟老练的人从不流露自己的成见。

探究与实践

（8）不要随意插嘴。

出于尊重他人，在他人讲话时，尽量不要在中途予以打断，突如其来、不经允许地插上一句话，不仅干扰了对方的思绪、破坏了交谈的效果，而且会给人以自以为是的感觉。如果真的需要打断谈话，应该在对方许可的情况下再讲。

（9）不谈只有少数人士感兴趣的主题。

交谈时要选择一些在座的人都喜欢的主题，以免其他人只有无奈地听下去，索然无味地等待交谈的结束。避谈政治、宗教等话题，要避免询问他人穿着、饰物的价格。

二、举止礼仪

举止是一种不说话的"语言"，能在很大程度上反映一个人的素质、受教育的程度及能够被别人信任的程度。在社会交往中，一个人的行为既体现他的道德修养、文化水平，又能表现出他与别人交往是否有诚意，更关系到一个人形象的塑造，甚至会影响国家民族的形象。冰冷生硬、懒散懈怠、矫揉造作的行为，无疑有损于良好的形象。相反，从容潇洒的动作，给人以清新明快的感觉；端庄含蓄的行为，给人以深沉稳健的印象；坦率的微笑，则使人赏心悦目。因此，我们在交往中应该使自己成为举止优雅的人。

（一）站姿——站如松

1. 标准的站姿

（1）脖颈挺直，头顶向上；

（2）下颚微收，双目平视前方，面带微笑；

（3）双肩放松，气下沉，自然呼吸；

（4）双手臂放松，自然下垂于体侧，虎口向前，手指自然弯曲；

（5）脊椎后背挺直，挺胸收腹肌，臀大肌微收缩并向上提，臀、腹部前后相夹；

（6）两腿并拢直立，髋部上提；

（7）两脚跟相靠，脚尖分开45度角左右，身体重心落在脚掌、脚弓上。

2. 常见的几种站姿

（1）正规站姿。

正规的礼仪站姿是抬头、目视前方，挺胸立腰、肩平，双臂自然下垂，收腹，双腿并拢直立，脚尖分呈 V 字形，身体重心放到两脚中间；也可两脚分开，比肩略窄，将双手合起，放在腹前或背后。

（2）背手站姿。

背手站姿，即双手在身后交叉，右手放在左手外面，贴在两臀中间。两脚可分开也可并列，分开时，不得超过肩宽，脚尖展开，两脚夹角成60度，挺胸立腰，收额收腹，双目平视。这种站姿优美中略带威严，易产生距离感，所以一般用于门卫和保卫人员。如果两脚改为并立，则突出了尊重的意味。

（3）叉手站姿。

叉手站姿，即两手在腹前交叉，右手搭在左手上直立。这种站姿，男性可以两脚分开，距离不超过20厘米。女性可以用小丁字步，即一脚稍微向前，脚跟靠在另一脚内侧。除保持正确的站姿外，男性两脚分开，比肩略窄，将双手合起放于腹前；女性双腿并拢，脚尖分呈 V 字形，双手合起放于腹前。这种站姿端正中略有自由，郑重中略有放松。在站立中身体重心还可以在两脚间转换，以减轻疲劳，这是一种常用的接待站姿。

（4）背垂手站姿。

背垂手站姿，即一手背在后面，贴在臀部，另一手自然下垂，手指自然弯曲，中指对准裤缝，两脚可以并拢也可以分开，也可以成小丁字步。这种站姿，男性多用，显得大方、自然、洒脱。

以上这几种站姿密切地联系着岗位工作，若在日常生活中适当运用，则会给人们挺拔俊美、庄重大方、舒展优雅、精力充沛的感觉。

3. 错误站姿

不良的站姿会影响体内的血液循环，可能会压迫内脏，导致消化不良。不管在形体上，还是在外貌上，不良的站姿都会对人体产生消极的影响。

如：（1）两脚分叉分得太开。（2）交叉两腿而站。（3）一个肩高一个肩低。（4）松腹含胸。（5）一只脚在地下不停地画弧线。（6）交腿斜靠在马路旁的树干、招牌、墙壁、栏杆上。（7）不停地摇摆身子，扭捏作态。（8）与他人勾肩搭背地站着。（9）膝盖伸不直。

4. 标准站姿训练方法

好的站姿能通过学习和训练而获得。每天练习20分钟左右，效果将会非常明显。

其一是贴墙直立（五点靠墙法）。

背着墙站直，全身背部紧贴墙壁，然后后脑勺、肩、腰、臀部及脚后跟与墙壁间的距离尽可能地减少，让你的头、肩、臀、腿之间纵向练成直线。

其二是头顶书本。

就是把书放在头顶上行走，不要让它掉下来。那么你会很自然地挺直脖子，收紧下巴，挺胸挺腰。

探究与实践

比一比
　谁的站姿更规范？

其三是双腿夹纸。

站立者在两大腿间夹上一张纸，保持纸不松、不掉，以训练腿部的控制能力。

其四是效果检测。

轻松地摆动身体后，瞬间以标准站姿站立，若姿势不够标准，则应加强练习，直至无误为止。

在我们成长的过程中，常听到长辈们耳提面命地叮咛我们"站要有站相"。不过很可惜，大部分人并不会特别去注意，学校里也没有设立"站姿课"，来教导我们应该如何"站"，以至于很多人根本不懂得要如何"抬头挺胸"，保持正确的站姿。

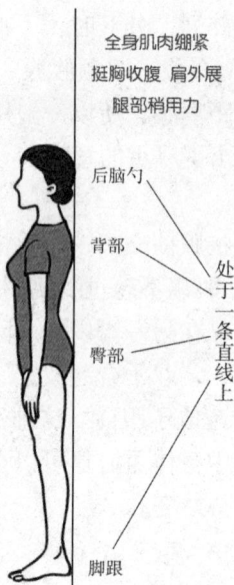

全身肌肉绷紧
挺胸收腹 肩外展
腿部稍用力

后脑勺
背部   处于一条直线上
臀部

脚跟

图 3-6

图 3-7

图 3-8

好的站姿，可以让身体各个关节的受力比较平均，不会特别弯曲，不会让某些特定的关节承担大部分的重量。而且当你抬头挺胸时，胸口会变得开阔，呼吸也会顺畅，身体得到足够的氧气，精神、注意力都会比较容易集中。所以好的体态，不是只为了美观而已，对于健康也非常重要。

（二）坐姿——坐如钟

文雅的坐姿，不仅给人以沉着、稳重、冷静的感觉，而且也是展现气质和风度的重要形式。

1. 正确的坐姿

（1）男士基本坐姿要求。

①入座时要轻、稳、缓。走到座位前，转身后轻稳地坐下。如果椅子位置不合适，需要挪动椅子的位置，应先把椅子移至欲就座处，然后入座。

②身体重心应该垂直向下，腰部挺直，两腿略分开，与肩膀同宽，看起来不至于太过拘束。

③坐在沙发上时，姿势应端正，态度安详，整个身体不要往内靠。

④头部要保持平稳，目光平视前方，神态从容自如，脸上保持轻松和缓的笑容。

⑤双肩平正放松，两臂自然弯曲放在腿上，亦可放在椅子或是沙发扶手上，以自然得体为宜，掌心向下。

⑥两膝间可分开一拳左右的距离，脚态可取小八字步或稍分开，以显自然洒脱之美，但不可尽情打开腿脚，那样会显得粗俗和傲慢。如长时间端坐，可双腿交叉重叠，但要注意将上面的腿向回收，脚尖向下。

⑦两脚应尽量平放在地，大腿与小腿成直角，双手以半握拳的方式放在腿上，或是椅子的扶手上。

⑧如果是侧坐，应该上半身与腿同时转向一侧，面部仍是正对正前方，双肩保持平衡。

⑨坐在椅子上，应至少坐满椅子的2/3，宽座沙发则至少坐1/2。落座后至少10分钟左右时间不要靠椅背。时间久了，可轻靠椅背。

⑩谈话时应根据交谈者方位，将上体双膝侧转向交谈者，上身仍保持挺直，不要出现自卑、恭维、讨好的姿态。离座时要自然稳当，右脚向后收半步，而后站起。

（2）女士基本坐姿要求。

①入座时要轻稳，走到座位前，转身后退，轻稳地坐下。如果是衣着裙装，应用手将裙子稍稍拢一下，不要坐下后再拉拽衣裙。

②上体自然坐直，立腰，双肩平正放松。

③两臂自然弯曲放在膝上，也可以放在椅子或沙发的扶手上，掌心向下。

④双膝自然并拢，双脚平落在地上。

⑤坐在椅子上，至少应坐满椅子的三分之二，脊背轻靠椅背。

⑥端坐时间过长时可换一下姿势，将两腿并拢，两脚同时向左或向右放，两手叠放，置于左腿或右腿上形成优美的"S"形，也可以两腿交叉重叠，但要注意将上面的小腿回收，脚尖向下。

探究与实践

⑦坐姿的选择还要根据椅子的高低以及有无扶手和靠背，两手、两腿、两脚还可有多种摆法，但两腿叉开，或成四字形的叠腿方式是很不合适的。

⑧起立时，右脚向后收半步，而后站立。

2. 入座后的八种坐姿

（1）标准式。

男女皆有。如上所说。

（2）前伸式。

男女皆有。这种坐姿的要求是：在标准坐姿的基础上，两小腿向前伸出两脚并拢，脚尖不要翘。

（3）前交叉式。

男女皆有。这种坐姿的要求是：在前伸式基础上，右脚后缩，与左脚交叉，两踝关节重叠，两脚尖着地。

（4）屈直式。

男女皆有。这种坐姿的要求是：右脚前伸，左小腿屈回，大腿靠紧，两脚前脚掌着地，并在一条直线上。

（5）后点式。

女士专有。这种坐姿的要求是：两小腿后屈，脚尖着地，双膝并拢。

（6）侧点式。

女士专有。这种坐姿的要求是：两小腿向左斜出，两膝并拢，右脚跟靠拢左脚内侧，右脚掌着地，左脚尖着地，头和身躯向左斜。注意大腿小腿要成90度，小腿伸直，显示小腿长度。

（7）侧挂式。

女士专有。这种坐姿的要求是：在侧点式基础上，左小腿后屈，脚绷直，脚掌内侧着地，右脚提起，用脚面贴住左踝，膝和小腿并拢，上身右转。

（8）重叠式。

男女皆有。重叠式也叫"二郎腿"或"标准式架腿"等。这种坐姿的要求是：在标准式基础上，两腿向前，一条腿提起，腿窝落在另一腿膝上边。要注意上边的腿向里收，贴住另一腿，脚尖向下。

3. 入座后的其他要求

（1）在别人之后入座。

（2）从座位左侧入座。

（3）向周围的人致意。

（4）以背部接近座椅。

（5）离开座椅时，身边如果有人在座，应该用语言或动作向对

探究与实践

赛一赛
谁的坐姿更优雅？

方先示意，随后再站起身来。

（6）要注意先后，与他人同时离座，要注意起身的先后次序，地位低于对方的，应该稍后离座；地位高于或年龄大于对方时，可先离座；双方身份相似时，可以同时起身离座。

（7）要从左离开，起身后，应该从左侧离座。

4. 避免的坐姿

"4"字形架腿，晃脚尖，脚有节奏地敲地面，两膝分得很开，腿伸得很远；起立过猛，弄得椅子乱响；上身不直，左右摇晃；双脚藏在椅子下面或勾椅凳腿。

5. 坐姿的训练

（1）两人一组，面对面练习，并指出对方的不足。

（2）坐在镜子前面，按照坐姿的要求进行自我纠正，重点检查手位、腿位、脚位。

（3）每次训练时间为20分钟左右，可配音乐进行。

（三）走姿——行如风

行走是人的基本动作之一，最能体现出一个人的精神面貌。行走姿态的好坏可以反映人的内心境界和文化素养，能够展现出一个人的风度、风采和韵味。

走姿是人体所呈现出的一种动态，是站姿的延续。走姿文雅、端庄，不仅给人以沉着、稳重、冷静的感觉，而且也是展示气质与修养的重要形式。

简单来说，正确的走姿主要有三个要点：从容、平稳、直线。

1. 正确的走姿

（1）走姿是站姿的延续动作，行走时，必须保持站姿中除手和脚以外的各种要领。

（2）走路使用腰力，身体重心宜稍向前倾。

（3）跨步均匀，步幅约一只脚到一只半脚。

（4）迈步时，两腿间距离要小。女性穿裙子或旗袍时要走成一条直线，使裙子或旗袍的下摆与脚的动作协调，呈现优美的韵律感；穿裤装时，宜走成两条平行的直线。

（5）出脚和落脚时，脚尖脚跟应与前进方向近乎一条直线，避免"内八字"或"外八字"。

（6）两手前后自然协调摆动，手臂与身体的夹角一般在10°～15°，由大臂带动小臂摆动，肘关节只可微曲。

（7）上下楼梯，应保持上体正直，脚步轻盈平稳，尽量少用眼睛看楼梯，最好不要手扶栏杆。

✏ **探究与实践**

特别提醒

女士入座后，腿位与脚位的放置有所讲究，以下三种坐姿可供参考：双腿垂直式、双腿斜放式、双腿叠放式。

2. 男士走姿

（1）走路时要将双腿并拢，身体挺直，双手自然放下，下巴微向内收，眼睛平视，双手自然垂于身体两侧，随脚步微微前后摆动。双脚尽量走在同一条直线上，脚尖应对正前方，切莫呈内八字或外八字，步伐大小以自己足部长度为准，速度不快不慢，尽量不要低头看地面，那样容易使人们感觉你要从地上捡起什么东西。正确的走路姿态会给人一种充满自信的印象，同时也给人一种专业的信赖感觉，让人赞赏，因此走路时应该抬头、挺胸、精神饱满，不宜将手插入裤袋中。

（2）走路时，腰部应稍用力，收小腹，臀部收紧，背脊要挺直，抬头挺胸，切勿垂头丧气。气要平，脚步要从容和缓，要尽量避免短而急的步伐，鞋跟不要发出太大声响。

（3）上下楼梯时，应将整只脚踏在楼梯上，如果阶梯窄小，则应侧身而行。上下楼梯时，身体要挺直，目视前方，不要低头看楼梯，以免与人相撞。此外弯腰驼背或肩膀高低不一的姿势都是不可取的。

（4）走路时如果遇到熟人，点头微笑招呼即可，若要停下步伐交谈，注意不要影响他人的行进。如果有熟人在你背后打招呼，千万不要紧急转身，以免紧随身后的人应变不及。

3. 女士走姿

（1）上半身不要过于晃动，应自然而又均匀地向前迈进，不疾不缓。

（2）女士走路时手部应在身体两侧自然摇摆，幅度不宜过大。如果手上持有物品，如手提包等，应将大包挎在手臂上，小包拎在手上，背包则背在肩膀上。走路时身体不可左右晃动，以免妨碍他人行动。雨天拿雨伞时，应将雨伞挂钩朝内挂在手臂上。

（3）女性在走路时，不宜左顾右盼，经过玻璃窗或镜子前，不可停下梳头或补妆，还要注意不要三五成群，左推右挤，一路谈笑，这样不但有碍于他人行路的顺畅，看起来也不雅观。在行进过程中，如果有物品遗落地上，不要马上弯腰拾起。正确的姿势是，首先绕到遗落物品的旁边，蹲下身体，然后单手将物品捡起来，这样可以避免正面领口暴露或裙摆打开等不雅观的情况出现。

（4）一些女性由于穿高跟鞋，走路时鞋底经常发出踢踏声，这种声音在任何场合都是不文雅的，容易干扰他人，特别是在正式的场合，以及人较多的地方，尤其注意不要在走路时发出太大的声响。

4. 变向时的行走规范

（1）后退步。

向他人告辞时，应先向后退两三步，再转身离去。退步时，脚要轻擦地面，不可高抬小腿，后退的步幅要小。转体时要先转身体，头稍候再转。

（2）侧身步。

当走在前面引导来宾时，应尽量走在宾客的左前方。髋部朝向前行的方向，上身稍向右转体，左肩稍前，右肩稍后，侧身向着来宾，与来宾保持两三步的距离。当走在较窄的路面或楼道中与人相遇时，也要采用侧身步，两肩一前一后，并将胸部转向他人，不可将后背转向他人。

5. 不雅的走姿

（1）方向不定，忽左忽右。

（2）体位失当，摇头、晃肩、扭臀。

（3）扭来扭去的"外八字"步和"内八字"步。

（4）左顾右盼，重心后坐或前移。

（5）与多人走路时，或勾肩搭背，或奔跑蹦跳，或大声喊叫等。

（6）双手反背于背后。

（7）双手插入裤袋。

6. 走姿训练方法

（1）稳定性训练。左腿屈膝，向上抬起，提腿向正前方迈出，脚跟先落地，经脚心、前脚掌至全脚落地，同时右脚后跟向上慢慢垫起，身体重心移向左腿。

（2）步位步幅训练。换右腿屈膝，经过与左腿膝盖内侧摩擦向上抬起，勾脚迈出，脚跟先着地，落在左脚前方，两脚间相隔一脚距离。

（3）摆臂训练。迈左腿时，右臂在前；迈右腿时，左臂在前。

（4）协调性训练。将以上动作连贯运用，反复练习。

（四）蹲姿

蹲姿在工作和生活中用得相对不多，但最容易出错。人们在拿取低处的物品或拾起落在地上的东西时，不妨使用下蹲和屈膝的动作，这样可以避免弯曲上身和撅起臀部，尤其是着裙装的女士下蹲时，稍不注意就会露出内衣，很不雅观。

1. 正确的蹲姿

（1）下蹲拾物时，应自然、得体、大方，不遮遮掩掩。

（2）下蹲时，两腿合力支撑身体，避免滑倒。

（3）下蹲时，应使头、胸、膝关节在一个角度上，使蹲姿优美。

（4）女士无论采用哪种蹲姿，都要将腿靠紧，臀部向下。

2. 不同的蹲姿

（1）交叉式蹲姿。

在实际生活中常常会用到蹲姿，如集体合影前排需要蹲下时，

探究与实践

练一练
谁的走姿更具风采？

71

女士可采用交叉式蹲姿，下蹲时右脚在前，左脚在后，右小腿垂直于地面，全脚着地。左膝由后面伸向右侧，左脚跟抬起，脚掌着地。两腿靠紧，合力支撑身体。臀部向下，上身稍前倾。

（2）高低式蹲姿。

下蹲时右脚在前，左脚稍后，两腿靠紧向下蹲。右脚全脚着地，小腿基本垂直于地面，左脚脚跟提起，脚掌着地。左膝低于右膝，左膝内侧靠于右小腿内侧，形成右膝高左膝低的姿态，臀部向下，基本上以左腿支撑身体。

（3）半蹲式蹲姿。

一般是在行走时临时采用。它的正式程度不及前两种蹲姿，但在需要应急时也采用。基本特征是身体半立半蹲。主要要求在下蹲时，上身稍许弯下，但不要和下肢构成直角或锐角；臀部务必向下，而不是撅起；双膝略为弯曲，角度一般为钝角；身体的重心应放在一条腿上；两腿之间不要分开过大。

（4）半跪式蹲姿。

又叫作单跪式蹲姿，它也是一种非正式蹲姿，多用在下蹲时间较长，或为了用力方便时。双腿一蹲一跪。主要要求在下蹲后，改为一腿单膝点地，臀部坐在脚跟上，以脚尖着地。另外一条腿，应当全脚着地，小腿垂直于地面。双膝应同时向外，双腿应尽力靠拢。

3. 蹲姿禁忌

（1）弯腰捡拾物品时，两腿叉开，臀部向后撅起，是不雅观的姿态。两腿展开平衡下蹲，其姿态也不优雅。

（2）下蹲时注意内衣"不可以露，不可以透"。

4. 蹲着三要点

即迅速、美观、大方。若用右手捡东西，可以先走到东西的左边，右脚向后退半步后再蹲下来。脊背保持挺直，臀部一定要蹲下来，避免弯腰翘臀的姿势。男士两腿间可留有适当的缝隙，女士则要两腿并紧，穿旗袍或短裙时需更加留意，以免尴尬。

（五）手势

手势表现的含义非常丰富，表达的感情也非常微妙复杂。如招手致意、挥手告别、拍手称赞、拱手致谢、举手赞同、摆手拒绝，手抚是爱、手指是怒、手搂是亲、手捧是敬、手遮是羞，等等。手势的含义，或是发出信息，或是表示喜恶表达感情。能够恰当地运用手势表情达意，可为交际形象增辉。

人在紧张、兴奋、焦急时，手都会有意无意地表现着。作为仪态的重要组成部分，手势应该得到正确地使用。手势也是人们交往时不可缺少的动作，是最有表现力的一种"体态语言"，俗话说："心有所思，手有所指"，手的魅力并不亚于眼睛，甚至可以说手就是人的第二双眼睛。手是人体态语中最重要的传播媒介，招手、挥手、握手、摆手等都表示着不同的意义。

人们在交流过程中，除了使用语言符号外，还使用非语言符号。非语言符号是相对语言符号而言的，包括手势语、体态语、空间语及相貌服饰语等。

手势是一种动态语，要求人们运用恰当。如在给客人指引方向时，要把手臂伸直，手指自然并拢，手掌向上，以肘关节为轴，指向目标。注意不要在社交场合做一些不合礼仪的手势、动作，否则会给人造成蔑视对方、没有教养的印象，从而影响彼此的交流。

适当的时候使用适当的手势。我们不必每一句话都配上手势，因手势做得太多，就会使人觉得不自然。可是在重要的地方，配上适当的手势，就会吸引人们的注意。不自然的手势，会招致许多人的反感，造成交际的障碍；优美动人的手势常常令人心中充满惊喜；非常柔和温暖的手势会令人心中充满感激；非常坚决果断的手势，好像具有千钧之力。在让座、握手、传递物件、表示默契及谈话进行中，手势有时成为谈话的一部分，可以加强我们语言的力量，丰富我们语言的色调，有时候手势也成为一种独立且有效的语言。

1. 基本的手势

（1）垂放。

这是最基本的手姿，多用于站立之时。其做法有两个：一是双手自然下垂，掌心向内，叠放或相握于腹前；二是双手伸直下垂，掌心向内，分别放于大腿两侧。

（2）背手。

这种手势多见于站立、行走时，既可以显示威严，又可以镇定自己。其做法是：双手伸到背后相握，同时昂首挺胸。

（3）持物。

其做法多样，既可以一只手，也可以是双手。但最关键的是，应动作自然，五指并拢，用力均匀。不应翘起无名指或小指，显得成心作态。

（4）鼓掌。

用于表示欢迎、祝贺、支持的一种手姿，其做法是：以右手掌心向下，有节奏地拍击掌心向上的左掌。必要时，应起立。

（5）夸奖。

主要用于表扬他人。其做法：伸出右手，翘起拇指，指尖向上指，腹面向被称道者。但不应反方向指向其他人，因为这意味着自大或藐视。

（6）指示。

这是用以引导来宾、指示方向的手姿。以右手或左手抬至一定的高度，五指并拢，掌心向上，以其肘部为轴，朝一定的方向伸出手臂。

2. 注意事项

不同的手势表达不同的含意。那么，我们在运用手势的时候要注意什么呢？

一是注意区域性差异。在不同国家、不同地区或不同民族，由于文化习俗的不同，手势的含意也有很多差别，甚至同一手势表达的含义也不相同。所以，手势的运用只有合乎规范，才不至于无事生非。

二是手势宜少不宜多。多余的手势，会给人留下装腔作势、缺乏涵养的感觉。

三是要避免出现让人反感的手势。在交际活动时，有些手势会让人反感，严重影响形象。比如当众搔头皮、掏耳朵、抠鼻子、咬指甲、手指在桌上乱写乱画等。

3. 禁忌的手姿

（1）不卫生的手姿。搔头皮、掏耳朵、挖鼻孔、抓痒痒等。

（2）不稳重的手姿。大庭广众面前，双手乱摸、乱放，或是咬指甲、抱脑袋等。

（3）失敬于人的手姿。以食指指点他人，勾动食指或拇指以外的四指招呼他人等。

（4）区分不清对象而使用易于误解的手姿。由于文化背景不同，同一种手姿可能被赋予不同的含义。比如：右手掌心向外，拇指与食指合成圆圈，其余手指伸直的手姿，在英美表示"OK"，在日本表示钱，在拉美则表示下流。

任务实施

有些人在个人行为举止上不拘小节，把日常生活中不文明的举止行为当作小事，而不加注意和重视，其实，文明言谈举止恰恰是从一些小事情做起的。如在公交车上主动为老、弱、病、残、孕妇让座，这看起来是一件小事，却反映了你的文化素养和文明程度。文明的言谈举止往往能给人留下深刻的印象，使人乐意与你接近；而粗俗的言谈举止便会使人疏而远之，必将影响社交活动的展开。由此看来，个人言谈举止不是一件小事，在人际交往中，应使自己的言谈举止符合文明规范的要求。要做到言谈举止文明，首先要从

探究与实践

小贴士

跨国文化交流的人应注意无声语言"手势"的运用。每一个国家和民族都有自己的语言文化习俗，无声语言也因民族而异。在某一国家或地区内，一种手势可能十分普遍，而在另一个国家或地区内，这种手势可能毫无意义，甚至意思完全相反。所以，对于跨国文化交流的人来说，最保险的行动准则是"入乡随俗"，这样可以避免误会，避免陷入困境。

小处着眼，从小事做起，从我做起；其次，要注意文明言谈举止的养成和积累。只有这样，才能成为一个品格高尚的人，受欢迎的人。

作为业务员，小金的言谈举止确实欠妥，在拜访客户之前要预约，进门要敲门，坐姿要文雅。与客户交谈，表情要自然，语言要亲切，表达要准确得体。这样，才能取得客户的好感，获得业务合作的成功。

拓展训练与测评

1. 美国著名的老资格政治公关专家——罗杰·艾尔斯，为美国总统竞选人效力了二十多个春秋，美国人称之为"利用媒介塑造形象的奇才"。

1984 年，里根参加总统竞选。起初公众对他的印象不佳，觉得他年龄大，又当过演员，有轻浮、年迈无边之感。但在政治公关顾问艾尔斯的协助下，他注意配合适当的服饰、发型与姿势，在竞选演讲中表现得庄重、经验丰富，样子看上去也非常健康，努力改变了公众对他的不佳印象，结果取得了成功。

1988 年竞选，在 8 月以前，美国民主党总统候选人杜卡基斯猛烈攻击布什是里根的影子，嘲笑他没有独立的政见与主张。当时布什的形象是灰溜溜的，全美的舆论都称赞杜卡基斯，在民意测验中，布什落后杜卡基斯十多个百分点。于是布什请来了美国称之为"利用媒介塑造形象的奇才"——罗杰·艾尔斯。艾尔斯从公共关系的角度指出了布什的两个毛病：一是讲演不能引人入胜，比较呆板；二是姿态动作不美，风格不佳，缺乏独立和新颖的魅力。

这些缺点导致公众觉得他摆脱不了里根影子的印象。艾尔斯帮助布什着重纠正尖细的声音、生硬的手势和不够灵活的手臂的动作，并让布什讲话时要果断、自信，体现出强烈的自我表现意识，只有这样才能成为千万人瞩目的中心。在 1988 年 8 月举行的共和党新奥尔良代表大会上，布什作了生动的有吸引力的接受提名讲演，这几乎成为同杜卡基斯较量的转折点。经过以后一系列的争夺，布什获得了胜利。

互评成绩：一等奖_____，二等奖_____，三等奖_____。

2. 某旅游公司的客户接待室来了两个咨询旅行路线的游客，他们刚进门就看到三张办公桌上的业务员都是东倒西歪的样子，有的斜靠在桌子前看报纸，有的半躺在椅子里打电话，有的趴在桌子上打盹，问话也是爱理不搭的样子。

自测得分：_____。

3. 在一次小型的联欢会上，观众席上有一位女士问赵本山："听

📝 探究与实践

分组讨论
为什么有时候一个很不经意的示意动作会引起很严重的后果？

问 题
假如是你的话，当你看到这种情景，你会对这家公司有好印象吗？你还会选择这家公司为你服务吗？

说你在全国笑星中出场费是最高的，一场要一万多元，是吗？"这个问题让人为难：如果赵本山作出肯定性的回答，那会有许多不便，如果确有其事，他也就不好作出否定的回答。面对这样一个尴尬的问题，他作出了如下的回答。赵本山说："您的问题提得很突然，请问您是哪个单位的？""我是大连一个电器经销公司的。"那位女士说。"你们经营什么产品？"赵本山问。"有录像机、电视机、录音机……"女子答道。"一台录像机卖多少钱？""四千元。""那有人给你四百元你卖吗？""那当然不能卖，一种商品的价格是由它的价值决定的。"那女性非常干脆地回答他。"那就对了，演员的价值是由观众决定的。"

欢乐课堂

≫情景模拟

清明节前一天半夜加班回家，又累又饿，走进一超市买些吃的，却发现没带钱，于是电话让家人给送些钱来。我在门口悠然地晃着等待，看路边好多人在烧纸，边烧边跟去世的亲人说话，给你送钱了，想买啥就买些啥吧。这时，一位大爷走过来，问我有火吗，借个火，他看我悠然地晃着，又问了一句，你在这干吗。我饿得有气无力地说，等家人给我送钱。没等我把火拿出来，却见那大爷撒丫子跑了。

探究与实践

问　题

面对女士的尴尬问题，赵本山采用了何种方法巧妙应答？请结合案例谈一下，在日常生活中遇到言语方面的因素而使自己处于不利境地时该如何解脱，如何运用说话的技巧和方法？

想一想

对照所学知识，找出自己和好朋友在言谈举止上的不足，并制定一个改正方案。

探究与实践

项目概述

《荀子·修身》: "人无礼则不生,事无礼则不成,国无礼则不宁。"人生活在社会之中,都担负着一定的社会角色,并承担一定的社会责任。见面礼仪是日常社交礼仪中最常用与最基础的礼仪,人与人之间的交往都要用到见面礼仪,特别是职场人员。掌握一些见面礼仪,能给客户留下良好的第一印象,为以后顺利开展工作打下基础。常见的见面礼仪有称呼、介绍、握手、名片、馈赠等。

任务一 推销自己、结识别人
——日常见面礼仪

学习目标

● **能力目标:**

通过了解日常生活中最基本的交际礼仪,懂得如何规范自己的行为,从而提高自身的交际礼仪水平。

● **知识目标:**

学习掌握日常交往一般礼仪,并了解一些特殊场合下的一般礼仪和一些禁忌常识。

● **素质目标:**

培养在人际关系复杂的社会中更好生存的能力。

任务情境

李总最近为接待晨星公司的陈总忙碌着。陈总这次是以私人身份来秦皇岛游玩。虽说是来游玩,但李总的公司和陈总的公司计划数千万的合作项目还没有敲定，因而李总对这次接待非常重视，提前安排了完整的旅游计划，并打算提供最完善的接待服务。

陈总一行五人抵达秦皇岛市时，李总和家人一起前往高速路口迎接。刚一见面，李总为显示热情，主动上前与陈总一行握手并问候，并以大哥称呼陈总。李总觉得这是私人的会面场合，应该表现得越随意越亲切越好，握手时，左手插兜，只伸出右手与陈总握手。陈总见状也没说什么，只是也伸出手回礼握手，但脸上却有些不自然。然后李总指着陈总身边的一位女士说："这位是嫂子吧，真漂亮。"陈总面有不悦地说："是我秘书，后面的是我的夫人。"

旅行结束，临走时，李总为陈总一行送行，并主动伸出手与之握手表示希望与其合作，并预祝回程顺利。

一周后，对方公司给李总来电话，说陈总还没有考虑好双方合作的项目，项目被无限期推迟，李总百思不得其解。

探究与实践

想一想
　在这个情境中，你认为存在哪些礼仪问题？

任务分析

人与人之间交往的第一步，通常就是见面。见面时互相问候，这是最起码的礼节要求。世界上有各种各样见面的礼节方式，如握手、鞠躬、称呼、介绍、接待礼仪等等。见面时，通过这些礼节形式表现出的行为举止，会给对方留下深刻的印象，这一印象的好坏会直接影响到人际交往的深度和广度，影响到你办事的顺利程度，最终影响到事业是否成功。因此，通过本任务的学习，掌握好各种礼节形式的规则，训练自己得体大方的行为举止，是自身的需要，也是社会组织的需要，更是社会文明发展的需要。

相关知识

日常交往礼仪主要指人们在日常人际交往中应当严格遵守的行为规范。日常交往礼仪包括称呼礼仪、介绍礼仪、握手礼仪等。日常交往礼仪看似简单，但却蕴藏着繁杂的礼仪规则，表达着丰富的交际信息。因此，必须对日常交往礼仪予以足够的重视，做到知礼、守礼，以礼待人。

一、称呼礼仪

称谓，也叫称呼，属于道德范畴。主要是指人们在交往过程中对彼此的称谓语，它表示着人与人之间的关系，反映着一个人的修养和品德。

称呼语是交际语言中的先行官，是沟通人际关系的一座桥梁。人际交往，礼貌当先；与人交谈，称谓当先。使用称谓，应当谨慎，稍有差错，便贻笑与人。

恰当地使用称谓，是社交活动中的一种基本礼貌。称谓要表现尊敬、亲切和文雅，使双方心灵沟通，感情融洽，缩短彼此的距离。正确地掌握和运用称谓，是人际交往中不可缺少的礼仪因素。

一声得体又充满感情的称呼，不仅体现出称谓人的文化和礼仪修养，也会使交往对象感到愉快、亲切，促进双方感情的交融，为以后的深层交往打下良好基础。因此有人把称呼比作交谈前的"敲门砖"，它在一定程度上决定着社会交往的成功与否。

称谓礼仪中，称呼的作用：一是表明说话动作或内容的指向对象，二是表明对该对象的态度。要讲究礼貌，就不能忽略第二个作用。

称呼的原则有礼貌原则、尊崇原则和恰当原则。

（一）生活中的称呼

生活中称呼的原则：亲切、自然、准确。

1.对亲属的称呼

（1）常规。

亲属，即与本人直接或间接有血缘关系的人。日常生活中，对亲属的称呼业已约定俗成，人所共知。例如，父亲的父亲应称为"祖父"，父亲的祖父应称为"曾祖父"，大家对此都不会搞错。对待亲属的称呼，有时讲究亲切，不一定非常标准。例如，儿媳对公公、婆婆，女婿对岳父、岳母，皆可以"爸爸""妈妈"相称。这样做，主要是意在表示自己与对方"不见外"。

（2）特例。

面对外人，对亲属可根据不同情况采取谦称或敬称。对本人的亲属，应采用谦称。称辈分或年龄高于自己的亲属，可在其称呼前加"家"字，如"家父""家叔""家姐"；称辈分或年龄低于自己的亲属，可在其称呼后前加"舍"字，如"舍弟""舍侄"。称自己的子女，则可在其称呼前加"小"字，如"小儿""小婿"。对他人的亲属，应采用敬称。对其长辈，宜在称呼之前加"尊"字，如"尊母""尊兄"；对其平辈或晚辈，宜在称呼之前加"贤"字，如"贤妹""贤侄"。若在其亲属的称呼前加"令"字，一般可不分辈分与长幼，如"令堂""令尊""令爱""令郎"。对待比自己辈分低、年纪小的亲属，可以直呼其名，使用其爱称、小名，或是在其名字之前加上"小"字相称，如"长发""毛毛""小宝"等等。但对比自己辈分高、年纪大的亲属，则不宜如此。

2.对朋友、熟人的称呼

对朋友、熟人的称呼，既要亲切、友好，又要不失敬意。

探究与实践

知识链接

"先生"：始见于春秋《论语·为政》："有酒食'先生'馔。"注解曰："先生指父兄而言也。"到了战国时期，"先生"泛指有德行有学问的长辈。历史上第一次用"先生"称呼老师，始见于《曲礼》。唐、宋以来，多称道士、医生、占卦者、卖草药的、测字的为先生。清朝以来，"先生"的称呼开始淡薄，至辛亥革命之后，"先生"的称呼又广为流传。

"小姐"：最早是宋代王宫中对地位低下的宫婢、姬、艺人等的称谓。到了元代，"小姐"逐渐上升为大家贵族未婚女子的称谓，如《西厢记》："只生得个小姐，字莺莺。"至明、清两代，"小姐"一词终于发展成为贵族大家未婚女子的尊称，并逐渐传到了民间。

"女士"：始见于《诗经·大雅·既醉》："厘尔女士。"这里的"女士"指有德行的女子，和后来说的"千金"一样，用以对妇女和未婚女子的敬称。

（1）敬称。

对任何朋友、熟人，都可以人称代词"你""您"相称。对长辈、平辈，可称其为"您"。对待晚辈，则可称为"你"。以"您"称呼他人，是为了表示自己的恭敬之意。

对于有身份者、年长者，可以"先生"相称。其前还可以冠以姓氏，如"尚先生""何先生"。

对文艺界、教育界人士以及有成就者、有身份者，均可称之为"老师"。在其前，也可加上姓氏，如"高老师"。

对德高望重的年长者、资深者，可称之为"公"或"老"。其具体做法是：将姓氏冠以"公"之前，如"谢公"，或将姓氏冠以"老"之前，如"周老"。若被尊称者名字为双音，还可将其双名中的头一个字加在"老"之前，如可称沈雁冰先生为"雁老"。

（2）姓名的称呼。

平辈的朋友、熟人，均可彼此之间以姓名相称，例如，"李静""朱一凡""郑秋芬"。长辈对晚辈也可以这么做，但晚辈对长辈却不可如此这般。

为了表示亲切，可以在被称呼者的姓前分别加上"老""大"或"小"字相称，而免称其名。例如，对年长于己者，可称"老刘""大赵"；比自己年纪小者，可称"小郝"。

对同性的朋友、熟人，若关系极为亲密，可以不称其姓，而直呼其名，如"光夏""韵诗"。对于异性，则一般不可这样做。要是称"刘俊英""刘凤玲"为"俊英""凤玲"，不是其家人，便是恋人或配偶了。

（3）亲近的称呼。

对于邻居、至交，有时可采用"大爷""大娘""大妈""大伯""大叔""大婶""伯伯""叔叔""爷爷""奶奶""阿姨"等类似血缘关系的称呼，这种称呼，会令人感到信任、亲切。在这类称呼前，也可以加上姓氏。例如："许大哥""齐大姐""余大妈""卫阿姨"，等等。

3. 对普通人的称呼

在现实生活中，对一面之交、关系普通的交往对象，可酌情采取下列方法称呼。

以"同志"相称，以"先生""女士""小姐""夫人""太太"相称，以其职务、职称相称。要注意入乡随俗，采用对方理解并接受的称呼相称。

（二）工作中的称呼

在工作岗位上，人们彼此之间的称呼是有其特殊性的。总的要求是要庄重、正式、规范。

1. 职务性称呼

在工作中，以交往对象的职务相称，是一种最常见的称呼方法。以职务相称，具体来说又分为三种情况：

图4-1

（1）仅称职务，例如"部长""经理""主任"等等。

（2）在职务之前加上姓氏，例如"周总理""隋处长""马委员"等等。

（3）在职务之前加上姓名，这仅适用极其正式的场合，例如"张华董事长""周宁总经理"等等。

2. 职称性称呼

对于具有职称者，尤其是具有高级、中级职称者，可以在工作中直接以其职称相称。以职称相称，也有下列三种情况较为常见。

（1）仅称职称，例如"教授""律师""工程师"等等。

（2）在职称前加上姓氏，例如"钱编审""孙研究员"。有时，这种称呼也可加以约定俗成的简化，例如，可将"吴工程师"简称为"吴工"。但使用简称应以不发生误会、不产生歧义为限。

（3）在职称前加上姓名，它适用于十分正式的场合，例如"安文教授""杜锦华主任医师""郭雷主任编辑"等等。

3. 学衔性称呼

在工作中，以学衔作为称呼，可增加被称呼者的权威性，有助于增强现场的学术气氛。称呼学衔，也有四种情况使用最多。它们分别是：

（1）仅称学衔，例如："博士"。

（2）在学衔前加上姓氏，例如："杨博士"。

（3）在学衔前加上姓名，例如："杨静博士"。

（4）将学衔具体化，说明其所属学科，并在其后加上姓名，例如"史学博士周燕""工学硕士郑伟""法学学士李丽珍"，等等。

4. 行业性称呼

在工作中，有时可按行业进行称呼。它具体又分为两种情况。

（1）称呼职业。即直接以被称呼者的职业作为称呼。例如，将教员称为"老师"、将教练员称为"教练"，将专业辩护人员称为"律师"，将警察称为"警官"，将会计师称为"会计"，将医生称为"医生"或"大夫"，等等。在一般情况下，在此类

81

称呼前，均可加上姓氏或姓名。

（2）对商界、服务业从业人员，一般约定俗成地按性别的不同分别称呼为"小姐""女士"或"先生"。其中，"小姐""女士"二者的区别在于：未婚者称"小姐"，已婚者或不明确其婚否者则称"女士"。在公司、外企、宾馆、商店、餐馆、歌厅、酒吧、寻呼台、交通行业，此种称呼极其通行。在此种称呼前，可加姓氏或姓名。也可以在此前以职务在先、姓名在后的顺序，再加上其他称呼。

5. 姓名性称呼

在工作岗位上称呼姓名，一般限于同事、熟人之间。其具体方法有三种：

（1）直呼姓名。

（2）只呼其姓，不称其名，但要在它前面加上"老""大""小"。

（3）只称其名，不呼其姓，通常限于同性之间，尤其是上司称呼下级、长辈称呼晚辈之时。在亲友、同学、邻里之间，也可使用这种称呼。

（三）称呼中要注意的问题

1. 在面对面的称呼中要有礼节

有些同学有个错误观念，以为只要对方知道自己是在对他说话，就没有必要称呼他了。其实，懂礼貌的人经常会单单为了表示敬重而称呼。比如，上学路上看到老师了就叫一声"老师"，放学回家后看到父亲了就叫声"爸爸"，这在礼仪上都是很有必要的，哪怕是叫过后什么话也不说，被称呼人也会领会你对他们的敬重。

2. 在使用第二人称时要有礼节

大家都知道，用"您"比用"你"要更显敬重，这是我们必须记住的，但是我们还要知道，用"老师您""叔叔您""经理您"比单用"您"也更显敬重。还有，用量词"位"也可表示尊重，如说"这位同学"比说"这个同学"要好。

3. 对说话对象的家人称谓中要有礼节

比如，对老师的妻子可以称"师母"，对兄长的妻子称"大嫂"，如领导年龄与自己父母差不多，对其夫人就可称为"阿姨"，不要直呼其名或"你老婆"。

4. 对说话对象所属的事物的称谓中要有礼节

对对方的姓（名）要称"贵姓"或"尊姓大名"，对老师的作品可称"大作"，对方的观点可称"高见"，对老人的年龄要称"高寿"，对对方的公司称"贵公司"，在书面语言中，对年轻女性的名字可称"芳名"，对其年龄也可称"芳龄"。

5. 对对方行为的称谓中要有礼节

如：宾客的来临可敬称为"光临""惠顾"，对方的批评可敬称为"指教"，对方的解答可敬称为"赐教"，对方的原谅可敬称为"海涵"，对方的允诺可敬称为"赏光""赏脸"，对方的修改可敬称为"斧正"，在书面语言中，对方的到达叫"抵"，对方的住宿叫"下榻"。

（四）称呼礼仪的禁忌

1. 错误的称呼

常见的错误称呼无非就是误读或是误会。误读也就是念错姓名。为了避免这种情况的发生，对于不认识的字，事先要有所准备；如果是临时遇到，就要谦虚请教。误会，主要是对被称呼的年纪、辈分、婚否以及与其他人的关系作出了错误判断。比如，将未婚妇女称为"夫人"，就属于误会。相对年轻的女性，都可以称为"小姐"，这样对方也乐意听。

2. 使用不通行的称呼

有些称呼，具有一定的地域性，比如山东人喜欢称呼"伙计"，但南方人听来"伙计"肯定是"打工仔"。中国人把配偶经常称为"爱人"，但在外国人的意识里，"爱人"是"第三者"的意思。

3. 使用不当的称呼

工人可以称呼为"师傅"，道士、和尚、尼姑可以称为"出家人"。但如果用这些来称呼其他人，可能会让对方产生自己被贬低的感觉。

4. 使用庸俗的称呼

有些称呼在正式场合不适合使用。例如，"兄弟""哥们儿"等一类的称呼，虽然听起来亲切，但显得档次不高。

5. 称呼外号

对于关系一般的，不要自作主张地给对方起外号，更不能用道听途说来的外号去称呼对方，也不能随便拿别人的姓名乱开玩笑。

二、介绍礼仪

现代社会人们的交往范围不断扩展，总是在不断认识新的面孔，结交新的朋友。那么，初次认识，总少不了介绍自己，介绍别人，得体的介绍往往给人留下良好的印象，因此人们又把介绍当做"交际之桥"。

介绍是与他人进行沟通、增进了解、建立联系的一种最基本、最常规的方式。介绍最突出的作用，就是缩短人与人之间的距离。

在人际交往中，介绍有很多技巧，谁先介绍，谁后介绍，什么

探究与实践

时候介绍，介绍的内容是什么，这些问题通常决定着介绍和交往的成功与否。

（一）自我介绍礼仪

1. 自我介绍的形式

（1）应酬式。

应酬式的自我介绍，适用于某些公共场合和一般性的社交场合，如旅行途中、宴会厅里、舞场之上、通电话时。它的对象，主要是进行一般接触的交往对象。对介绍者而言，对方属于泛泛之交，或者早已熟悉，进行自我介绍，只不过是为了确认身份而已，故此种自我介绍内容要少而精。

应酬式的自我介绍内容最为简洁，往往只包括姓名一项即可。例如："您好！我的名字叫张路"，"我是雍纹岩"。

（2）工作式。

工作式的自我介绍，主要适用于工作之中。它是以工作为自我介绍的中心，因工作而交际。有时，它也叫公务式的自我介绍。

工作式的自我介绍的内容，应当包括本人姓名、供职的单位及其部门、担负的职务或从事的具体工作等三项，是工作式自我介绍内容的三要素，通常缺一不可。其中，第一项姓名，应当一口报出，不可有姓无名，或有名无姓。第二项供职的单位及其部门，最好全部报出，具体工作部门有时也可以暂不报出。第三项担负的职务或从事的具体工作，有职务最好报出职务，职务较低或者无职务，则可报出目前所从事的具体工作。

（3）交流式。

交流式的自我介绍，主要适用于社交活动中，它是一种刻意寻求与交往对象进一步交流与沟通，希望对方认识自己、了解自己、与自己建立联系的自我介绍。有时，它也叫社交式自我介绍或沟通式自我介绍。

交流式自我介绍的内容，大体应当包括介绍者的姓名、工作、籍贯、学历、兴趣以及与交往对象的某些熟人的关系，等等。它们不一定非要面面俱到，而应依具体情况而定。例如："我叫邢冬松，在北京吉普有限公司工作。我是清华大学汽车工程系 90 级的，我想咱们是校友，对吗？""我的名字叫沙静，现在在天马公司当财务总监，我和您先生是高中同学。""我叫甄鹏鸣，天津人。我刚才听见你在唱蒋大为的歌，他是我们天津人，我特喜欢他唱的歌，你也喜欢吗？"

（4）礼仪式。

礼仪式的自我介绍，适用于讲座、报告、演出、庆典、仪式等

探究与实践

演一演
　　向同学们介绍自己。

一些正规而隆重的场合。它是一种意在表示对交往对象友好、敬意的自我介绍。

礼仪式自我介绍的内容，亦包含姓名、单位、职务等项，但是还应多加入一些适宜的谦辞、敬语，以示自己礼待交往对象。例如："各位来宾，大家好！我叫范燕飞，是云海公司的副总经理。现在，由我代表本公司热烈欢迎大家光临我们的开业仪式，谢谢大家的支持。"

（5）问答式。

问答式的自我介绍，一般适用于应试、应聘和公务交往。在一般的交际应酬场合，它也时有所见。

问答式自我介绍的内容，讲究问什么答什么，有问必答。例如：某甲问："这位小姐，你好，不知道你应该怎么称呼？"某乙答："先生你好！我叫王雪时。"再如，主考官问："请介绍一下你的基本情况。"应聘者答："各位好！我叫张军，现年28岁，陕西西安人，汉族，共产党员，已婚，1995年毕业于西安交通大学船舶工程系，获工学学士学位。现在北京首钢船务公司任助理工程师，已工作3年。其间，曾去阿根廷工作1年。本人除精通专业外，还掌握英语、日语，懂电脑，会驾驶汽车和船只。曾在国内正式刊物上发表过6篇论文，并拥有一项技术专利。"

2. 自我介绍的分寸

（1）注意时间。

在进行自我介绍时应注意时间，具有双重含义。其一，自我介绍一定要简洁精炼，尽可能地缩短时间，以半分钟为宜，至多不超过一分钟。其二，自我介绍要在适当的时间进行。

（2）讲究态度。

在自我介绍的过程中，要尽量保持自然、落落大方、笑容可掬的态度，始终给人以充满自信的感觉。自我介绍的技巧之一在于介绍时眼神要正视别人的双眼，显得胸有成竹、镇定自若。说话的语气要自然，语速不紧不慢，吐词清晰。切忌任何冷漠的语气，过快过慢的语速、吐词不清的发音也会给人以不自信的感觉，令人产生不良印象。

（3）内容一定要真实可信。

介绍时一定要注意自己所说的所有内容，都一定要实事求是，可信度高，保持与事实的一致性。自我介绍技巧不在于一味贬低自己去讨好别人，也不可自吹自擂，让人觉得你是在吹嘘拍马、夸夸其谈。

（二）他人介绍礼仪

在人际交往活动中，经常需要在他人之间架起人际关系的桥

梁。他人介绍，又称第三者介绍，是
为彼此不相识的双方引见、介绍的一
种交际方式。他人介绍，通常是双向
的，即对被介绍的双方各自作一番介
绍。有时，也会进行单向的他人介绍，
即只将被介绍者中的某一方介绍给
另一方。

图 4-2

1. 介绍的顺序

在为他人作介绍时，谁先谁后，
是一个比较敏感的礼仪头号问题。根据社交礼仪规范，在处理为他
人做介绍的问题上，必须遵守"尊者优先了解情况"规则。先要确
定双方地位的尊卑，然后先介绍位卑者，后介绍位尊者。

（1）介绍上级与下级认识时，先介绍下级，后介绍上级。

（2）介绍长辈与晚辈认识时，应先介绍晚辈，后介绍长辈。

（3）介绍年长者与年幼者认识时，应先介绍年幼者，后介绍年
长者。

（4）介绍女士与男士认识时，应先介绍男士，后介绍女士。

（5）介绍已婚者与未婚者认识时，应先介绍未婚者，后介绍
已婚者。

（6）介绍同事、朋友与家人认识时，应先介绍家人，后介绍同
事、朋友。

（7）介绍客人和主人认识时，应先介绍客人，后介绍主人。

（8）介绍与会先到者与后来者认识时，应先介绍后来者，后介
绍先到者。

2. 介绍的方式

由于实际需要的不同，为他人作介绍时的方式也不尽相同。

（1）一般式。

也称标准式，以介绍双方的姓名、单位、职务等为主，适用于
正式场合。如："请允许我来为两位引见一下。这位是雅秀公司营
销部主任李小姐，这位是新河集团副总江嫣小姐。"

（2）简单式。

只介绍双方姓名一项，甚至只提到双方姓氏而已，适用一般的
社交场合。如："我来为大家介绍一下：这位是谢总，这位是徐董。
希望大家合作愉快。"

（3）附加式。

也可以叫强调式，用于强调其中一位被介绍者与介绍者之间的
关系，以期引起另一位被介绍者的重视。如："大家好！这位是新

探究与实践

角色扮演
将同学们分成几
组，体会"介绍他人"
礼仪的运用。

月公司的业务主管张先生，这是小儿刘放，请各位多多关照。"

（4）引见式。

介绍者所要做的，是将被介绍的双方引到一起即可，适于普通场合。如："OK，两位认识一下吧。大家其实都曾经在一个公司共事，只是不是一个部门。接下来，请自己说吧。"

（5）推荐式。

介绍者经过精心准备再将某人举荐给某人，介绍时通常会对前者的优点加以重点介绍。通常，适用于比较正规的场合。如："这位是张峰先生，这位是海天公司的赵海天董事长。张先生是经济博士，管理学专家。赵总，我想您一定有兴趣和他聊聊吧。"

（6）礼仪式。

礼仪式是一种最为正规的他人介绍，适用于正式场合。其语气、表达、称呼上都更为规范和谦恭。如："孙小姐，您好！请允许我把北京远方公司的执行总裁李放先生介绍给你。李先生，这位就是广东润发集团的人力资源经理孙晓小姐。"

3. 在介绍他人时，介绍者与被介绍者都要注意一些细节

（1）介绍者要注意自己的姿态。

作为介绍者，无论介绍哪一方，都应手势动作文雅，手心向上，四指并拢，拇指微张，胳膊略向外伸，指向被介绍的一方，并向另一方点头微笑，上体略前倾，手臂与身体保持 50 ~ 60 度。在介绍一方时，应微笑着用自己的视线把另一方的注意力引导过来，态度热情友好，语言清晰明快。

（2）介绍应语言明快，脉络清楚，忌啰唆。介绍他人时最好加上尊称或者职务，如先生、夫人、博士、经理、律师等。

（3）介绍者为被介绍者作介绍之前，要先征求双方被介绍者的意见。被介绍者在介绍者询问自己是否有意认识某人时，一般应欣然表示接受。如果实在不愿意，应向介绍者说明缘由，取得谅解。

（4）当介绍者走上前来为被介绍者进行介绍时，被介绍者双方均应起身站立，面带微笑，大大方方地目视介绍者或者对方。女士、长者有时可不用站起。宴会、谈判会上，略略欠身致意即可。

（5）介绍者介绍完毕，被介绍者双方应依照合乎礼仪的顺序进行握手，并且彼此使用"您好""很高兴认识您""久仰大名""幸会"等语句问候对方。不要心不在焉，要用心记住对方的名字，以免造成尴尬。

（6）介绍过程中如果有个别的失误，不要回避，自然、幽默地及时更正是明智、从容的表现。

介绍他人认识，是人际沟通的重要组织部分，良好的合作，可

能就是从这一刻开始。

（三）集体介绍

集体介绍，实际上是介绍他人的一种特殊情况，它是指被介绍的一方或者双方不止一人的情况。介绍集体也是要讲礼仪的。在进行集体介绍的时候，时机的把握是首要因素。

1. 集体介绍情形

正式大型宴会、大型的公务活动、举行会议、涉外交往活动、演讲、报告、比赛、会见、会谈、规模较大的社交聚会、接待参观、访问者等，来宾不止一人，都应进行集体介绍。

2. 集体介绍的顺序

集体介绍的顺序，可参照他人介绍的顺序，也可酌情处理。但应注意，越是正式、大型的交际活动，越要注意介绍的顺序。

（1）单向介绍。

在演讲、报告、比赛、会议、会见时，往往只需要将主角介绍给广大参加者。

（2）笼统介绍。

若一方人数较多，可采取笼统的方式进行介绍，例如，"这是我的家人"，"这是我同学"。

（3）双向介绍。

双方地位、身份大致相似时，应遵循"少数服从多数"的原则，先介绍人数较少的一方。

双方地位、身份存在差异时，如被介绍者双方地位、身份存在差异，地位高者虽然人数较少或只有一人，也应将其放在尊贵的位置，最后加以介绍。

（4）人数较多各方的介绍。

若被介绍的不止两方，需要对被介绍的各方进行位次排序，排列的顺序可以是：

①以座次顺序为准，②以抵达时间的先后为准，③以其负责人身份为准，④以单位名称的英文字母顺序为准，⑤以其单位规模为准，⑥以距介绍者的远近为准。

3. 集体介绍的注意事项

（1）首次介绍时，要准确地使用全称，不要使用易生歧义的简称。

（2）在介绍的时候不要开玩笑，要很正规。

（3）在需要进行集体介绍的时候，一定要注意介绍的顺序和注意事项，否则会在众多的人面前失礼。

三、握手的礼仪

握手，是人与人交际的一个部分。握手的力量、姿势与时间的长短往往能够表达出不同礼遇与态度，显露自己的个性，给人留下不同的印象，也可通过握手了解对方的个性，从而赢得交际的主动。美国著名盲聋女作家海伦·凯勒曾写道："手能拒人千里之外，也可充满阳光，让你感到很温暖。"事实也确实如此，因为握手是一种语言，是一种无声的动作语言。

（一）握手的场合

一般来讲，我们需要跟别人握手的主要是以下三大场合：

（1）见面或者告别。

（2）表示祝贺或者慰问。别人有喜事了，升职了，晋级了，考上大学了，结婚了，年高做寿了，娶妻生子了，等等一些情况，往往需要我们与之握手为礼。

（3）表示尊重。实际上，"礼"的意思是尊重，我们在人际交往中要尊重自己，尊重别人。

（二）握手的正确方法

上身微微前倾，两足立正，双方伸出右手，彼此之间保持一步左右的距离，双方握着对方的手掌，上下晃动两到三下，握手的时间 3～5 秒为宜，并且适当用力，左手贴着大腿外侧自然下垂。

（三）握手的顺序

本着尊者决定的原则，但主宾相见例外。在公务场合，握手时伸手的先后次序主要取决于职位、身份。而在社交、休闲场合，它主要取决于年龄、性别、婚否。

（1）主人与客人之间，客人抵达时，主人应先伸手，客人告辞时由客人先伸手。

（2）年长者与年轻者之间，年长者应先伸手。

（3）身份、地位不同者之间，应由身份和地位高者先伸手。

（4）女士和男士之间，应由女士先伸手。

（5）一个人与多人握手。若是一个人需要与多人握手，则握手时亦应讲究先后次序，由尊而卑，即先年长者后年幼者，先长辈而晚辈，先老师后学生，先女士后男士，先已婚者后未婚者，先上级后下级，先职位、身份高者，后职位、身份低者。应当强调的是，上述握手时的先后次序不必处处苛求于人。如果自己是尊者或长者、上级，而位卑者、年轻者或下级抢先伸手时，最得体的就是立即伸出自己的手，进行配合，而不要置之不理，使对方当场出丑。

一般来讲，地位低的人迎向地位高的人，两个人同时迎向对方也行。

探究与实践

知识链接

握手礼的由来

握手礼起源于远古时代，那时人们主要以打猎为生，手中常持有棍棒或石块作为防卫武器，当人们相遇并且希望表达友好之意时，必须先放下手中的武器，然后相互触碰对方的手心，用这个动作说明："我手中没有武器，我愿意向你表示友好，与你成为朋友。"随着时间的推移，这种表示友好的方式沿袭下来，成为今天的握手礼，并被世界上大多数国家所接受。

（四）握手禁忌

我们在行握手礼时，应努力做到合乎规范，避免失礼。

（1）不要用左手相握，尤其是和阿拉伯人、印度人打交道时要牢记，因为在他们看来左手是不干净的。

（2）在和基督教信徒交往时，要避免两人握手时与另外两人相握的手形成交叉状，这种形状类似十字架，在他们眼里这是很不吉利的。握手、干杯、祝酒等都忌讳出现十字的。

（3）不要在握手时戴着手套、墨镜、帽子，只有女士在社交场合可以戴着薄纱手套握手。与人握手，把帽子摘掉，表示一种友善；戴太阳镜，有拒人于千里之外的感觉。

（4）在握手时不要将另外一只手插在衣袋里或拿着东西。

（5）握手时不要面无表情、不置一词，或长篇大论、点头哈腰，过分客套。

（6）握手时不要仅仅握住对方的手指尖，好像有意与对方保持距离。正确的做法，是握住整个手掌。即使对异性也应这样。

（7）不要在握手时把对方的手拉过来、推过去，或者上下左右抖个没完。

（8）忌讳与异性握手时用双手。

（9）在任何情况下，最好都不要拒绝与别人握手，否则是失身份的。

任务实施

企业间的竞争越来越激烈，对职场人士素质的要求也越来越高。也许一个小小的礼仪上的疏漏，就会造成订单的损失、业绩的下滑。

李总的失误在于，没有运用好见面的一般礼仪，见到陈总后不应该称呼"大哥"，尽管显得很亲切，但不是职场称呼；握手时不应该一只手放在口袋，这样显得不尊重对方，应该把手自然放下在身体一侧；互相之间要有个很具体的介绍，尊者优先知情，让双方互相了解，才不至于错打招呼；陈总结束行程离开道别时，应该由陈总先伸手握手，表示对李总热情招待的感谢，李总应该好好学学职场礼仪，在以后的工作中不要因为礼仪上运用的不恰当而失去合作的机会。

拓展训练与测评

1. 梅琳是一名大二的学生，一天她与妈妈一起逛商场，遇上了她的辅导员张老师，张老师三十出头的年纪，在学校对梅琳很照顾，于是梅琳赶忙迎过去，和张老师打招呼，妈妈看到后也走过来，梅

分组讨论
梅琳应该先将谁介绍给谁？然后让同学们演示梅琳如何正确地介绍妈妈和老师认识。

琳意识到应该为双方做个介绍，但是她却犯难了，妈妈是长辈，张老师是她尊敬的师长，她该如何介绍呢？

互评成绩：一等奖_____，二等奖_____，三等奖_____。

2. 小军和小伟是大学同学，小军毕业后进入一家公司工作，小伟则在父亲任董事长的家族企业上班，最近小军要去小伟家的企业洽谈业务，然后还要去小伟的家里拜访小伟的家人。

自测得分：_____。

3. 小黄去拜访一家客户，西装革履，走进这家公司后，问前台秘书："这是四海公司吗？"前台秘书不理，这时候又有位客户走进来，秘书说："王姐，我哥正等着你们呢，我带你们进去。"进入张经理办公室，秘书热情地向张经理介绍说："哥，这是王姐。"小黄被冷落得尴尬地站在一边。

📊 欢乐课堂

≫情景模拟

有几个人商量着一起前去吊丧，却都不清楚吊丧的礼仪。其中有一人自称略微知道一点，他就对同伴们说：到时候你们随着我的举止，我怎么做你们就跟着怎么做就行了。到了治丧场所，那个人就排在前面，伏在席子上准备施礼，他的同伴们也都学着他的样子，一个接一个地头靠着前一个的背趴下了。为首的那人一见同伴的样子，心中有气，又不便发作，就往后一伸脚踢了后面的人一下，小声骂道：痴物！后面的人以为礼仪就如此，就依次往后踢一脚，口中说：痴物！排在最后的那个人的后面已临近孝子，他就踢了孝子一脚，说：痴物！

任务二 正确运用名片——名片礼仪

📈 学习目标

● **能力目标：**
能够正确规范地递接名片。

● **知识目标：**
了解名片的相关礼仪知识。

● **素质目标：**
培养具有构建良好关系能力的职业人。

✎ 探究与实践

问 题
为了圆满地完成这次业务洽谈，根据本课所学知识你帮小军指点一下此行的见面礼仪上的要注意哪些细节问题。

问 题
在这个职业场景中，你认为存在哪些礼仪问题？假如你是这家公司的前台秘书，你该怎么做？

谈一谈
我们在参加一些日常活动之前是不是该了解一下需要注意的礼仪？

任务情境

　　某公司新建的办公大楼需要添置一系列的办公家具，价值数百万元。公司的王总经理已决定向天地公司购买这批办公用具。这天，天地公司新上任的销售部负责人小赵打电话来，要上门拜访这位王总经理。王总经理打算等对方来了，就在订单上盖章，定下这笔生意。

　　天地公司的销售部负责人小赵如约而至，见面之后，双方互换名片。小赵看完后随手将名片放在茶几上，两人继续谈事。过了一会儿，服务人员将咖啡端上桌，请两位慢用。小赵喝了一口，将咖啡放在了名片上，自己没有感觉到，王总经理皱了皱了眉头，没有说什么。

　　洽谈结束后，王总经理发现小赵在收拾资料准备离去的时候，将自己刚才递上的名片不小心掉在了地上，可对方并未发觉，走时还无意地从名片上踩了过去。但这个不小心的失误，却令王总经理改变了初衷，即将到手的数百万办公家具的生意告吹了。

想一想
　　名片礼仪你了解多少？

相关知识

　　名片是商务人士的必备沟通交流工具。名片像一个人简单的履历表，递送名片的同时，也是在告诉对方自己的姓名、职务、地址、联络方式。名片是每个人最重要的书面介绍材料。

一、名片的历史

（一）早期名片

　　名片起源于交往，而且是文明时代的交往，因为名片离不开文字。

　　原始社会没有名片，因为还没有正式形成文字。到了奴隶社会，尽管出现了简单的文字，但也没有出现名片。名片最早出现于封建社会。秦始皇统一中国，开始了重大的改革，统一全国文字。为了联络感情、沟通关系，陆续出现了"谒""刺""名帖"等相当于名片的形式。

　　清朝才正式有"名片"的称呼。清朝是中国封建社会的终结，由于西方的不断入侵，与外界交往增加了，和国外的通商也加快了名片的普及。清朝的名片，开始向小型化发展，特别是在官场，官小使用较大的名片以示谦恭，官大使用较小的名片以示地位。

　　早期名片与近现代名片的主要区别是用手写而不是印刷。

（二）近代名片

　　名片主要用于商业上，哪里有经营活动，哪里就会大量使用名片。名片在早期，只用于少数特权阶层的交往，只有到近代，名片才开始走向平民化。

（三）当代名片

90 年代的中国，经济飞速发展，从而带动科技发展。其表现为电脑的普及和通讯条件的改善：新兴公司不断成立，办公条件不断改善，电话号码不断升位，通讯工具不断更新，E-mail 地址和 QQ、微信的出现，这些都极大地丰富了名片内容；企业开始注重对外的形象，使用统一的名片识别战略，促使名片不断变化，名片进入大众化消费时代。

（四）未来名片的发展趋势

20 世纪末，不光是胶印名片的繁荣时期，而且还出现了一些新的名片类型，丰富了人们的生活。如彩色激光名片、彩色相纸名片、电子名片、数码名片等。新兴名片与以往的名片相比，有相同点，也有其自身的特点。它们的制作更加依赖电脑，更加个性化，质量更高，制作更方便，用途更广泛，代表了名片未来发展的方向。

二、名片的作用

作为社交的联谊卡，名片有如下作用：

（1）宣传自己。一张小小的名片上记录了持有者的姓名、职业、工作单位、联络方式（电话、E-mail）等，形成一种向外传播的媒体。

（2）宣传企业。名片除标注个人信息资料外，还标注了企业资料，如：企业的名称、地址及企业的业务领域等。把具有 CI 形象规划的企业名牌纳入办公用品策划中，这种类型的名片，企业信息更为重要，个人信息是次要的。在名片中要有企业的标志、标准色、标准字等，使其成为企业整体形象的一部分。

（3）信息时代的联系卡。在数字化信息时代中，每个人的生活工作学习都离不开各种类型的信息，名片以其特有的形式传递企业、个人及业务等信息，很大程度上方便了我们的生活。

（4）使用名片可以使人们在初识时就能充分利用时间交流思想感情，无须忙于记忆。

（5）可以在人们初识时言谈举止更得体，不会因为要了解对方情况又顾忌触犯别人隐私领地左右为难，也可以避免介绍自己的身份和职位而引起别人的不快。

（6）使用名片可以不必与他人见面便能与其相识。

三、名片的分类

（一）按名片的性质分类

1. 身份标识类名片

名片的内容主要标识持有者的姓名、职务、单位名称及必要通讯方式，以传递人的个人信息为主要目的。

2. 业务行为标识类名片

内容除标识持有者的姓名、职务、单位名称及必要通讯方式外，还要标识出企业的经营范围、服务方向、业务领域等，以传递业务信息为目的。

3. 企业 CI 系统名片

这类名片主要应用于有整体 CI 策划的较大型的企业，名片作为企业形象的一部分，以完善企业形象和推销企业形象为目的。

（二）按制作工艺分类

按制作工艺分为：胶印名片、彩印名片、激光打印名片。

四、名片的样式

通常使用的名片分为私人名片和商务名片两种类型。

（一）一张标准的名片应包括三个三

第一个"三"，我们一般把它放在名片上方，叫做"归属"，就是你所在的单位。它包括单位的全称、所在部门、企业标志。

第二个"三"，印在正中间，是名片最重要的内容，叫做"称谓"。就是你想让人怎么称呼你，它包括姓名、职务、技术职称。

第三个"三"，指联络方式，一般印在名片下方。它包括地址、邮政编码、联系电话。现代商务中有时印电子邮箱、网址等，但一般提供前三项。

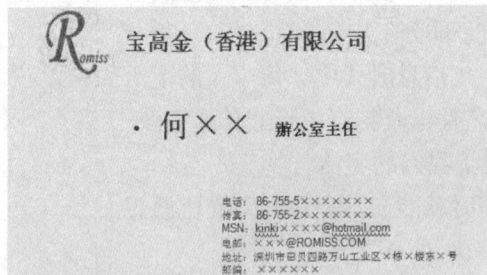

图 4-3

（二）名片设计要点

1. 名片设计的基本要求

名片作为一个人、一种职业的独立媒体，在设计上要讲究其艺术性。但它同艺术作品有明显的区别，它不像其他艺术作品那样具有很高的审美价值，可以去欣赏、去玩味。它在大多情况下不会引起人的专注和追求，而是便于记忆，具有更强的识别性，让人在最短的时间内获得所需要的情报。因此名片设计必须做到文字简明扼要，字体层次分明，强调设计意识，艺术风格要新颖。

名片设计的基本要求应强调三个字：简、准、易。

（1）简：名片传递的主要信息要简明清楚，构图完整明确。

（2）准：注意质量、功效，尽可能使传递的信息准确。

（3）易：便于记忆，易于识别。

2. 名片设计的程序

（1）名片设计之前首先要了解三个方面的信息，一是持有者的身份、职业，二是持有者的单位及其单位的性质、职能，三是持有者及单位的业务范畴。

（2）独特的构思来源于对设计的合理定位，来源于对名片的持有者及单位的全面了解。一个好的名片构思经得起以下几个方面的考核：是否具有视觉冲击力和可识别性，是否具有媒介主体的工作性质和身份，是否别致、独特，是否符合持有人的业务特性。

（三）名片使用的材料

一般情况下，名片使用的材料是卡片纸、再生纸、打印纸。文字清楚，不容易丢失、不易磨损折叠，清晰可辨就可以。

五、名片的递接时机

（1）希望认识对方。在你希望认识或者结交某人时，可以递上自己的名片，让对方更好地认识自己，跨出认识的第一步。

（2）被介绍给对方。当有第三人引荐，被介绍给对方时，可以递上自己的名片。

（3）对方提议交换名片。当对方想认识你，出于礼貌，此时应该递上自己的名片。

（4）对方向自己索要名片。这个就不需要说什么了，递上名片就行了。

（5）初次拜访对方。初次拜访某人时，最好递上自己的名片，让对方更好地了解自己的信息，促进交流。

（6）通知对方自己的变更情况。当自己的一些重要信息变更后，特别是公司信息、职位变换等，递上一张名片，方便对方更好地了解。

六、递名片的礼仪

（一）递名片的方式

名片持有者应事先将名片放在易于送取的位置。取出名片时先郑重地轻置手中，起立或欠身用双手递送名片，面带微笑，注视对方，双臂自然伸出，四指并拢，用双手的拇指和食指分别持

练一练

　　同桌之间互递名片。

握名片上端的两角送给对方，名片正面朝上文字内容正对对方，递送时可以说"我叫××，这是我的名片，请多关照"之类的客气话。自己的名字如有难读或特别读法的，在递送名片时不妨加以说明。

（二）递名片的顺序

名片的递送先后没有太严格的讲究。一般是地位低的人先向地位高的人递名片，男性先向女性递名片。当对方不止一人时，应先将名片递给职务较高或年龄较大者，如分不清职务高低和年龄大小时，则可以先和自己对面左侧方的人交换名片。

七、接名片的礼仪

（1）应起身或欠身，面带微笑，用双手接住名片的下方两角，接过名片后应致谢。

（2）当面口述名片内容，以示尊重，同时也避免有不认识的字。

（3）如果没有回敬名片，要特别声明自己没有名片，表示歉意。

（4）如果有包，应把名片放在包里面，而不要拿在手里玩弄。

（5）如果暂时没有存放的地方，可以放在桌面上，但不要将物品压在名片上。

（6）无论什么场合接受对方的名片，都不要将名片遗忘在桌上，临走时一定记得带上名片。

（7）和对方分开时，要说明自己会好好保存对方的名片，表示很愿意和对方长期交往。

（8）接受名片的注意事项有：

①回敬对方，"来而不往非礼也"，拿到人家名片一定要回。在国际交往中，比较正规的场合，即便没有也不要说，采用委婉的表达方式，"不好意思名片用完了"，"抱歉今天没有带"。

②接过名片一定要看，是对别人尊重、待人友善的表现。接过名片一定要看，通读一遍，这个是最重要的。为什么要看？如果你把人家的名字和姓氏搞错了，显而易见怠慢对方是不可以的。

八、索取别人名片的方法

（一）交易法

"将欲取之，必先予之"，想要别人的名片，应主动递上自己的名片。如："张教授，非常高兴认识你，这是我的名片，请多指教。"当然，在国际交往中，会有一些地位落差，有的人地位身份高，你把名片递给他，他跟你说声谢谢，然后就没下文了。

探究与实践

角色扮演
分组进行角色扮演，看谁能顺利地索取他人的名片。

（二）明示法（向同年龄、同级别、同职位）

"老王，好久不见了，我们交换一下名片吧，这样联系更方便。""不知道如何和你联系？"

（三）谦恭法（向长辈、领导、上级）

"久仰大名，不知以后怎么向您请教？"或者"很高兴认识您！以后向您讨教，不知如何联系？"

（四）联络法（平等法）

"认识您太高兴了，希望以后有机会能跟您保持联络，不知道怎么跟您联络比较方便？"一般对方会给，如果不给，意思就是对方会主动跟你联系，其深刻含义就是不乐意跟你联系。

九、拒绝他人索取名片的礼仪

当他人索取本人名片，而不想给对方时，不宜直截了当，而应以委婉的方法表达此意。可以说"对不起，我忘了带名片"，或者"抱歉，我的名片用完了"。

不过若手中正拿着自己的名片，又被对方看见了，这样讲显然不合适。

若本人没有名片，而又不想明说的，也可以上述方法委婉地表达。

如果自己的名片真的没有带或是用完了，自然也可以这么说，不过不要忘了加一句"改日一定补上"，并且一定要言出必行。否则会被对方理解为自己没有名片，或成心不想给对方名片。

十、名片的存放

自己的名片应放在随手可取的地方，用专用的名片夹、名片包，不应东摸西摸，半天找不到。若穿西装，宜将名片置于左上方口袋；若有手提包，可放于包内伸手可得的部位。不要把名片放在皮夹内，工作证内，甚至裤袋内，这是一种很失礼的行为。另外，不要把别人的名片与自己的名片放在一起，否则，一旦慌乱中误将他人的名片当作自己的名片送给对方，这是非常糟糕的。

接过别人的名片，要精心放入自己名片夹或上衣口袋里，切忌不加确认就放入包中。忌放在裤兜、裙兜、提包、钱夹中，忌随手乱扔。

可以按姓名的外文字母或汉语拼音字母顺序分类，按姓名的汉字笔画多少分类，按专业或部门分类，或按国别或地区分类。

任务实施

名片是一个人向别人介绍自己时使用的介绍信，自己是什么身

探究与实践

小贴士

名片的整理

接受名片后应及时把所收到的名片加以分类整理收藏，以便今后使用方便。不要将它随意夹在书刊、文件中，更不能把它随便地扔在抽屉里面。可以把对方的特征、兴趣爱好，以及接收名片的地点、时间、所谈的话题等记在名片后面，这样下次见面即可投其所好，多谈一些他感兴趣的话题。存放名片要讲究方式方法，做到有条不紊。方法有：按姓名拼音字母分类；按姓名笔画分类；按部门、专业分类；按国别、地区分类；输入商务通、电脑等电子设备中，使用其内置的分类方法等。

份，有什么头衔，用嘴说似乎不太好意思，因此，名片就充当了介绍的功能。所以说名片就是一个人的脸面，是一个人身份、地位的延伸。

天地公司销售部的这位负责人小赵，接受了别人的名片没能妥善地保管好，随意放在了桌上，临走时在匆忙之间又掉在了地上，甚至无意中还踩了一脚。这看似不经意的行为，从轻处说是对别人的不尊重，从重处说是对别人人格的侮辱。名片如人，这等于是当面给了人一嘴巴。难怪一笔即将到手的大买卖就被这小小的纸片给断送了。小赵应该把名片放进名片夹收好，以表示对别人的尊重。

拓展训练与测评

1. 阅读以下案例，回答问题。

案例一

某公司王经理约见了一个重要的客户方经理。见面之后，客户就将名片递上。王经理看完后随手将名片放在桌子上，两人继续谈事。过了一会儿，服务人员将咖啡端上桌，请两位经理慢用。王经理喝了一口，将咖啡放在了名片上，自己没有感觉到，客户方经理皱了皱了眉头，没有说什么。

案例二

2000年4月，新城举行春季商品交易会，各方厂家云集，企业家们济济一堂，华新公司的徐总经理在交易会上听说衡诚集团的崔董事长也来了，想利用这个机会认识这位素未谋面又久仰大名的商界名人。午餐会上他们终于见面了，徐总彬彬有礼地走上前去，"崔董事长，您好，我是华新公司的总经理，我叫徐刚，这是我的名片。"说着，便从随身携带的公文包里拿出名片，递给了对方。此时的崔董事长显然还沉浸在与他人谈话的情景中，他顺手接过徐刚的名片，说"你好"，便将名片放进了自己包里，继续与旁边的人交谈。徐总在一旁站了一会儿，并未见崔董有交换名片的意思，失望地走开了……

互评成绩：一等奖_____，二等奖_____，三等奖_____。

2. 在一次聚会上，科技园综合科的刘科有幸认识了机关事务局的赵局长，两人交谈甚欢，且相互交换了名片。后来由于工作上的事情，刘科到机关事务局去办理，正巧在大厅碰到赵局长，两人很高兴，刘科张口就说："王主任，您好，没想到在这儿遇到你，上

分组讨论
请针对以上两个案例谈谈你的看法，评价一下交际对象在名片礼仪行为方面有何不妥之处。

问　题
结合名片礼仪知识，谈谈这则案例出现了哪些问题？如果是你，应该如何处理才能避免这些问题。

次在聚会上……"，只见赵局长的脸色稍微有些尴尬。

自测得分：_____。

3. 张女士与孙先生相遇了，由于孙先生的工作有所变动，孙先生主动递出了自己的名片，张女士也打开自己的手提包，准备拿出自己的名片与之交换，可是一摸，首先摸出了一张健身卡，再一摸是一张名片，高兴地递给孙先生，孙先生接过低头一看，是别人的名片。张女士尴尬地笑着，继续在包里找着名片……

📊 欢乐课堂

>> 情景模拟

周先生接过陈先生递过来的名片，看了一下说："东先生，久仰，久仰。"陈先生接过周先生的名片说："你是吉先生？"周先生听了不高兴："我姓周，怎么扒了我的皮，我哪里得罪你了。"陈先生说："我姓陈，兴你割我耳朵，就不兴我扒你的皮？"

✏️ **探究与实践**

问 题

本例中为何张女士出现这种尴尬的情况？应如何避免？请学生分组讨论，再上台表演，学生评议。

做一做

为自己设计一张名片。

任务三 日常交往中的礼尚往来
——馈赠礼仪

📈 学习目标

● **能力目标：**

能够正确地选择礼物、赠送礼物和接受礼物。

● **知识目标：**

学习掌握日常交往中礼物的赠送与接受的一般礼仪和禁忌常识。

● **素质目标：**

培养具备创建和谐人关系氛围能力的人、受欢迎的人。

📷 任务情境

小张和小孙是工作中的好搭档、生活中的好兄弟，小张邀请小孙参加他爷爷的八十大寿，小孙为了表达心意，想送给小张的爷爷一份特别的礼物，在街上逛

发音完全相同

图 4-4

了半天也没有选到合适的，突然看到一家钟表店有一款很特别的挂钟很好看，小孙一想，爷爷家里也有一个爷爷特别喜欢的和这款样式差不多的钟表，这款钟又别致又大方，很符合老年人欣赏的标准，于是小孙毫不犹豫地买下了，很兴奋地跑到了小张爷爷家，小张的爷爷看到后差点没背过气去，小孙感到莫名其妙。

任务分析

馈赠礼物是联络和沟通感情最主要的方式之一，是生活中不可缺少的内容。礼品作为友谊的象征物，其意义并不在礼品本身，而是通过礼品所传达的情谊。

相关知识

馈赠通过礼品作为媒介，能够与交往对象建立很好的沟通渠道，充分表达对对方的友情与敬意。馈赠的目的在于沟通感情和保持联系，所以它不仅是一种行为方式，更为重要的是通过这种方式体现馈赠者的人品和诚意。

一、馈赠的含义及其原则

（一）馈赠的含义

馈赠是人们在社交过程中通过赠送给交往对象一些礼物来表达对对方的尊重、敬意，友谊、纪念，祝贺、感谢，慰问、哀悼等情感与意愿的一种交际行为。人们相互馈赠礼物，是人类社会生活中不可缺少的交往内容。中国人一向崇尚礼尚往来。《礼记·曲礼上》中说："礼尚往来，往而不来，非礼也，来而不往，亦非礼也。"馈赠，是与其他一系列礼仪活动共同产生和发展起来的。

礼起源于远古时期的祭祀活动。在祭祀时，人们除了用规范的动作、虔诚的态度向神表示崇敬和敬畏外，还将自己最有价值、最能体现对神敬意的物品（即牺牲）奉献于神灵。也许从那时起，在礼的含义中，就开始有了物质的成分和表现了。即礼可以以物的形式出现。

关于礼物这个概念，还有人说它最初来源于古代战争中由于部落兼并而产生的"纳贡"，也就是被征服者定期向征服者送去食物、奴隶等，以表示对被征服者的服从，乞求征服者的庇护。史书中曾有因礼物送得不及时或不周到而引发战争的记载。如春秋时期，因楚国没有按时向周天子送一车茅草，而引发了中原各国联盟大举伐楚的战争。

还有人认为，最初的礼就是一种商业性质的物品的有来有往，

探究与实践

想一想
　小张的爷爷为什么生气？

即原始的"礼尚往来"，实质上就是以礼品的赠与酬报的方式进行的产品交换。

暂且不论这些考据是否正确可信，但有一点却是肯定的，即在礼的内涵中，除了有表示尊敬的态度、言语、动作、仪式外，还有一个重要的含义，就是礼物。从礼以物的形式出现的那时起，物就从礼的精神内核中蜕化出来，而成为人与人之间有"礼"的外在表现形式。随着社会生活的进化和演变，物能寄情言意表礼的观念被广大人民所接受和认同，从而使馈赠在内容和形式上逐渐融汇在五彩缤纷的社会交往中，并成为人们联络和沟通感情的最主要方式之一。

（二）馈赠礼仪的基本原则

馈赠作为社交活动的重要手段之一，为古今中外人士普遍肯定。大凡送礼之人，都希望自己所送礼品能寄托和表达对受礼者的敬意和祝颂，并使交往锦上添花。然而，有时所赠礼品非但达不到这种目的，反而会事与愿违，造成不良后果，"赔了夫人又折兵"。因此，认真研究和把握馈赠的基本原则，是馈赠活动得以顺利进行的重要前提条件。

1. 轻重原则——轻重得当，以轻礼寓重情

通常情况下，礼品的贵贱厚薄，往往是衡量交往人的诚意和情感浓烈程度的重要标志。然而礼品的贵贱厚薄与其物质的价值含量并不总成正比。因为礼物是言情寄意表礼的，它仅仅是人们情感的寄托物，人情无价而物有价，有价的物只能寓情于其身，而无法等同于情。也就是说，就礼品的价值含量而言，礼品既有其物质的价值含量，也有其精神的价值含量。"千里送鹅毛"的故事在中国妇孺皆知，被标榜为礼轻情意重的楷模和学习典范。"折柳相送"也常为文人津津乐道，因为柳的寓意有三：一为表示挽"留"；二因柳枝在风中飘动的样子如人惜别的心绪；三为祝愿友人如柳能随遇而安。在这里，如果仅就这些礼物本身的物质价值而言，的确是很轻的，对于受礼人来说甚至是微乎其微的，然而它所寄寓的情意则是浓重的。人们提倡"君子之交淡如水"，提倡"礼轻情意重"。但是，当大家因种种原因陷入"人情债务链"时，则不妨既要注意以轻礼寓重情，又要入乡随俗地根据馈赠目的和自己的经济实力，择定不同轻重的礼物。对于那些人情礼轻重的把握尺度，目前国内常以个人收入的1/3为最上限，下限则视情而定。总之，除非是有特殊目的的馈赠，其他馈赠礼物的贵贱厚薄都应以对方能愉快接受为尺度。

2. 时机原则——选时择机，时不我待

就馈赠的时机而言，及时、适宜是最重要的。中国人很讲究"雨中送伞""雪中送炭"，即十分注重送礼的时效性，因为只有在最需要时得到的才是最珍贵的，也是最难忘的。因此，要注意把握好馈赠的时机，包括时间的选择和机会的择定。一般说来，时间贵在及时，超前或滞后都达不到馈赠的目的；机会贵在事由和情感及其他需要的程度，"门可罗雀"时和"门庭若市"时，人们对馈赠的感受会有天壤之别。所以，对于处境困难者的馈赠，其所表达的情感就更显真挚和高尚。有一篇《影星与狗》的文章，记载了这样一件感人的事：国际著名影星奥黛丽·赫本十分爱狗。多年来一直豢养着一只叫杰西的长耳罗塞尔种的小猎犬。白天，杰西那无忧无虑和温柔的品性，令赫本感到平和亲情，夜晚，杰西暖融融地依偎在赫本的脚旁，伴她入睡。然而，有一天，杰西误吃了毒药，很快就死了，赫本爱犬心切，竟无法控制自己，一连数日，终因悲伤过度而一病不起。这时，她的朋友克里斯多夫·格里文森托人给她送来了又一只长耳罗塞尔狗，它叫彭妮，小巧玲珑，毛色白亮，十分可爱。彭妮给了赫本无限的慰藉，赫本说："彭妮不仅使我恢复了健康，也赐给我无限的幸福，它真是来自天堂的宝贝。"

3. 效用性原则

同一切物品一样，当礼以物的形式出现时，礼物本身也就具有了价值和实用价值。就礼品本身的实用价值而言，人们经济状况不同、文化程度不同、追求不同，对于礼品的实用性要求也就不同。一般说来，物质生活水平的高低，决定了人们精神追求的不同，在物质生活较为贫寒时，人们多倾向选择实用性的礼品，如食品、水果、衣料、现金等；在生活水平较高时，人们则倾向于选择艺术欣赏价值较高、趣味性较强和具有思想性纪念性的物品为礼品。因此，应视受礼者的物质生活水平，有针对性地选择礼品。美国作家欧·亨利在其著名的小说《麦琪的礼物》里讲了这样一个故事：一个妻子十分想在圣诞节来临时送给丈夫一份礼物，她盼望能买得起一条表链，以匹配丈夫祖上留下的一块表。因为没有钱，于是她把自己秀美的长发剪下来卖了。圣诞之夜，妻子对丈夫献上了自己的礼物——一条精美的表链。丈夫也在惊愕之中拿出了他献给妻子的礼物，竟是一枚精致的发卡。原来，丈夫为给妻子买礼物把自己的表卖了。这时，他们紧紧地拥抱在一起，彼此的爱成为这圣诞之夜唯一的却是最珍贵的礼物。这对夫妻献给对方的礼物，在此时似乎已毫无效用，然而并非如此，它们不仅升华了他们之间的爱，使他们得到了最大的精神满足；而且更激发了他们战胜生活困难、追求幸福生活的决心和意志。有这样的情和爱，世上还有什么困难是不可克服的呢？

二、馈赠六要素

得体的馈赠要考虑六个方面的问题：送给谁（WHO）、为什么送（WHY）、送什么（WHAT）、何时送（WHEN）、在什么场合送（WHERE）、如何送（HOW）。也就是要考虑馈赠对象、馈赠目的、馈赠内容、馈赠时机、馈赠场合、馈赠方式六个要素，简称馈赠"五个W一个H"规则。

（一）馈赠对象

馈赠对象即馈赠客体，是赠物的接受者。馈赠时要考虑到馈赠对象的性别、年龄、职位、身份、性格、喜好、数量等因素。

（二）馈赠目的

馈赠目的即馈赠动机。任何馈赠都是有目的的，或为表达友谊，或为祝颂庆贺，或为酬宾谢客，或为慰问哀悼。馈赠动机应高尚，以表达情谊为宜。

1. 以交际为目的的馈赠

这是一种为达到交际目的而进行的馈赠，有两个特点：一是送礼的目的与交际目的的直接一致。无论是个人还是组织机构，在社交中为达到一定目的，针对交往中的关键人物和部门，通过赠送一定礼品，以达到交际目的。二是礼品的内容与送礼者的形象一致。选择礼品，一个非常重要的原则就是要使礼品能反映送礼者的寓意和思想感情的倾向，并使寓意和思想倾向与送礼者的形象有机地结合起来。

2. 以巩固和维系人际关系为目的的馈赠

这类馈赠，即人们常说的"人情礼"。在人际交往过程中，无论是个人间的抑或是组织机构间的，必然产生各类关系和各种感情。人与生俱来的社会性，又要求人们必须重视这些关系和感情，因而，围绕着如何巩固和维系人际关系和感情，人们采取了许多办法。其中之一就是馈赠。这类馈赠，强调礼尚往来，以"来而不往非礼也"为基本行为准则。因此，这类馈赠，从礼品的种类、价值的轻重、档次的高低、包装的精美、蕴含的情义等等方面都呈现多样性和复杂性。这在民间交际中尤其具有重要的特殊作用。

3. 以酬谢为目的的馈赠

这类馈赠是为答谢他人的帮助而进行的。因此在礼品的选择上十分强调其物质价值。礼品的贵贱厚薄，首先取决于他人帮助的性质。帮助的性质分为物质的和精神的两类。一般说来，物质的帮助

103

往往是有形的、能估量的，而精神的帮助则是无形的、难以估量的，然而其作用又是相当大的。其次取决于帮助的目的。是慷慨无私的，还是另有所图的，还是公私兼顾的。只有那种真正无私的帮助，才是值得真心酬谢的。再次取决于帮助的时机，一般情况下，危难之中见真情。因此，得到帮助的时机是日后酬谢他人的最重要的衡量标准。

4. 以公关为目的的馈赠

这种馈赠，表面上看来不求回报，而实质上其索取的回报往往更深地隐藏在其后的交往中，或是金钱，或是权势，或是其他功利，是一种为达到某种目的而用礼品的形式进行的活动。多发生在对经济、政治利益的追求和其他利益的追逐活动中。

（三）馈赠内容

馈赠内容即馈赠物，是情感的象征或媒介，包括赠物和赠言两大类。赠物可以是一束鲜花、一张卡片或一件纪念品。赠言则有多种形式，如书面留言、口头赠言、临别赠言、毕业留言等。馈赠时，应考虑赠物的种类、价值的大小、档次的高低、包装的式样、蕴含的情义等因素。

（四）馈赠时机

馈赠时机即馈赠的具体时间和情势，主要应根据馈赠主客体的关系和馈赠形式来把握。

（五）馈赠场合

馈赠场合即馈赠的具体地点和环境，主要应区分公务场合与私人场合，应根据馈赠的内容和形式来选择适当的场合。

（六）馈赠方式

馈赠方式主要有亲自赠送、托人转送、邮寄运送等。

三、赠送礼仪

要使交往对象愉快地接受馈赠，并不是件容易的事情。因为即便是你在馈赠原则指导之下选择了礼品，如果不讲究赠礼的艺术和礼仪，也很难使馈赠成为社会交往的手段，甚至会适得其反。那么，馈赠时应注意哪些艺术和礼仪呢？

（一）礼品的选择

因人因事因地施礼，是社交礼仪的规范之一，对于礼品的选择，也应符合这一规范要求。

1. 根据馈赠目的选择礼品

送礼在本质上应被视为向他人表示友好、尊重与亲切之意的途径或方式。只有本着这一目的，才能正确地选择适当礼品，才能准

诗，又听了诉说，不但没有怪罪他，反而觉得缅伯高忠诚老实，不辱使命，就重重地赏赐了他。

从此，"千里送鹅毛，礼轻情意重"的故事广为流传。

确表达自己的情意，才能使所赠礼品发挥正常功效。公司庆典一般送上一篮鲜花，慰问病人可以送鲜花、营养品、书刊等，朋友生日可以送卡片、蛋糕等，庆祝节日可以送健康食品、当地特产，旅游归来可以送当地人文景观纪念品及土特产，走亲访友一般送精致水果、糖酒食品等。

2. 根据馈赠对象选择礼品

礼品的选择，要针对不同的受礼对象区别对待。一般说来，对家贫者，以实惠为佳；对富裕者，以精巧为佳；对恋人、爱人、情人，以纪念性为佳；对朋友，以趣味性为佳；对老人，以实用为佳；对孩子，以启智新颖为佳；对外宾，以特色为佳。

（1）考虑彼此的关系现状。

在选择礼品时，必须考虑自己与受赠对象之间的关系现状，不同的关系应当选择不同的礼品。应根据与馈赠对象的亲缘关系、地缘关系、业缘关系、性别关系、友谊关系、文化习惯关系、偶发性关系等在选择礼品时有所不同，区别对待。例如，玫瑰是爱情的象征，是送给女友或夫人的佳礼。但若把它随便送给一位普通关系的异性朋友，就可能引起不必要的误会。

（2）了解受赠对象的爱好和需求。

根据受赠对象的爱好和实际需求来选择礼品，往往可以增加礼品的实效性，增强对送礼者的好感和信任。因为在受赠对象看来，只有了解和关心他的人，才会明白他的需求。鲜花赠予美人，宝刀赋予烈士，可以使礼品获得增值效应。例如在学生取得佳绩时老师可以赠给有益的书籍，给书法爱好者可以赠送文房四宝，给音乐爱好者可以赠送乐器等。

（3）尊重对方的禁忌。

在礼品的选择过程中，应细致了解受赠对象的个人禁忌，以免受赠对象对所选礼品猜忌而导致适得其反的作用。

一般而言，选择礼品不应忽视的禁忌有四类：个人禁忌、民族禁忌、宗教禁忌、伦理禁忌。

（二）礼品的包装

正式的礼品都应精心包装。良好的包装将使礼品显得更加精致、郑重、典雅，给受赠者留下美好的印象。精美的包装不仅使礼品的外观更具艺术性和高雅的情调，并显现出赠礼人的文化和艺术品位，而且还可以使礼品产生和保持一种神秘感，既有利于交往，又能引起受礼人的兴趣和好奇心理，从而令双方愉快。

好的礼品若没有讲究包装，不仅会使礼品逊色，使其内在价值大打折扣，使人产生"人参变萝卜"的缺憾感，而且还易使受礼人轻视礼品的内在价值，而无谓地折损了由礼品所寄托的情谊。

在赠送礼品给外国友人时，尤其应当注意这一点。礼品包装时应注意包装的材料、容器、图案造型、商标、文字、色彩的选择和使用符合相关政策法规和习俗惯例，不要触及或违反受赠方的宗教和民族禁忌。像有的国家数字上的禁忌也是礼品包装所要注意的问题。如日本忌讳"4"和"9"这两个数字，因此，出口日本的产品，就不能以"4"为包装单位，像4个杯子一套，4瓶酒一箱这类包装，在日本都将不受欢迎。礼品包装时，应根据世界各国的生活习俗，选择适宜的色彩。如日本忌绿色喜红色，美国人喜欢鲜明的色彩，忌用紫色。

（三）赠送的时机

赠送礼品必须选择恰当的时机。时机上应注意把握四点：

一是选择好最佳时机。如亲友结婚、生子，交往对象乔迁、晋级、遭受挫折、生病住院，向对方表示感谢等，都是送礼的良佳时机。

二是选择具体时间。一般来说，客人应在见面之初向主人送上礼品，主人应当在客人离去之时把礼品送给对方。另外，送礼还应考虑在对方方便之时，或选取某个特定时间给对方造成惊喜。

三是控制好送礼时限。送礼时间应以简短为宜，只要向对方说明送礼的意图及相应的礼品解释后即可，不必过分渲染。

四是注意时间忌讳。不必每逢良机便送礼，致使礼多成灾。尽量不要选择对方不方便的时候送礼，比如对方刚刚做完手术尚未痊愈之时就不宜立即送礼。

（四）赠送的地点

赠礼时应注意区分公务场合与私务场合。在公务交往中，一般应选择工作场所或交往地点赠送礼品；而在私人交往中，则宜于私下赠送，受赠对象的家中通常是最佳地点。

赠礼场合的选择是十分重要的。那些出于酬谢、应酬或有特殊目的的馈赠，更应注意赠礼场合的选择。通常情况下，当众只给一群人中的某一个人赠礼是不合适的。给关系密切的人送礼也不宜在公开场合进行，只有礼轻情重的特殊礼物才适宜在大庭广众面前赠送。既然关系密切，送礼的场合就应避开公众而在私下进行。只有那些能表达特殊情感的特殊礼品，方才在公众面前赠予。因为这时公众已变成你们真挚友情的见证人。如一本特别的书、一份特别的纪念品等。最好当着受礼人的面赠礼。赠礼是为巩固和维持双方的关系，赠礼也必须是有针对对象的。因此赠礼时应当着受礼人的面，以便于观察受礼人对礼品的感受，并适时解答和说明礼品的功能、特性等，还可有意识地向受礼人传递你选择礼品时独具匠心的考虑，从而激发受礼人对你一片真情的感激和喜悦之情。

（五）赠送的方法

一是说明意图。应在适当的时机和场合赠送礼品，送礼前应先向对方致意问候，简要委婉地说明送礼的意图，如："祝你工作顺利""真是感谢你上次的帮助"等。

二是介绍礼品。赠送礼品时，送礼者应对礼品寓意、礼品使用方法、礼品特色等适当明确解释。邮寄赠送或托人赠送时，应附上一份礼笺，用规范、礼貌的语句解释送礼缘由。在当面赠送礼品时，则应亲自道明送礼原因和礼品寓意，并附带说一些尊重、礼貌的吉言敬语。

三是仪态大方。在面交礼品时，送礼者应着装规范，起身站立，面带微笑，目视对方，双手递交。将礼品交与对方后，与对方热情握手。

注意赠礼时的态度、动作和言语表达。只有那种平和友善的态度和落落大方的动作并伴有礼节性的语言表达，才是令赠受礼双方所能共同接受的。

四、受赠礼仪

（一）心态开放

接受礼品时，受赠者应保持客观、积极、开放、乐观的心态，要充分认识到对方赠礼行为的郑重和友善，不能心怀偏颇，轻易比较礼品的价值高低或作出对方有求于己的判断。

（二）仪态大方

受礼时，受赠者应落落大方，起身相迎，面带微笑，目视对方，耐心倾听，双手接受。受礼后与对方热情握手，不可畏畏索索、故作推辞或表情冷漠、不屑一顾。

（三）受礼有方

按照国际惯例，受礼后一定要当面拆启包装，仔细欣赏，面带微笑，适当赞赏。切不可草率打开，丢置一旁，不理不睬。中国人比较含蓄，不习惯当面打开，所以我们与他人交往时也可遵守这一传统习惯。另外，不是有礼必受，对于有违规越矩送礼之嫌的，应果断或委婉拒绝。

（四）表示谢意接受礼品时，应充分表达谢意

表达时应让对方觉得真诚、友好，若是贵重礼品，往往还需要用打电话、电子邮件等方式再次表达谢意，必要时还应选择适当的时机加以还礼。

五、拒收礼品的礼仪

应拒绝收纳的礼品：你并不熟悉的人送给你极其昂贵的礼品，隐含着需要你发生违法乱纪行为的礼品，你觉得似乎自己接受后会受到对方控制的礼品。

在拒收礼品时，应保持礼貌、从容、自然、友好，先向对方表达感激之情，再向对方详细说明拒收的原因，切不可生硬地阻挡，以免对方难堪。

六、在涉外交往中有"涉外交往八不送"

（1）现金和有价证券，以免有受贿之嫌；

（2）贵重的珠宝首饰；

（3）药品与营养品；

（4）广告性的或宣传用品；

（5）容易引起异性误会的用品；

（6）为受礼人所忌讳的物品；

（7）涉及国家或商业机密的物品；

（8）不道德的物品。

此外，赠送礼品还应注重礼品的包装，尤其是在涉外交往中，礼品的包装也属于礼品的组成部分，同样也在仔细考虑范围之内；另外，送礼的时机也要适当，这样才能达到最佳效果。

七、送花礼仪

鲜花是一种高雅的礼品，赠花是一门浪漫的艺术。以花为礼，可以联系情感，增进友谊，极易表达微妙的感情和心愿，造成一种特殊的意境。

（一）了解花的用途

花卉的用途很多，既具有实用价值，又具有审美价值。送花，可以传递情感、增进友谊，花还可以代表地域，作为一个国家或城市的象征。

（二）了解花的寓意

各种花卉被赋予一定的寓意，用以传递感情，抒发胸臆。送花首先要了解花的寓意，即花语。花语具有吉祥性、象征性、传统性、诗意性等特性。如考试及第誉为"折桂"，送别或赠别则称为"折柳"，奉献桃子祝老人长寿等，皆依其个性而各有明确固定的含义。

我们来了解一下各种花色代表的意义。

想一想
一年中有几个给母亲送花的日子，送什么花合适？

1. 红色花代表的意义

（1）常用花材：玫瑰、山茶、扶桑、牡丹、火鹤、一串红、一品红、太阳花、美人蕉。

（2）寓意：红色是原始人类最崇拜、最爱好的色彩。给人以热情、大方、勇气、富贵、温暖、兴奋、光明、活力之感。

（3）适应场所：婚礼、喜庆、节庆、开业、剪彩及改变冷寂的环境和气氛。

2. 黄色花代表的意义

（1）常用花材：迎春花、丁香花、菊花、腊梅、玫瑰、大丽花。

（2）寓意：至高无上，给人以富丽堂皇、权威、高贵、豪华，及明朗、愉快之感。

（3）适应场所：浅黄柔和温馨，纯黄端庄，实际应用时，将深浅不同的黄色搭配，可以产生微妙的观感。

3. 橙色花代表的意义

（1）常用花材：常春菊、万寿菊、金莲、天人菊。

（2）寓意：兼备红、黄两色混合的情感反应，给人以明亮、华美、庄严、温暖、明快、成熟之感。

（3）适应场所：在丰收、喜庆、收获场景做主色调。

4. 蓝色花代表的意义

（1）常用花材：飞燕草、藿香菊、江西腊、牵牛花、风铃草。

（2）寓意：冷色调中最寒冷寂静的一种。和蓝天、大海联系在一起，使人心胸开阔，给人以安宁、清新、秀丽、悠远之感。从消极意义上看，又给人以悲伤、压抑、冷漠、冷清之感。

（3）适应场所：医院、夏季咖啡屋、茶室等安静场所。

5. 绿色花代表的意义

（1）常用花材：绿萼梅、绿牡丹、松柏、棕竹、蒲葵、苏铁等多肉类植物。

（2）寓意：在佛教中绿色表示喜悦、新生和恩爱；在基督教中，绿色则表示希望、喜悦和平安。绿色是大自然的主宰色，代表生命、健康、活力、青春、美好、抒情和开朗。

（3）适应场所：庄严肃穆的会场，常以松柏等绿色植物做盆景，并可作冷饮店、居室、客厅主要花材。

6. 紫色花代表的意义

（1）常用花材：绣球花、紫茉莉、千日红、木槿、紫藤、紫薇、翠菊、牵牛花。

（2）寓意：紫色兼有红色的热情、蓝色的悠远。给人以雍容、华丽、典雅、冷艳、优雅、忧郁之感。

探究与实践

109

（3）适应场所：作阴影陪衬，增加花簇层次，布置居室、舞厅、藤萝棚架。

7.白色花代表的意义

（1）常用花材：山茶花、郁金香、百合花、菊花、白兰、大丽花、栀子花、玫瑰、铃兰、满天星。

（2）寓意：有光亮而无热力。给人以纯洁、神圣、朴素、高尚、单纯、清爽、肃穆、哀伤、寒冷之感。

（3）适应场所：作间色用，增加其他颜色花卉的鲜明度和轻松感。

（三）送花的时机与场合

鲜花因品种、类型、颜色和数量的不同，被人们赋予了不同的寓意，表达不同的情感。在送花时，应注意把握最佳时机，选择合适的场合。

一年之中有许多节庆和令人难忘的纪念日，如春节、中秋节、情人节、母亲节、父亲节、生日、结婚、结婚纪念日、生产、探病等，都是赠花的好时机。

1.恭贺结婚

送颜色鲜艳而富花语者，可增进浪漫气氛，表示甜蜜。一般选送红色或朱红色、粉红色的玫瑰花、郁金香、火鹤花、热带兰配以文竹、天门冬、满天星等，或选用月季、牡丹、紫罗兰、香石竹、小苍兰、马蹄莲、扶郎花等配以满天星、南天竹、花叶常春藤等组成的花束或花篮，既寓意火热吉庆，又显高雅传情，象征新夫妇情意绵绵，白头偕老，幸福美好。

2.祝贺生产

送色泽淡雅而富清香者（不可浓香）为宜，表示温暖、清新、伟大。

3.乔迁庆典

适合送稳重高贵的花木，如剑兰、玫瑰、盆栽、盆景，表示隆重之意。应选择瑰艳夺目、花期较长的花篮、花束或盆花，如大丽花、月季、唐菖蒲、红掌、君子兰、山茶花、四季橘等，以象征事业飞黄腾达，万事如意。

4.庆祝生辰

送诞生花最贴切，玫瑰、雏菊、兰花亦可，表示永远祝福。可依老人的爱好选送不同类型的祝寿花，一般人可送长寿花、百合、万年青、龟背竹、报春花、吉祥草等等；若举办寿辰庆典，可选送生机勃勃、寓意深情、瑰丽色艳的花，如玫瑰花篮，以示隆重、喜庆。

5. 慰问探视

适合送剑兰、玫瑰、兰花，避免送白、蓝、黄色或香味过浓的花。要依病人脾气禀性而异。性格欢快的，可选用唐菖蒲、玫瑰；性格恬静的，可选用具有幽香的兰花、茉莉、米兰等盆花。

6. 丧事祭奠

适合用白玫瑰、白莲花或素花，象征惋惜怀念之情。

7. 节日问候

情人节（2月14日），通常以赠送一支红玫瑰来表达情人之间的感情。将一支半开的红玫瑰衬上一片形色漂亮的绿叶，然后装在一个透明的单支花的胶袋中，在花柄的下半部用彩带系上一个漂亮的蝴蝶结，形成一个精美秀丽的小型花束，以此作为情人节的最佳礼物。

母亲节（5月的第二个星期日）源自西方，中国目前也较通行。母亲节通常是以大朵粉色的香石竹（康乃馨）作为礼仪用花。它象征慈祥、真挚的母爱，因此有"母亲之花""神圣之花"的美誉。不同颜色康乃馨的寓意：红色康乃馨，用来祝愿母亲健康长寿。黄色康乃馨，代表对

图 4-5 康乃馨

母亲的感激之情。粉色康乃馨，祈祝母亲永远美丽年轻。白色康乃馨，除具有以上各色花的意思外，还可寄托对已故母亲的哀悼思念之情。此外，萱草（金针花）作为母亲节的赠花，也很相宜。送花时既可送单支，也可送数支组成的花束，或插做成造型优美别致的插花。

图 4-6 秋石斛

父亲节（6月的第三个星期日），通常以送秋石斛为主。秋石斛具有刚毅之美，花语是"父爱、能力、喜悦、欢迎"，代表"父亲之花"。其他如菊花、向日葵、百合、君子兰、文心兰等，其花语均有象征"尊敬父亲""平凡也伟大"的意义，也是不错的选择。如果他是一位年纪很大的老人家，最好送以代表健康、长寿的观叶植物或小品盆栽，如松、竹、梅、枫、柏、人参榕、万年青等。

圣诞节（12月25日），通常以一品红作为圣诞花，花色有红、粉、白色，状似星星，好像下凡的天使，含有祝福之意。在这个节

日里，可用一品红鲜花或人造花插做成各种形式的插花作品，伴以蜡烛，用来装点环境，增加节日的喜庆气氛。

春节（阴历正月初一至十五），春节期间，走亲访友，送花已成为一种时尚。给亲友送花要选带有喜庆与欢乐气氛的剑兰、玫瑰、香石竹、兰花、热带兰、小苍兰、仙客来、水仙、蟹爪兰、红掌、金橘、鹤望兰等，具体送哪种还要根据对方爱好和正在开放的应时花而定。

（四）送花的形式

日常社交生活中赠送鲜花，可根据对象、场合等不同情况，分别送花束、花篮、盆花、插花、头花、胸花、花环、花圈等等。送花的形式一般以本人亲送最能表达送花者的热情和真诚。也可选择他人转送，网络、邮政、物流快递鲜花配送也很不错，送花以鲜艳欲滴的鲜花为最佳，干花、纸花则不宜，更不可送将要枯萎的花。

（五）送花的禁忌

1. 忌不解花语

在选择鲜花作为礼物时，至少要在其品种、色彩和数目等三个方面加以注意。

（1）鲜花品种禁忌。

如菊、莲和杜鹃，在国内口碑甚佳，在涉外交往中却不宜用作礼品。菊花在西方系"葬礼之花"，用于送人便有诅咒之意。莲花在佛教中有特殊的地位，杜鹃则被视为"贫贱之花"，用于送人也难免发生误会。

（2）鲜花色彩禁忌。

在我国，红色的鲜花是最受欢迎的喜庆之花，白色的鲜花则常用于丧礼。中国人颇为欣赏的黄色鲜花，是不宜送给西方人的，因为他们认为黄色暗含断交之意。

（3）鲜花数目禁忌。

中国人讲究送花时数目越多越好，双数吉利。对西方人却不宜如此，他们认为只要意思到了，一支鲜花亦可胜过一束。只不过男士送鲜花给关系普通的女士时，数目宜单，否则便是指望与人家"成双成对"了。

2. 忌不顾场合

主要应考虑到赠花的形式应与场合相适应。比如祝贺庆典活动，不宜送花束、花环等；探望病人，不能送气味浓郁、色彩鲜艳的花，这些花给人强烈的嗅觉、视觉刺激，以免影响病人的病情和医院的环境，应送较为淡雅的花；看望亲朋好友，则不宜送蓝花、盆花等。

3. 忌不懂习俗

在社交活动中,馈赠鲜花还要注意对方的民俗习惯和宗教禁忌,尤其是在涉外交往中,更应如此。如在西方国家,除非表示绝交之意,否则不宜选用同色的鲜花送人。

(六) 受花礼仪

1. 仪态大方

受花时,应起身站立,上身微倾,注视对方,面带微笑,双手接花。忌侧身面对,面无表情,动作鲁莽,单手接花。

2. 欣赏感谢

接过鲜花后,应仔细品味观赏,口中称道赞美,并表达真诚的谢意。

3. 妥善养护

致谢后,应将鲜花小心放置,科学养护。忌随手丢在桌上或放在地上,置之不理。

任务实施

馈赠礼仪中的礼品是你人品的延伸,对方从中能衡量出你的品味,甚至包括你的智慧和才干。送什么、如何送都会给人留下重要的、持久的印象。不管我们承认与否,礼品对双方都有意义,它在我们的生活中扮演着重要角色。我们对礼品的渴求也就是对赞同、友谊、理解和爱情等的渴求。我们赠送与接受礼品的行为牵涉生活的许多方面。通过礼品我们可以激励他人、教育他人,可以显示情趣和修养、表达友善和爱心,也可以扩大个人的影响。总之,送礼已成为我们每一个人为人处世、深入社会所不可缺少的社交形式。在人际交往中,以物质的方式表达感情是难免的也是必要的。当然,送的礼物也可以是无形之物,比如教人一种技术、赠良言警语,因此才有"赠人鱼,不如赠人以渔""赠人千金不如赠人美言"之说。

小孙尽管也花费了心思为小张爷爷选择礼品,但是没有考虑到我们国家的风俗人情,"送钟"和"送终"是谐音,很容易让人产生一种误会。给老人送礼一般情况选择保健品比较好,有祝福老人身体健康之意。或者事先问问小张,他爷爷有什么爱好,这样就会达到送礼的效果了。

拓展训练与测评

1. 1997 年,某阿拉伯国家的一个访问团来中国南方某城市进行参观访问。访问结束后,该市的市政府为这一代表团举办了欢送晚宴。在晚宴上,市长代表中方向客人赠送了一对特制的瓷瓶,上

探究与实践

分组讨论
出现这样的情形是怎么回事?根据他们的风俗习惯,送什么礼物比较合适呢?

面印有一对可爱的熊猫图样，并用中文和阿拉伯语书写了"友谊长存"的字样。中方本以为这件礼物会博得对方的喜爱，没想到对方代表团的团长却一脸的不高兴，晚宴中甚至一言不发。

2. 小王去杭州出差，想到和上司私交甚好，要带点礼物送给上司，来加深两人的感情，小王知道上司对茶道有所研究。

自测得分：_____。

3. 某公司业务员老张奉命去机场接待一位重要客户，听说是一位漂亮的年轻女士，老张为了表达对这位客户的热烈欢迎，同时给客户留个好印象，特意买了一大束红色的玫瑰去了机场，当老张带着鲜花站在那位女士面前时，那位女士吓得惊慌失色，赶忙说，我是来洽谈业务的，并且我已经结婚了。

欢乐课堂

≫情景模拟

刚过完年，老赵小舅子要结婚，请他去帮忙，他心血来潮，从市场购得一箱新鲜的红枣、一箱大鸭梨，包了一个大红包送去。心想这回体面，应当会得到小舅子的一番夸奖。谁知还没进门，就被小舅子堵在门外：你存心啊？我还没结婚呢，你就盼我们早离（枣梨）？

探究与实践

问 题

小王该带什么礼物回去送给上司呢？该在什么时机送给上司合适呢？在日常生活中你是怎样把握馈赠礼仪的？

问 题

根据所学知识，说说那位女士为什么会有那样的表现？

想一想

枣和梨都是很好的水果，老赵却冒犯了谐音禁忌，你帮老赵策划一下：小舅子结婚送什么礼物最合适？

探究与实践

项目概述

"礼尚往来"是一种古老的传统美德。既有拜访，就有接待。拜访要讲究礼仪，接待当然也要讲究礼仪。接待和拜访是指个人或单位互相走访，以达到某种目的的社会交往方式。

接待和拜访一样，可以起到增进联系、提高工作效率、交流感情、沟通信息的作用，是个人和单位经常运用的社会交往方式。

任务一　做个受欢迎的拜访者
——拜访礼仪

学习目标

● **能力目标：**
能够做到拜访有礼。

● **知识目标：**
了解并掌握拜访礼仪的相关知识。

● **素质目标：**
让个人在交际中更有魅力。

任务情境

小杨在工作上一直很主动，看起来老板对他很器重，他自己也认为是老板的大红人而沾沾自喜。一次，他再次在公司大会上受到老板的嘉奖，觉得老板真是自己的人生知己，油然而生一个念头：他要和哥们"叙叙旧"。当天晚上，这位哥们精神抖擞地敲开老板的别墅铁门时，老板不在，他解释半天，警惕的保姆像看恐怖分子一样看他，说没有预约不能进去，后来老板的夫人过来，客气地问他有什么事情，他支支吾吾地说就是看望看望老板。在老板的客厅里小坐时，他明显地感到客套背后的拘谨。

未见到老板的他还不死心，几天后，他又一次敲开老板的家门，老板娘的第一句话居然是"又来了？"当他忐忑不安地进入老板的客厅时，老板刚刚从浴室里出来，穿着随意的浴衣，头发上还滴着水珠，和他平时衣冠楚楚、仪表堂堂的形象大相径庭，看见他这位不速之客时，分明是一丝不尴不尬的微笑，和在公司大会上的热情完全不一样了。在有一搭没一搭的交谈中，他如坐针毡。

探究与实践

想一想
　小杨在拜访中有哪些失礼行为？

任务分析

在现代社会里，人从本质上说乃是各种关系的集合。与其他人交往时讲究待人接物，既是人的天性，也是人正常发展的前提。由此可见，拜访已经成为我们日常生活中的一部分，掌握好这些方面的礼仪，可以使我们在社会交际中更具魅力。反之，如果不注意这些礼仪，在人际交往中会不占优势，也会成为事业的阻碍。

相关知识

拜访是指亲自或派人到朋友家或有业务关系的单位拜见访问某人的活动。人际、社会组织之间、个人与企业之间都少不了拜访。拜访有事务性拜访、礼节性拜访和私人拜访三种，而事务性拜访又有商务洽谈性拜访和专题交涉性拜访之分。不管哪种拜访，都应遵循一定的礼仪规范。拜会中，来访的一方为客，或称宾；被访接待的一方称主，又叫主人。

一、拜访前的准备

商务拜访前，需要做好充分准备。

（一）预约不能少

1. 预约

拜访之前必须提前预约，这是最基本的礼仪。一般情况下，应提前三天给拜访者打电话，简单说明拜访的原因和目的，确定拜访时间，经过对方同意以后才能前往。"突然袭击"式的造访，会让主人感到不便而心生反感。

预约的主要内容包括拜会时间、地点、人数及身份、目的。约定时间、地点应随对方之便，自己可以用友好、请求的口气提出，请对方敲定或同意。时间选择上，要避开对方不方便的时间、工作忙碌的时间、凌晨和深夜、午休时间、用餐时间。节假日期间造访，应选择节假日前夕。

2. 应约

拜访也可以由主人发出邀请。当接到别人的邀请信件或电话后，要认真考虑是否同意前往，无论答应或拒绝都要及时告诉对方，以免让主人焦急等待，一旦应邀要守约，没有特殊原因不能失约。遇到特殊情况改约，必须提前通知对方并表示歉意。

如果因为事情紧急无法预约而做了"不速之客"，则应及时说明原委，并表达歉意，请求谅解。

（二）明确目的

拜访必须明确目的，出发前对此次拜访要解决的问题应做到心中有数。例如，你需要对方为你解决什么，你对对方提出什么要求，最终你要得到什么样的结果等，这些问题的相关资料都要准备好。

（三）礼物不可少

无论是初次拜访还是再次拜访，礼物都不能少。礼物可以起到联络双方感情、缓和紧张气氛的作用。所以，在礼物的选择上还要下一番苦工夫。既然要送礼就要送到对方的心坎里，了解对方的兴趣、爱好及品位，有针对性地选择礼物。如果主人家有老人和小孩，所带的礼品要尽量适应他们的需求。熟人可以不必带礼品。

（四）自身仪表不可忽视

整洁得体的穿戴反映你对被拜访者的尊重。因此，在出门拜会之前，应根据拜会的对象、目的，适当修饰自己的衣饰、容颜，即使再好的朋友、再近的邻居，也不要蓬头垢面、衣衫不整地去敲人家的门。

肮脏、邋遢、不得体的仪表，是对被拜访者的轻视。被拜访者会认为你不把他放在眼里，对拜访效果有直接影响。但也不要过于华丽，否则有炫耀嫌疑。一般情况下，登门拜访时，女士应着深色套裙、中跟浅口深色皮鞋配肉色丝袜；男士最好选择深色西装配素雅的领带，外加黑色皮鞋、深色袜子。

二、拜访过程

拜访过程中的礼仪很多，主要有以下几点：

（一）具备较强的时间观念

拜访他人可以早到却不能迟到，这是一般的常识，也是拜访活动中最基本的礼仪之一。早些到可以借富裕的时间整理拜访时需要用到的资料，并正点出现在约定好的地点。而迟到则是失礼的表现，不但是对被拜访者的不敬，也是对工作不负责任的表现，被拜访者会对你产生看法。

探究与实践

小贴士

如果是初次登门拜访，可以为主人带一些小礼物。在中国，大部分人习惯携带水果送给受访者。除此之外，我们还可以送鲜花，带一盒精致的水果糖、一瓶好喝的葡萄酒、一本畅销书、一张好听的音乐碟等，都是不错的选择。如果受访人家里有小朋友，我们可以带一些儿童玩具作为礼物。

值得注意的是，如果因故不能如期赴约，必须提前通知对方，以便被拜访者重新安排工作。通知时一定要说明失约的原因，态度诚恳地请对方原谅，必要时还需约定下次拜访的时间。

（二）先通报后进入

要预先告知。比如快到对方家的时候可以打电话给对方确认一下，防止对方忘记了。

私人拜访，到家门时要敲门或按门铃。敲门要把握好力度和节奏，敲门的声音不应太大，轻敲两三下即可。按门铃的时间不宜太长，响两三声即可。

前往大型企业拜访，如果没有直接见到被拜访对象，拜访者不得擅自闯入，必须经过通报后再进入。一般情况下，首先要向负责接待人员交代自己的基本情况，待对方安排好以后，再与被拜访者见面。

若被拜访者住在某一宾馆，拜访者切勿鲁莽直奔被拜访者所在房间，而应该由宾馆前台接待打电话通知被拜访者，经同意以后再进入。

（三）举止大方，温文尔雅

双方见面后，打招呼是必不可少的。如果双方是初次见面，拜访者必须主动向对方致意，简单地做自我介绍，然后热情大方地与被拜访者行握手之礼。如果双方已经不是初次见面了，主动问好致意也是必需的，这样可显示出你的诚意。

对当时在场的拜访对象的家人，均应一一问候。一般来说，问候顺序应该是先老后幼、先女后男，也可以按照对方向你介绍的顺序问候示意。

如果有其他客人在场，对方会主动向你介绍。如果对方没有介绍，你要主动向其他客人打招呼，否则，别人会在对你产生排斥心理。

进屋之后，拜访者所带的物品、礼品或者所穿的外套等等，都要按照主人指定的地方放置。特别要注意自己所穿的鞋和袜子，防止鞋里有异味或者袜子有破洞。

在主人的引导之下，进入指定房间，待主人落座以后，客人再坐在指定的座位上。这时候要注意两点：请长辈先坐；同辈之间可同时入座，不可抢先坐下，因为一般先坐的是身份地位比较高的人。

主人递茶，要从座位上欠身，双手接过，表示谢意；主人送上水果或点心时，应让其他客人或年长者先取用，果皮核不应乱扔；主人递烟时，应克制或征得在场女士同意，烟灰弹在烟灰缸里。

到别人家做客，一般活动范围限制在客厅之内，如需去厕所，可向客人示意，因为有些比较讲究的家庭会有两个卫生间，一个私

探究与实践

演一演
　几个同学去老师家做客。

图 5-1

用，一个供客人用，这种情况下就不宜擅入别人的私用卫生间。不经主人允许，也不宜到对方的书房东摸西碰，更不宜私自到对方卧室休息。否则，都是缺乏基本素养的表现。

（四）开门见山，切忌啰唆

谈话切忌啰唆，简单的寒暄是必要的，但时间不宜过长。被拜访者可能有很多重要的工作等待处理，没有很多时间接见来访者，这就要求谈话要开门见山，简单的寒暄后直接进入正题。

当对方发表意见时，打断对方讲话是不礼貌的行为。应该仔细倾听，将不清楚的问题记录下来，待对方讲完以后再请求给予解释。如果双方意见产生分歧，一定不能急躁，要时刻保持沉着冷静，避免破坏拜访气氛而影响拜访效果。

（五）把握拜访时间

可根据双方约定好了的交谈时间，适可而止。如果没有约定时间，一般性会面以半个小时至一个小时为宜，也可根据情况适当延长或适时提前离开。

也可根据现场的情况随机辞行。比如如果发现主人心不在焉、蹙眉皱额或不时看表，自己就应该及时停止谈话告辞；如果主人有新客人来访，可向新客人打过招呼后告辞，以免妨碍他人。

在商务拜访过程中，时间为第一要素，拜访时间不宜拖得太长，否则会影响对方其他工作的安排。

三、拜访结束

拜访结束时，如果谈话时间已过长，起身告辞时，要向主人表示"打扰"歉意。

要向在场的所有人告别。拜访要善始善终，离开时要向对方的家人或在场的其他客人告别，还应该向主人寒暄或致意，握手告别。

如果不宜打扰其他人，可轻声私下向主人道别。

说走就走。告别时不宜拖泥带水，似走非走。有时主人的挽留只是客气话，不宜欲走还留。再者，也不适合在门口和主人长时间话别，所谓"客走主安"。出门后，回身主动与主人握别，说"请留步"。待主人留步后，走几步再回首挥手致意"再见"。

要回报平安。远道而来的客人或晚上回家的客人应该在回家之后主动向主人报平安。在国际交往中，到外国朋友家去做客，受到对方款待，返家后要打电话向对方表示感谢。

商务拜访是当今最流行的一种办公形式，也是对礼仪要求最多的活动之一。掌握好上述礼仪要领，将有助于你的商务工作顺利进行。

四、商务拜访的细节

（一）打招呼

在客户未开口之前，以亲切的音调向客户打招呼问候，如"王经理，早上好！"

（二）自我介绍

禀明公司名称及自己姓名，并将名片双手递上，在与客户交换名片后，对客户抽空见自己表达谢意，如"这是我的名片，谢谢您能抽出时间让我见到您！"

（三）破冰

营造一个好的气氛，以拉近彼此之间的距离，缓和客户对陌生人来访的紧张情绪，如"王经理，我是您部门的张工介绍来的，听他说，你是一个很随和的领导"。

（四）开场白的结构

提出议程，陈述议程对客户的价值，时间约定，询问是否接受。

如"王经理，今天我专门来向您了解你们公司对××产品的一些需求情况，我了解了你们明确的计划和需求后，可以为你们提供更方便的服务。我们谈的时间只需要五分钟，您看可以吗？"

（五）巧妙运用询问术，让客户说

1. 设计好问题漏斗

通过询问客户达到探寻客户需求的真正目的，这是营销人员最基本的销售技巧。在询问客户时，要采用问题面由宽到窄的方式逐渐进行深度探寻。

如："王经理，您能不能介绍一下贵公司今年总体的商品销售趋势和情况？""贵公司在哪些方面有重点需求？""贵公司对××产品的需求情况，您能介绍一下吗？"

2. 结合运用扩大询问法和限定询问法

采用扩大询问法，可以让客户自由地发挥，让他多说，以知道更多的东西；采用限定询问法，则让客户始终不远离会谈的主题，限定客户回答问题的方向。在询问客户时，营销人员经常会犯的毛病就是"封闭话题"。

如"王经理，贵公司的产品需求计划是如何报审的呢？"这就是一个扩大式的询问法；如"王经理，像我们提交的一些供货计划，是需要通过您的审批后才能在下面的部门去落实吗？"这是一个典型的限定询问法。营销人员千万不要采用封闭话题式的询问法来代替客户作答，以免造成对话的中止，如"王经理，你们每个月销售××产品大概是六万元，对吧？"

3. 对客户谈到的要点进行总结并确认

根据会谈过程中你所记下的重点，对客户所谈到的内容进行简单总结，确保清楚、完整，并得到客户一致同意。

如："王经理，今天我跟您约定的时间已经到了，今天很高兴从您这里听到了这么多宝贵的信息，真的很感谢您！您今天所谈到的内容，一是关于……二是关于……三是关于……是这些，对吗？"

（六）约定下次拜访内容和时间

在结束初次拜访时，营销人员应该再次确认一下本次来访的主要目的是否达到，然后向客户叙述下次拜访的目的、约定下次拜访的时间。如："王经理，今天很感谢您用这么长的时间给我提供了这么多宝贵的信息。根据您今天所谈到的内容，我将回去好好做一个供货计划方案，再来向您汇报。我下周二上午将方案带过来让您审阅，您看可以吗？"

对于二次拜访：满足客户需求。

营销人自己的角色：一名专家型方案的提供者或问题解决者。

让客户出任的角色：一位不断挑剔、不断认同的业界权威。

前期的准备工作：整理上次客户提供的相关信息做一套完整的解决方案或应对方案，熟练掌握本公司的产品知识，以及本公司的相关产品资料、名片、电话号码簿。

（七）拜访结束后，向新认识的重要客户或合作伙伴发送短信进行自我介绍

如"×总：您好，我是××银行基金业务部的×××，很高兴认识您。我可以为您/企业提供××××等方面的专业金融服务，希望我们今后合作愉快。敬祝您工作顺利、幸福美满！"

任务实施

在日常交往过程中，相互拜访是经常的事，懂得拜访礼仪无疑会为拜访活动增添色彩。

不打无准备之仗，访前需要做好充分准备。预约不能少，拜访必须明确目的，礼物不可少，自身仪表也不可忽视。掌握好上述礼仪要领，将有助于你的工作顺利进行。

前文所述的小杨在拜访老板之前应提前预约，明确为什么要去拜访老板，拜访时该谈哪些话题，还要避开老板不方便的时间，最好还要带上礼物。只有这样，才能取得预想的效果。

拓展训练与测评

1. 张勇是一位刚大学毕业分配到石化公司的新业务员，今天准备去拜访某公司的李经理。由于事前没有李经理的电话，张勇没有预约就直接去了李经理的公司。到李经理办公室时，李经理正在接电话，并示意他在沙发上坐下等。张勇便往沙发上一靠，一边吸烟一边悠闲地环视着李经理的办公室。在等待的时间里不时地看表，不时地从沙发上站起来在办公室里走来走去。李经理打完电话后，很客气地给张勇说："对不起，我今天很忙，没时间给你谈业务，明天让你公司再派其他的业务员来谈吧。"

互评成绩：一等奖_____，二等奖_____，三等奖_____。

2. 约翰逊访泰

20 世纪 60 年代，美国总统约翰逊访问泰国。在受到泰国国王接见时，约翰逊竟毫无顾忌地跷起了二郎腿，脚尖正对着国王，而这种姿势在泰国是视为侮辱人的，因此引起泰国国王的不满。更为糟糕的是，约翰逊在告别时竟然用得克萨斯州的礼节紧紧拥抱了王后。在泰国，除了泰国国王外，任何人都不得触及王后，这使泰国举国哗然。约翰逊的举动产生了不小的遗憾，也成了涉外交往中的典型笑话。

自测得分：_____。

3. 小王：赵总，你好，我是大华公司的销售人员小王。这是我们产品的资料，你看是否感兴趣？

赵总：放我这吧！我感兴趣的话给你打电话。

小王：你看看，我们的设备质量好，价格也便宜……

赵总：对不起，我还有个会，我会和你联系的，好吗？

小王：……

（小王刚走，赵总顺手将小王的资料扔进了垃圾桶。）

分组讨论
（1）张勇在这次拜访中有哪些失礼的地方？
（2）从张勇的拜访失败中，谈谈拜访要注意哪些问题？
（3）根据张勇的拜访内容，你设计一个合适的拜访场景。

问 题
谈谈你对这个外交失礼的案例的认识。在日常的拜访中你有没有做到拜访有礼？

问 题
（1）赵总为什么会把小王送的资料扔进了垃圾桶？
（2）根据小王的拜访内容，你设计一个合适的拜访场景。

欢乐课堂

≫ 情景模拟

女主人听到铃声，出去开门。看见站在门口的是一个女孩，还有她刚刚学会走路的小弟弟。

小女孩穿着妈妈的旧礼服，还戴了一顶大帽子；弟弟戴着爸爸的礼帽，穿着哥哥的上衣，衣服一直拖到地上。

"我是约翰太太，"小女孩一本正经地说，"这是我的丈夫，约翰先生。我们专程来拜访您。"

开门的太太就和他们假戏真做，当下就请这对夫妇进来用茶。孩子们坐了下来，女主人立即到厨房去弄些甜饼、汽水之类的东西，回到客厅，看见来客已向大门走去。

"这么快就要走了？"女主人说，"我还以为你们能够在舍下用茶呢！"

小女孩勉强笑了一下："谢谢您，我们还有事呢。"她客客气气地说："约翰先生刚刚撒了尿，裤子湿了。"

任务二　让客人宾至如归、满意而回的接待
——接待礼仪

学习目标

● **能力目标：**

能够掌握待客礼仪的基本规范，从内心尊重客人，做到待客有礼。

● **知识目标：**

了解待客礼仪的基本常识。

● **素质目标：**

学做具有良好交际能力的人。

任务情境

来访客人走进某药业集团有限公司经理办公室时，鲍秘书正在办公桌前打印一份文件，他向客人点点头，并伸手示意请客人先坐下。10分钟后，他起身端茶水给客人，电话联系好客人要找的部门，在办公桌前起身向客人道别，并目送其走出办公室。为此事，鲍秘

探究与实践

说一说

小女孩在拜访过程中体现了哪些礼仪规范？

想一想

鲍秘书的接待有何不妥？

书受到了办公室主任的批评。

任务分析

《论语》有云："有朋自远方来，不亦乐乎？"在客人到来的时候，我们一定要热情招待，礼貌待人。良好的待客之礼，体现出主人的热情和殷勤，既使客人感到亲切、自然、有面子，也会使自己显得有礼、有情、有光彩。对于现代企业来说，接待来宾是最常见的商务活动之一，了解并熟悉规范的接待礼仪，让来访客人感到被尊重，体会到主人的诚意，是至关重要的。

相关知识

待客是一种日常礼节，也是社会交往的一项内容，不仅是对客人、朋友的尊重，也体现自己的修养。人际交往中如何待客，让客人有种宾至如归的感觉，是中华民族的传统礼节。同样，做客也是联络感情、增进友谊的好方法，是日常生活最常见的交际方式。不管是招待来宾还是应邀做客，都有需要注意的礼仪。

一、接待前的准备

（一）接待前的心理准备

首先要待客诚恳。公关人员在对待客人时，要以自己最大的诚心、热情和耐心面对一切问题。无论是预约的客人还是没有预约的，无论是通情达理的客人还是脾气暴躁的，都要让对方感到自己是受欢迎的、得到重视的。接待客人要有一种"欢迎光临""感谢惠顾"的心理。

其次要善于合作。当看到私人接待中的家人或者公务接待中的同事招待客人比较忙碌时，要主动帮助做些力所能及的事情。

公务接待中，即使不是负责接待工作的员工，见到来客时也要态度诚恳，尽量帮忙，这样做能传递一种协作精神、一种真诚的友谊、一种企业的气氛，让客人感到这是一个团结协作、奋发向上、有集体荣誉感的团队，有助于提升企业形象。

（二）接待前的物资准备

不管是私人接待还是公务接待都要做好以下几点：

1. 环境准备

为了使接待活动给来宾留下美好印象，要充分布置好活动地点及周边环境。接待环境应该清洁、整齐、明亮、美观、无异味。可以在接待地点放置一些鲜花或者绿植，使客人产生好感。

赛一赛
　　分组列一下接待同学来访前准备的清单，看哪组做得最适合？

2. 接待用品的准备

让客人站着是不礼貌的，所以要准备足够的沙发或者座椅，样式要简洁流畅，摆放要整齐舒适。茶具、茶叶、饮料应该事先准备好，茶具要干净，不可有污渍，不可有缺口。接待场所可以挂一些雅致的壁画，让客人一进门就觉得清净、雅致，身心愉悦。

3. 了解来宾的基本信息

对客人的基本情况，如姓名、性别、年龄、单位、职务，以及文化程度、宗教信仰、生活习惯等，都应该一清二楚。对来宾的具体人数、性别概况、团队情况也要给予一定的关注。对于来宾抵达的时间，如具体日期、具体时间，及相关的航次、车次、地点等，接待人员必须充分掌握。

（三）制定接待流程

一般性的接待活动，特别是需要举行专门仪式的接待活动，都必须事先制定接待流程，以保证接待事务的循序而行、井井有条。

1. 确定接待规格

接待人员要在接待之前确定由哪位主管人员接待、陪同，以及接待用餐、用车、活动安排等一系列接待活动的规格。接待规格主要取决于接待方主陪人的身份。

（1）高规格接待，就是主要的陪同人员比主要来宾的职务高的接待方式。例如某一公司的副总经理接待一位重要的客户，而对方不过是一位部门经理。采取高规格接待固然能表现出重视、友好，但它会占用主陪人过多的时间，经常使用会影响主陪人正常的工作。

（2）对等规格接待，就是主要的陪同人员与主要来宾的职务相当的接待，这是最常见的接待规格。

（3）低规格接待，就是主要的陪同人员比主要来宾的职务低的接待。低规格接待有时是因单位的级别造成的，有时是另有原因，用得不好，会影响与对方的关系。

2. 拟定日程安排

为了让所有有关人员都准确地知道自己在此次接待活动中的任务，可制定两份表格，印发给各有关人员：一份是人员安排表，包括时间、地点、事项、主要人员、陪同人员；一份是日程安排表，包括日期、活动时间、地点、内容、陪同人员等。

3. 注意细节

在接待宾客的具体活动中，接待人员既要事事从大局着眼，又要处处从小事着手，关注具体的细节问题。

在准备中，要时时关注天气的变化情况，掌握当地的天气变化

探究与实践

规律，针对可能产生天气变化的情况制订应急方案。同时，还要注意交通情况，树立"安全第一"的观念。

二、接待礼仪

（一）迎候礼仪

迎接宾客，主要体现出主人应有的主动热情。对于远道而来的客人，要派专人提前到机场、码头、火车站迎接。在人生嘈杂的迎候地点迎接素不相识的客人时，为了方便客人识别，可试用以下方法：

1. 使用接站牌

接站牌上可以写"热烈欢迎某某同志"或"某单位接待处"。

2. 悬挂欢迎条幅

在迎接重要客人或众多客人时，这种方法最合适。

3. 佩戴身份胸卡

迎宾人员佩戴供客人确定身份的标志性胸卡。胸卡的内容主要为本人的姓名、工作单位、所在部门及现任职务等。

在负责接待工作时，对于迎接的具体规模必须严格加以控制。在一般情况下，接待国内工作检查、考察的领导时不宜举行正式的迎送礼仪。必须进行的迎送活动，也要力求少而精。能够不搞的坚决不搞，非搞不行时既要注重实效，又要简朴、务实。

（二）见面礼仪

在接待宾客时，要注意正确使用日常见面礼仪。接待人员要品貌端正、举止大方，服饰要整洁、得体、高雅。当宾客到达后，要主动迎上去，热情地与对方握手，并礼貌地询问和确认对方的身份，如"你好，请问你是某某公司来的吗？"对方认可后，接待人员应作自我介绍，如"你好，我是某某公司的秘书，我叫某某。"然后把迎客方的成员按一定顺序一一介绍给客人。当客人递送名片时，礼貌对待。

（三）乘车礼仪

对方如有行李，接待方应主动帮客人把行李提到车上。

上车时，最好让客人从右侧门上，主人从左侧门上。

安排座位应符合规范。轿车的座位尊卑一般右高左低、前高后低。在公务接待中，轿车前排副驾驶座通常为"随员座"。唯独在主人亲自驾驶时，主宾应坐在副驾驶座上，与主人"平起平坐"。

1. 双排五座轿车

由主人亲自驾驶时，座位顺序应当依次是副驾驶座、后排右座、后排左座、后排中座（见图5-2）。由专职司机驾驶时，座位顺序

小贴士

迎接普通来宾，一般不需要献花。迎接非常重要的来宾，可以献花。所献之花要用鲜花，并保持花束整洁、鲜艳。忌用菊花、杜鹃花、石竹花等。献花的时间，通常由儿童或女士在参加迎送的主要领导与主宾握手之后将花献上。可以只献给主宾，也可向所有来宾分别献花。

应当依次是后排右座、后排左座、后排中座、副驾驶座（见图5-3）。

2. 三排七座轿车

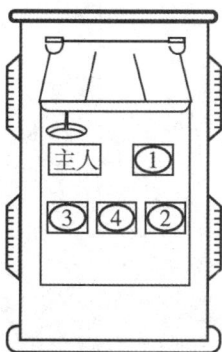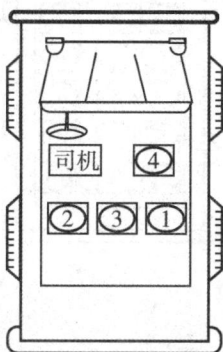

图5-2 　　　　　图5-3

由主人亲自驾驶时，座位顺序应当依次是副驾驶座、后排右座、后排左座、后排中座、中排右座、中排左座（见图5-4）。由专职司机驾驶时，座位顺序应当依次是后排左座、后排右座、后排中座、中排右座、中排左座、副驾驶座（见图5-5）。

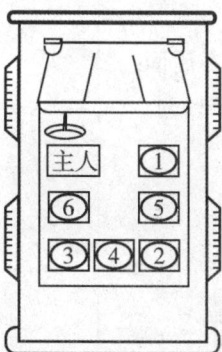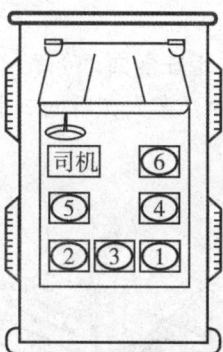

图5-4 　　　　　图5-5

3. 吉普车

吉普车是一种轻型越野车，大都为4座车。不管由谁驾驶，吉普车上座位顺序均依次是副驾驶座、后排右座、后排左座（见图5-6）。

4. 多排座轿车

这是指4排及4排以上座位的大中型轿车。不论由何人驾驶，均以前排为上、后排为下，以右为尊、左为"卑"，并以距离前门的远近来排定具体座位的顺序。6排17座轿车座次见图5-7。

探究与实践

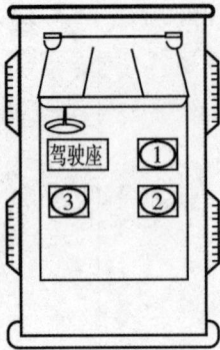

图 5-6   图 5-7

（四）引导礼仪

当客人到达公司时，引导客人进入会议室，应该有正确的引导方法和引导姿势。

1. 在走廊的引导方法

接待人员在客人二三步之前，配合步调，让客人走在内侧。偶尔向后看看，确认访客是否跟上，当转弯时要提醒客人："请往这边走。"

2. 在楼梯的引导方法

当引导客人上楼时，应该让客人走在前面，接待人员走在后面；若是下楼，应该由接待人员走在前面，客人在后面。上下楼梯时，接待人员应该注意客人的安全。

引导者（限女性）走在后面，客人走在楼梯里侧，引导者走在中央，配合客人的步伐速度引领

图 5-8 上楼的引导

引导者走在客人的前面，客人走在里侧，而引导者该走在中间，边注意客人动静边下楼

图 5-9 下楼的引导

3. 在电梯的引导方法

引导客人乘坐电梯时，接待人员先进入电梯，等客人进入后关闭电梯门，到达时按"开"钮，让客人先走出电梯。

4.客厅里的引导方法

当客人走入客厅，接待人员用手指示，请客人坐下，看到客人坐下后，才能行点头礼后离开。如客人错坐下座，应请客人改坐上座。

（五）座次礼仪

客人进入会客厅后，接待人员要请客人入座。招待客人入座时，要讲究座次礼仪。

1.面门为上

在室内活动的话，面对房间正门的位置是上座。类似的，酒店雅座包间一般面对房间正门的位置都是主位，即买单的位置，因为它视野开阔。标准的报告厅、会场主席台都是面对正门的。

2.居中为上

就是中央高于两侧。

3.以右为上

以左为上是我国的传统习俗，目前主要是在政务礼仪中比较通行，一般的社交场合和商务交往乃至国际交往都趋同，遵守国际惯例，而国际惯例都是以右为上。

4.前排为上

人大、政协、单位内部开会也好，台下坐的、台上坐的也好，都是第一排的人位置高，前排为上。

5.以远为上

就是距离房间正门越远位置越高，离房门越近位置越低。离门近者得开门得关门，刮风把门儿吹开了，有人敲门，不能让主人主宾去开吧，工作人员、秘书人员离门近就得去开。以远为上。

所有的位次实际上就是上述五种情况的组合。

（六）端茶倒水礼仪

当客人入座后，接待人员要主动及时地给客人斟茶。以茶待客是最具中国特色、最受中国人欢迎的待客方式。中国人奉茶也是有讲究的，先给谁后给谁，放左边还是放右边，怎样落落大方地奉茶等等，这些都是学问。读懂这些学问，行好这些礼仪，无论对我们个人修养的提高还是事业的进步都是大有裨益的。

1.茶具要清洁

冲茶之前，一定要把茶具洗干净，尤其是久置未用的茶具难免沾上灰尘、污垢，更要细心地用清水洗刷一遍。在冲茶、倒茶之前最好用开水烫一下茶壶、茶杯。这样，既讲究卫生，又显得彬彬有礼。

如果不管茶具干净不干净，胡乱给客人倒茶，是不礼貌的表现。人家一看到茶壶、茶杯上的斑斑污迹就反胃，怎么还愿意喝你的茶呢？

探究与实践

读一读

一次，苏轼在莫干山游玩，甚是疲乏，打算休息一会儿，便走进了一座庙宇。主事老道见苏轼衣着简朴，便冷淡地指了指椅子说："坐！"然后，对道童喊道："茶！"

苏轼坐下和老道闲聊起来。从谈话中，老道发觉来客颇有才华，非一般书生，即把他引至大殿，客气地说："请坐！"又对道童说："敬茶！"

129

现在很多公司都用一次性杯子，在倒茶前要注意给一次性杯子套上杯托，以免水热烫手，让客人一时无法端杯喝茶。

2. 茶水要适量

先说茶叶，茶叶不宜过多，也不宜太少。茶叶过多，茶味过浓；茶叶太少，冲出的茶没啥味道。假如客人主动介绍自己喜欢喝浓茶或淡茶的习惯，那就按照客人的口味把茶冲好。

图 5-10

再说倒茶，有"茶七酒八""茶要浅，酒要满"之说。无论是大杯小杯，都不宜倒得太满，太满了容易溢出，把桌子、凳子、地板弄湿，若不小心还会烫伤自己或客人的手脚，使宾主都很难为情。当然，也不宜倒得太少。倘若茶水只遮过杯底就端给客人，会使人觉得是在装模作样，不是诚心实意。

3. 端茶要得法

按照我国人民的传统习惯，一两个客人可以用手直接端茶给客人，并用双手给客人端茶。现在有的年轻人不懂这个规矩，用一只手把茶递给客人了事。双手端茶也要很注意，对有杯耳的茶杯，通常是用一只手抓住杯耳，另一只手托住杯底，把茶端给客人。没有杯耳的茶杯倒满茶周身滚烫，双手不好送接，若用五指捏住杯口边缘就往客人面前送，虽然可以防止烫伤事故发生，但很不雅观，也不够卫生。试想，让客人的嘴舐主人的手指痕，好受吗？如果两杯茶以上就必须用托盘了，左手托盘，右手摆放，这样比较规范。摆放前，一定要轻声提示，避免对方无意碰撞。应顺时针斟倒或摆放（添水也同样），摆放位置为饮水者右手上方 5 ~ 10 厘米处，有柄的则将其转至右侧，便于取放。

4. 添茶要得当

如果上司和客户的杯子里需要添茶了，接待人员要义不容辞地去添。如果有服务生，可以示意服务生来添茶，或让服务生把

图 5-11

图 5-12

两人又谈了起来。老道愈发感到来客知识渊博，聪慧过人，不禁问起他的姓名来。这才知道此人竟是名扬四海的苏东坡。于是，连忙站起作揖，把他又让进客厅，恭恭敬敬地说："请上坐！"又对道童说："敬香茶！"

苏轼告别时，老道恳求他写字留念。苏轼一笑，挥笔题了一副对联："坐，请坐，请上坐；茶，敬茶，敬香茶。"老道看罢，不觉脸上火辣辣的。

130

茶壶留下，由接待人员亲自来添则更好，这是不知道该说什么好的时候最好的掩饰办法。当然，添茶的时候要先给上司和客户添茶，再给自己添。

添水时，如果是有盖的杯子，则用右手中指和无名指将杯盖夹住，轻轻抬起，大拇指、食指和小拇指将杯子取起，侧对客人，在客人右后侧，用左手容器填满，再按原位摆放即可。

（七）送客礼仪

当接待人员与来访者交谈完毕或领导与来访客人会见结束时，接待人员一般都应礼貌地送别客人。"出迎三步，身送七步"是接待宾客最基本的礼仪。接待宾客要善始善终，所以送别客人是必不可少的环节之一。接待工作是否圆满，在很大程度上体现在送别来宾这一环节上。

送别来宾有很多方面要注意。首先，不要在客人面前看表，否则会给客人带来要下"逐客令"的感觉。其次，当客人提出告辞时，要等客人起身后再站起来相送，切忌没等客人起身，自己先于客人起立相送，更不能嘴里说再见，而手中却还忙着自己的事，甚至连眼神也没有转到客人身上。最后，当客人起身告辞时，应马上站起来，主动为客人取下衣帽，与客人握手告别，选择最适合的言辞送别，如"希望下次再来"等礼貌用语。对初次来访的客人更应该热情、周到、细致。

1.送别本地客人

对本地客人，一般陪同送至楼下或大门口。客人带有较多或较重东西时，要主动帮客人提重物。出办公室时，要轻轻关门，不可将门"砰"地关上，否则极不礼貌。在门口告别时，要帮客人拉开车门，待其上车后轻轻关上车门，挥手道别，目送客人离开。要以恭敬真诚的态度，笑容可掬地送客，不要急于返回，待客人移出视线后，才可结束告别仪式。

2.送别外地客人

首先要确定时间。对于远道而来的客人，负责送别来宾的接待人员必须重视，对于送别的时间，双方不仅要事先商定，而且通常要讲究主随客便。送别时应当提前到场，最后离场。

其次要充分准备。在送别时，接待人员要注意，一是限制送别的规模。目前要求简化接待礼仪，在组织活动时应突出实效、体现热情，参加人数、主人身份、车辆档次与数量上严格限制，不搞前呼后拥、人海战术。二是在力所能及的情况下，送别来宾所使用的交通工具应由主办方负责提供。对于主办方来说，一定要保证交通工具的数量能满足要求，以备不时之需。

最后要热情话别。可在贵宾室与来宾稍叙友谊，或举行专门的欢送仪式。在宾客乘上交通工具之前按一定顺序——握手话别，祝愿客人旅途平安并欢迎再次光临。

总之，为客人送行，应使对方感受到自己的热情、诚恳、礼貌和修养。

任务实施

前文所述的办公室主任之所以批评鲍秘书，是因为鲍秘书在此次接待工作中没能做到亲切迎客、热忱待客、礼貌送客，特别是连"出迎三步，身送七步"这一迎送宾客的最基本礼仪也没有注意。鲍秘书在接待来客中应做到：起身迎客，问明来意；伸手示意客人请坐，并说明请稍候；尽快联系好客人要去的部门，并具体说明如何去该部门；将客人送出门口，握手道别。

拓展训练与测评

1. 1962 年，周总理到西郊机场为西哈努克和夫人送行。亲王的飞机刚一起飞，我国参加欢送的人群便自行散开，准备返回，而周总理这时却依然笔直地站在原地未动，并要工作人员立即把那些离去的同志请回来。这次总理发了脾气，他严厉起来了，狠狠地批评道："你们怎么搞的，没有一点礼貌！各国外交使节站在那里，飞机还没有飞远，你们倒先走了。大国这样对小国客人不是搞大国主义吗？"当天下午，周总理就把外交部礼宾司和国务院机关事务管理局的负责同志找去，要他们立即在《礼宾工作条例》上加上一条，即今后到机场为贵宾送行，须等到飞机起飞、绕场一周、双翼摆动三次表示谢意后，送行者方可离开。

互评成绩：一等奖_____，二等奖_____，三等奖_____。

2. 某院校一行同学应邀坐高铁来我们学院参观学习，你受学校委托负责这次接待任务。

自测得分：_____。

3. 小王是 A 公司的秘书人员。一天，三位上级领导开着小轿车来 A 公司指导工作，小王负责接待。几位领导一到，小王便热情地上前打招呼，并主动伸出手——握手表示欢迎。接着小王走在领导的右侧作引导，来到接待室。接待室里准备了三种饮料，有可口可乐、椰子汁、汇源果汁。小王极热情地向三位领导奉上价格较昂贵的汇源果汁。指导工作结束后，小王依然走在右前方引他们走出门口，边说着"谢谢光临"，边微笑着挥手告别。

探究与实践

小组讨论

周总理为什么发火？工作人员违反了什么送客礼仪规范？

问 题

你该怎么才能圆满地完成这次接待任务呢？根据实际情况，制订一份接待详案。

问 题

这次接待中，小王有哪些失礼之处？

欢乐课堂

≫**情景模拟**

心不在焉的教授生病了，被送到医院住院。

护士："教授，大夫来了。"

教授："请告诉他，很抱歉，我现在病得很厉害，所以不能接待他。"

探究与实践

谈一谈

你对接待礼仪有何认识？

项目六
餐桌礼仪决定成败

项目概述

宴请是为了表示欢迎、答谢、祝贺、喜庆等举行的餐饮活动，以增进友谊和融洽气氛，是国际交往中最常见的交际活动形式。宴请的形式多样，礼仪繁多，掌握其礼仪规范是十分重要的。

探究与实践

任务一　中餐宴请中应了解的礼仪
——中餐礼仪

学习目标

● **能力目标：**

通过学习，树立端正的态度，体会正确用餐的重要性，在现实生活中积极、主动地将所学运用到实践。

● **知识目标：**

了解并掌握规范的中餐礼仪的基本规范。

● **素质目标：**

能够很好地运用中餐礼仪的基本规范招待客人。

任务情境

一家大轮船公司招聘部门经理。面对一些条件很相似的优秀应聘者，总经理将最后一次面试定在了一家餐厅。总经理故意让吃饭的时间晚了很多，第一道菜上来了，是一盘美味的红烧鱼，还没等服务员把鱼摆正，大家就频频举筷。总经理留心观察，发现有的人不懂规矩，夹鱼时只知道夹大的，汤汁滴在桌子上也不顾及；有的人则是谦谦君子，耐心地等待别人先夹。还没等鱼的上面吃完，有

想一想
你知道为什么总经理露出不悦之色吗？假如你是其中的一位应聘者，你该怎么做？

134

人就迫不及待地把鱼翻了个身，当时总经理的脸就露出了不悦之色。第二天，总经理便决定了录用名单，可想而知，注意就餐礼仪的人被留了下来，而那些没有礼貌缺少教养的人则被拒之门外。

任务分析

夫礼之处，始诸饮食（《礼记·礼运》）。餐桌上能看出人的修养。餐桌礼仪在中国人的完整生活秩序中占有一个非常重要的地位，用餐不单是满足基本生理需要的方法，也是头等重要的社交途径。为此，掌握某些中餐规则便显得特别重要了，无论你是主人，抑或是一位客人。

相关知识

中华饮食，源远流长。在这自古为礼仪之邦、讲究民以食为天的国度里，饮食礼仪自然成为饮食文化的一个重要部分。中国的饮宴礼仪号称始于周公，千百年的演进，当然不会再倡导"孟光接了梁鸿案"那样的极端礼节，但也还是形成大家普遍接受的一套饮食进餐礼仪，是古代饮食礼制的继承和发展。饮食礼仪因宴席的性质、目的而不同，不同的地区也千差万别。

随着中西饮食文化的不断交流，中餐不仅是中国人的传统饮食，还越来越受到外国人的青睐。这种看似最平常不过的中式餐饮，用餐礼仪却是有一番讲究的。

古代的食礼对象按阶层划分为宫廷、官府、行帮、民间等，现代食礼对象则简化为主人（东道主）、客人了。

一、中餐宴会前的组织

（一）形式的安排

根据不同的交际目的、要求对象及经费开支，交际场合常见的中餐宴会形式有以下几种。

1. 宴会

宴会，指比较正式、隆重地设宴招待，宾主在一起饮酒、吃饭的聚会。宴会是正餐，出席者按主人安排的席位入座进餐，由服务员按专门设计的菜单依次上菜。按其规格又有国宴、正式宴会、便宴、家宴之分。

（1）国宴，特指国家元首或政府首脑为国家庆典或为外国元首、政府首脑来访而举行的正式宴会，是宴会中规格最高的。按规定，举行国宴的宴会厅内应悬挂两国国旗，安排乐队演奏两国国歌及席间乐，席间主、宾双方有致词和祝酒。

（2）正式宴会，这种形式的宴会除不挂国旗、不奏国歌及出席规格有差异外，其余的安排大体与国宴相同。有时也要安排乐队奏席间乐，宾主均按身份排位就座。许多国家对正式宴会十分讲究排场，对餐具、酒水、菜肴的道数及上菜程序均有严格规定。

（3）便宴，是一种非正式宴会，常见的有午宴、晚宴，有时也有早宴。其最大特点是简便、灵活，可不排席位、不作正式讲话，菜肴也可丰可俭。有时还可以自助餐形式，自由取餐，自由行动，更显亲切随和。

（4）家宴，即在家中设便宴招待客人，以示亲切，且常用自助餐方式食物丰盛。通常由主人亲自掌勺，家人共同招待，因而它不失亲切、友好的气氛。

2. 招待会

招待会是指一些不备正餐的宴请形式。一般备有食品和酒水饮料，不排固定席位，宾主活动不拘形式。

（1）冷餐会，其特点是不排席位，菜肴以冷食为主，也可冷、热兼备，连同餐具一起陈设在餐桌上，供客人自取。客人可多次进食，站立进餐，自由活动，边谈边用。冷餐会的地点可在室内，也可在室外花园里。对年老、体弱者，要准备桌椅，并由服务人员招待。这种形式适宜于招待人数众多的宾客。中餐举行大型冷餐招待会，往往用大圆桌，设座椅，主桌安排座位，其余各席并不固定座位。食品和饮料均事先放置于桌上，招待会开始后，自行进餐。

（2）酒会，又称鸡尾酒会，较为活泼，便于广泛交谈接触。招待品以酒水为主，略备小吃，不设座椅，仅置小桌或茶椅，以便客人随意走动。酒会举行的时间亦较灵活，中午、下午、晚上均可。请柬上一般均注明酒会起止时间，客人可在此间任何时候入席、退席，来去自由，不受约束。鸡尾酒是用多种酒配成的混合饮料，酒会上不一定都用鸡尾酒。通常鸡尾酒会备置多种酒品、果料，但不用或少用烈性酒。饮料和食品由服务员托盘端送，亦有部分放置桌上。近年来国际上举办大型活动广泛采用酒会形式招待。自1980年起，我国国庆招待会也改用酒会这种形式。

3. 茶会

茶会是一种更为简便的招待形式。它一般在早、午茶时间（上午10时、下午4时左右）举行，地点常设在客厅，厅内设茶几、座椅，不排席位，如为贵宾举行的茶会，入座时应有意识地安排主宾与主人坐在一起，其他出席者随意就座。茶会，顾名思义就是请客人品茶，故对茶叶、茶具及递茶均有规定和讲究，以体现我国的茶文化。茶具一般用陶瓷器皿，不用玻璃杯，也不用热水瓶代替茶壶。

4. 工作进餐

这是又一种非正式宴请形式。按用餐时间分为工作早餐、工作午餐、工作晚餐，主客双方可利用进餐时间，边吃边谈问题。我国现在也开始广泛使用这种形式于外事工作中。它的用餐多以快餐分食的形式，既简便、快速，又符合卫生要求。此类活动一般不请配偶，因它多与工作有关。双边工作进餐往往以长桌安排席位，其座位与会谈桌座位排列相仿，便于主宾双方交谈、磋商。

（二）时间选择

用餐时间的选择应该主随客便，先与主要客人商量，以其方便的时间定用餐时间，可以是早餐，也可以是午餐或晚餐。一般而言，工作餐常选择在午餐时间，用餐时间控制在 1 个小时左右；正式宴会则多为晚宴，所需时间为 1.5 ~ 2 小时。

（三）地点选择

挑选用餐地点要考虑许多方面。首先，要选择一个档次较好、环境优雅安静、食物质量佳、餐点口味好、价格合宜、服务优良、卫生条件好、能容纳所有客人的餐厅或酒店。其次，考虑对客人尤其是主要客人，交通便利，距离以越接近主要客人越好，并考虑有附设停车场等设施。用餐地点还必须选择容易找到的地方。有的酒店居于巷弄深处，必须左弯右拐才能到达，对于不熟悉当地的客人，天黑后寻找正确地点可能造成困难。

（四）发出邀请

当宴请对象、时间、地点确定后，应提前 1 ~ 2 周制作、分发请柬，以便被邀请的宾客有充足的时间对自己的行程进行安排。即使家宴，也应用电话提前通知。

（五）菜单的制定

根据我们的饮食习惯，宴请主要是"请吃菜"，所以对菜单的安排马虎不得，主要涉及点菜和准备菜单两方面的问题。

中餐上菜顺序：先上冷盘，后上热菜，最后上甜点和水果。

开胃菜：通常是四种冷盘组成的大拼盘。有时种类可多达 10 种。最具代表性的是凉拌海蜇皮、皮蛋等。有时冷盘之后，接着出四种热盘，常见的是炒虾、炒鸡肉等。不过，热盘多半被省略。

主菜：紧接在开胃菜之后，又称为大件、大菜。如菜单上注明有"八大件"，表示共有八道主菜。

主菜的道数通常是四、六、八等偶数，因为中国人认为偶数是吉数。在豪华的餐宴上，主菜有时多达 16 道或 32 道，但普通是 6 ~ 12 道。

这些菜肴是使用不同的材料，配合酸、甜、苦、辣、咸五味，以炸、蒸、煮、煎、烤、炒等各种烹调法搭配而成的。其出菜顺序多以口味清淡和浓腻交互搭配，或干烧、汤类交错配列为原则，最后通常以汤作为结束。

点心：指主菜结束后所供应的甜点，如馅饼、蛋糕、包子、杏仁豆腐等。最后则是水果。

1. 点菜必须量力而行

如果为了讲排场、装门面，而在点菜时大点、特点，甚至乱点一通，不仅对自己没好处，还会招人笑话。点菜时，一定要心中有数，力求做到不超支、不乱花、不铺张浪费。可以点套餐或包桌，这样费用固定，菜肴的档次和数量相对固定，省事。也可以根据"个人预算"，在用餐时现场临时点菜，这样不但自由度较大，而且可以兼顾个人的财力和口味。被请者在点菜时，一是告诉做东者，自己没有特殊要求，请随便点，这实际上正是对方欢迎的；二是认真点上一个不太贵又不是大家忌口的菜，再请别人点。别人点的菜，无论如何都不要挑三拣四。

2. 菜单准备

在宴请前，主人需要事先对菜单进行再三斟酌。在准备菜单的时候，主人要着重考虑哪些菜可以选用、哪些菜不能用。优先考虑的菜肴有四类：

第一类，有中餐特色的菜肴。宴请外宾的时候，这一条更要重视。像炸春卷、煮元宵、蒸饺子、狮子头、宫爆鸡丁等，并不是佳肴美味，但因为具有鲜明的中国特色，所以受到很多外国人的推崇。

第二类，有本地特色的菜肴。比如西安的羊肉泡馍，湖南的毛家红烧肉，上海的红烧狮子头，北京的涮羊肉，在当地宴请外地客人时，上这些特色菜，恐怕要比千篇一律的生猛海鲜更受好评。

第三类，本餐馆的特色菜。很多餐馆都有自己的特色菜。上一份本餐馆的特色菜，能说明主人的细心和对被请者的尊重。

第四类，主人的拿手菜。举办家宴时，主人一定要当众露上一手，多做几个自己的拿手菜。其实，所谓的拿手菜不一定十全十美。只要主人亲自动手，单凭这一条，足以让对方感觉到对他的尊重和友好。

3. 必须考虑来宾的饮食禁忌

要对主宾的饮食禁忌高度重视。饮食方面的禁忌主要有四条：

一是宗教的饮食禁忌。

二是出于健康的原因，对于某些食品有所禁忌。比如，心脏病、脑血管、脉硬化、高血压和中风后遗症的人不适合吃狗肉，肝炎病人忌吃羊肉和甲鱼，胃肠炎、胃溃疡等消化系统疾病的人不合适吃甲鱼，高血压、高胆固醇患者要少喝鸡汤等。

三是不同地区人们的饮食偏好往往不同。对于这一点，在安排菜单时要兼顾。比如，湖南人普遍喜欢吃辛辣食物，少吃甜食。

四是有些职业出于某种原因在餐饮方面往往有特殊禁忌。例如，国家公务员在执行公务时不准吃请，在公务宴请时不准大吃大喝，不准超过国家规定的标准用餐，不准喝烈性酒。再如，驾驶员工作期间不得喝酒。要是忽略了这些，还有可能使对方犯错误。

在隆重而正式的宴会上，主人选定的菜单也可以精心书写给每人一份，用餐者不但餐前心中有数，餐后也可以留作纪念。

（六）席位的安排

中餐的席位排列，是整个中国食礼中最重要的一项。从古到今，因为桌具的演进，座位的排法也相应变化，都关系到来宾的身份和主人给予对方的礼遇。中餐席位的排列，在不同情况下有一定的差异，可以分为桌次排列和位次排列两方面。

1. 桌次排列

在中餐宴请活动中，往往采用圆桌布置菜肴、酒水。排列圆桌的尊卑次序，有两种情况。

（1）由两桌组成的小型宴请。这种情况，又可以分为两桌横排和两桌竖排的形式。当两桌横排时，桌次是以右为尊、以左为卑。这里所说的右和左，是由面对正门的位置来确定的。当两桌竖排时，桌次讲究以远为上、以近为下。这里所讲的远近以距离正门的远近而言。

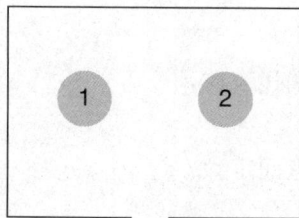
图 6-1　两桌横排

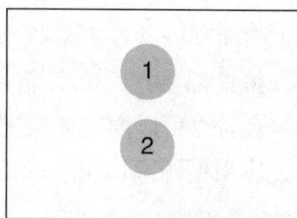
图 6-2　两桌竖排

（2）是由三桌或三桌以上组成的宴请。在安排多桌宴请的桌次时，除了要注意"面门定位""以右为尊""以远为上"等规则外，还应兼顾其他各桌距离主桌的远近。通常，距离主桌越近，桌次越高；距离主桌越远，桌次越低。

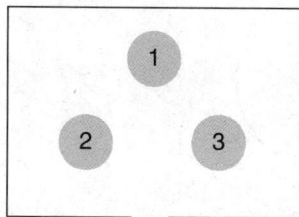
图 6-3

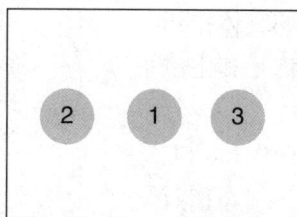
图 6-4

探究与实践

练一练
几个同学去老师家做客，该怎么安排座次？

139

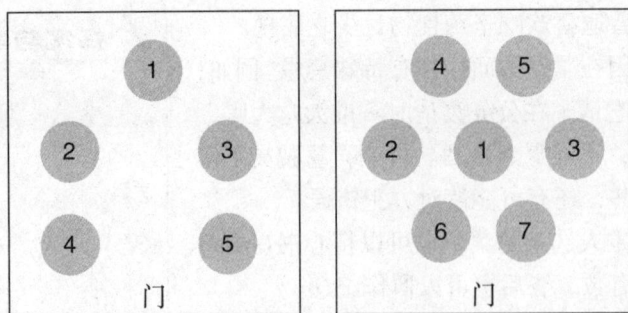

图6-5　多桌排列及桌次高低（由数字显示）

在安排桌次时，所用餐桌的大小、形状要基本一致。除主桌可以略大外，其他餐桌都不要过大或过小。

为了确保在宴请时赴宴者及时、准确地找到自己所在的桌次，可以在请柬上注明对方所在的桌次，在宴会厅入口悬挂宴会桌次排列示意图，安排引位员引导来宾按桌就座，或者在每张餐桌上摆放桌次牌（用阿拉伯数字书写）。

2. 位次排列

宴请时，中餐是围着圆桌来进行的，每张餐桌上的具体位次也有主次尊卑的分别。

（1）宴请位次排列原则：排列位次的基本原则有四条，它们往往会同时发挥作用。

方法一：主人大都应面对正门而坐，并在主桌就座。

方法二：举行多桌宴请时，每桌都要有一位主桌主人的代表在座。位置一般和主桌主人同向，有时也可以面向主桌主人。

方法三：各桌位次的尊卑，应根据距离该桌主人的远近而定，以近为上，以远为下。

方法四：各桌距离该桌主人相同的位次，讲究以右为尊，即以该桌主人面向为准，右为尊，左为卑。

另外，每张餐桌上所安排的用餐人数应限在10人以内，最好是双数，比如六人、八人、十人。人数如果过多，不仅不容易照顾，也可能坐得拥挤。

（2）宴请位次排列方法：根据上面四个位次的排列方法，圆桌位次的具体排列可以分为两种具体情况。它们都是和主位有关。

第一种情况：每桌一个主位的排列方法。特点：每桌只有一名主人，主宾在右侧就座，每桌只有一个谈话中心。

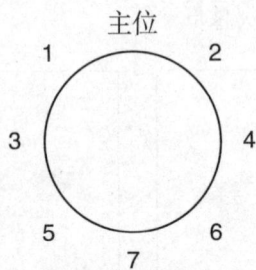

图6-6　一个主位

第二种情况：每桌两个主位的排列方法。特点：主人夫妇在同一桌就座，以男主人为第一主人，女主人为第二主人，主宾和主宾夫人分别在男女主人右侧就座。每桌从而客观上形成了两个谈话中心。

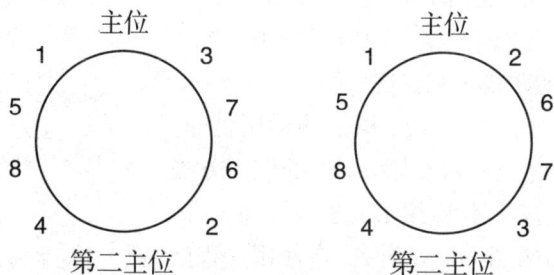

图6-7 两个主位

如果主宾身份高于主人，为表示尊重，也可以安排在主人位子上坐，而请主人坐在主宾的位子上。

为了便于来宾准确无误地在自己位次上就座，除招待人员和主人要及时加以引导指示外，应在每位来宾所属座次正前方的桌面上，事先放置醒目的个人姓名座位卡。举行涉外宴请时，座位卡应以中、英文两种文字书写。中国的惯例是，中文在上，英文在下。必要时，座位卡的两面都书写用餐者的姓名。

（3）便餐位次排列原则：排列便餐的席位时，如果需要进行桌次的排列，可以参照宴请时桌次的排列进行。位次的排列，可以遵循四个原则。

一是右高左低原则。两人一同并排就座，通常以右为上座，以左为下座。这是因为中餐上菜时多以顺时针方向为上菜方向，居右坐的因此要比居左坐的优先受到照顾。

二是中座为尊原则。三人一同就座用餐，坐在中间的人在位次上高于两侧的人。

三是面门为上原则。用餐的时候，按照礼仪惯例，面对正门者是上座，背对正门者是下座。

四是特殊原则。高档餐厅里，室内外往往有优美的景致或高雅的演出，供用餐者欣赏。这时候，观赏角度最好的座位是上座。在某些中低档餐馆用餐时，通常以靠墙的位置为上座，靠过道的位置为下座。

（七）餐具的准备

和西餐相比较，中餐的一大特色就是就餐餐具有所不同。

1. 筷子

中国人使用筷子用餐是从远古流传下来的，古时又称其为"箸"，在人类文明史上是一桩值得骄傲和推崇的科学发明。李政道论证中华民族是一个优秀种族时说："中国人早在春秋战国时代就发明了筷子。如此简单的两根东西，却高妙绝伦地应用了物理学上的杠杆原理。筷子是人类手指的延伸，手指能做的事，它都能做，且不怕高热，不怕寒冻，真是高明极了。比较起来，西方人到 16 世纪、17 世纪才发明了刀叉，但刀叉哪能跟筷子相比呢？"

筷子是中餐最主要的餐具。日常生活中对筷子的运用是非常有讲究的。一般使用筷子时，通常必须成双使用。正确的使用方法：用右手执筷，大拇指和食指捏住筷子上端约 1/3 处，另外 3 个手指自然弯曲扶住筷子，并且筷子的两端一定要对齐。在使用过程中，用餐前筷子一定要整齐码放在饭碗的右侧，用餐中暂停则一定要整齐地竖向码放在饭碗的正中，把筷子横放在饭碗上就表示用餐完毕。

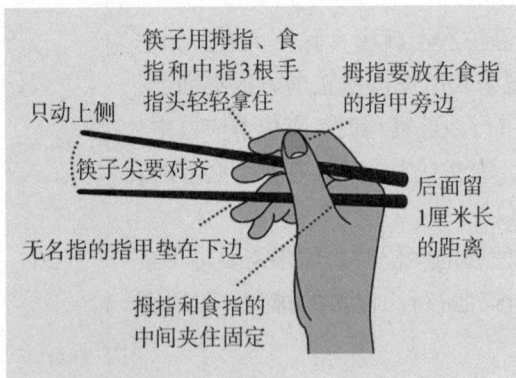

筷子用拇指、食指和中指3根手指头轻轻拿住
拇指要放在食指的指甲旁边
只动上侧
筷子尖要对齐
后面留1厘米长的距离
无名指的指甲垫在下边
拇指和食指的中间夹住固定

图 6-8

用筷子取菜、用餐的时候，要注意下面几个"小"问题：

一是不论筷子上是否残留着食物，都不要去舔。用舔过的筷子去夹菜，是不是有点倒人胃口？

二是和人交谈时，要暂时放下筷子，不能一边说话一边像指挥棒似地舞着筷子。

三是不要把筷子竖插放在食物上面。因为这种插法，只在祭奠死者的时候才用。

四是严格筷子的职能。筷子只是用来夹取食物的，用来剔牙、挠痒或夹取食物之外的东西都是失礼的。

2. 勺子

勺子的主要作用是舀取菜肴、汤类等食物。有时，用筷子取食时，也可以用勺子来辅助。尽量不要单用勺子去取菜。用勺子取食物时，不要过满，免得溢出来弄脏餐桌或自己的衣服。在舀取食物后，可以在原处"暂停"片刻，汤汁不会再往下流时，再移回来享用。

暂时不用勺子时，应放在自己的碟子上，不要把它直接放在餐桌上，或是让它在食物中"立正"。用勺子取食物后，要立即食用或放在自己碟子里，不要再把它倒回原处。而如果取用的食物太烫，不可用勺子舀来舀去，也不要用嘴对着吹，可以先放到自己的碗里等凉了再吃。不要把勺子塞到嘴里，或者反复吮吸、舔食。

3. 盘子

稍小点的盘子就是碟子，主要用来盛放食物，在使用方面和碗略同。盘子在餐桌上一般要保持原位，而且不要堆放在一起。

需要着重介绍的，是一种用途比较特殊的被称为食碟的盘子。食碟的主要作用，是用来暂放从公用菜盘里取来享用的菜肴的。用食碟时，一次不要取放过多的菜肴。不要把多种菜肴堆放在一起，弄不好它们会相互"窜味"，不好看，也不好吃。不吃的残渣、骨、刺不要吐在地上、桌上，而应轻轻取放在食碟前端，放的时候不能直接从嘴里吐在食碟上，要用筷子夹放到碟子旁边。如果食碟放满了，可以让服务员换。

4. 汤碗

碗是用来盛放主食、汤羹等食物的。一般来讲，不要端起碗进食，尤其不要双手端起碗进食。在食用碗内的食物时，要用筷子、匙等辅助着吃，不要直接用手，也不能直接用嘴吸食。碗内的食物剩余不多时，不要直接全部倒进口中，更不要用舌头舔。不能将碗扣着放在餐桌上。

5. 水杯

主要用来盛放清水、汽水、果汁、可乐等软饮料。不要用它来盛酒，也不要倒扣水杯。另外，喝进嘴里的东西不能再吐回水杯。

6. 毛巾

中餐用餐前，比较讲究的话，会为每位用餐者上一块湿毛巾。它只能用来擦手。擦手后，应该放回盘子里，由服务员拿走。有时候，在正式宴会结束前，会再上一块湿毛巾。和前者不同的是，它只能用来擦嘴，却不能擦脸、抹汗。

7. 牙签

尽量不要当众剔牙。非剔不行时，用另一只手掩住口部，剔出来的东西不要当众观赏或再次入口，也不要随手乱弹、随口乱吐。剔牙后，不要长时间叼着牙签，更不要用来扎取食物。

8. 餐具的摆放

餐具的摆放位置如图6-9所示。

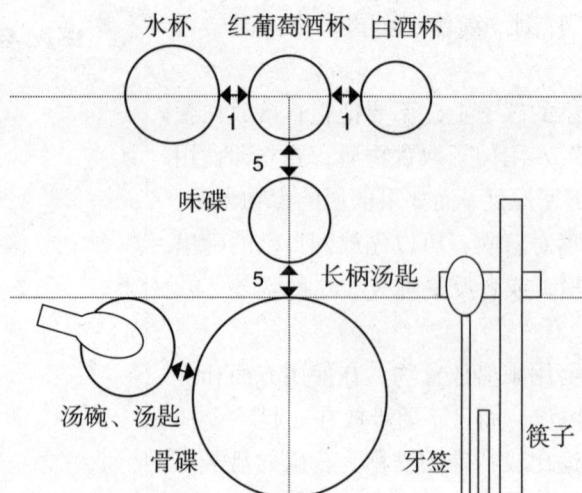

水杯　红葡萄酒杯　白酒杯

味碟

长柄汤匙

汤碗、汤匙

骨碟　　　　　牙签　筷子

图 6-9

（八）宴请程序

迎客时，主人一般在门口迎接。官方活动除男女主人外，还有少数其他主要官员陪同主人排列成行迎宾，通常称为迎宾线，其位置一般在宾客进门存衣以后进入休息厅之前。与宾客握手后，由工作人员引入休息厅或直接进入宴会厅。主人抵达后，由主人陪同进入休息厅与其他宾客会面，在休息厅应由相应身份的人员陪同宾客，服务员送饮料。

主人陪同宾客进入宴会厅，全体宾客入席，宴会开始。若宴会规模较大，则可请主桌以外的宾客先就座，贵宾后就座。若有正式讲话，一般安排热菜之后、甜食之前由主宾讲话，也可以一人席双方就讲话。冷餐会及酒会的讲话时间更灵活。吃完水果，主人和主宾起立，宴请即告结束。

二、中餐赴宴的礼仪

赴宴是交际者经常性的活动之一，其中有许多值得注意的礼节。

（1）应注意仪表整洁，穿戴大方，尽可能整齐、干净、美观地赴宴。

忌穿工作服、满脸倦容或一身灰尘。进行一番洗理化妆是很有必要的。男士要刮净胡须，如有时间还应理发。注意鞋子干净、光亮，袜子无臭味，以免临时尴尬。

（2）赴宴的时间安排惯例是准时晚到制，有两层含义：第一，赴宴一定不能早到，以防主人还未做好迎宾的准备，但可以准时到达。准时到达时，如果主人还未准备好迎宾，那就是主人失礼，与客无关。第二，赴宴最好是晚到几分钟，这样更可保证主人已经做好迎宾准备。但这种晚到又不是长时间的迟到，让主人和其他嘉宾久久等候。这种晚到的时间可以在 5 ~ 10 分钟之间，视情况而定。如果是大型招待会，晚到时间可以放宽到 25 分钟左右。如果你与主人关系密切，则不妨早点到达，以帮助主人招待宾客，或做些准备工作。

（3）抵达宴请地点时，首先跟主人握手、问候致意。对其他客人，无论相识与否，都要笑脸相迎，点头致意，或握手寒暄，互相问好；对长辈老人，要主动让座请安；对小孩则应多加关照。万一迟到，在你坐下之前，应先向所有客人微笑打招呼，同时说声抱歉。

（4）宴会开始前，可与邻近来宾交谈、自我介绍，不要把自己封闭起来不与他人交流。

（5）入席要遵守主人的安排，不要随便乱坐。如果邻座是妇女或年长者，应抽开座椅，主动协助他们先坐下。

（6）宴会开始或结束都要听主人的招呼，没有宣布开始不要动筷子，没有宣布结束，即使吃饱了也不能擅自离席。散席时，要与主人道别，不要悄无声息地走了。

（7）要考虑好是否携带礼品、鲜花。一般而言，如果出席家宴，或者出席带有私人性质的宴请，最好是带一件小礼物或者鲜花送给主人。

（8）要考虑是否带上名片、笔以及便条本。出席宴请活动，特别是大型招待会避免不了要遇到老朋友、结识新朋友，携带名片对于以后互通信息、保持联络大有好处，而且在收到他人名片时，若无名片回赠，其实也是一种失礼。

（9）要注意再温习一下将有可能在宴请活动时遇到的人的信息。再次相逢而又叫不上名字是一件非常尴尬的事情，要想避免这种局面，最好的办法是事先准备，看看以往收到的名片，回忆一些见面的情景。当然，遇到有叫不上名字的重逢之友，最好的办法是让自己的热情和机智帮助化解尴尬。

三、中餐宴会席间礼仪

当你入席时，用手把椅子拉后一些再坐下，切记不要用脚将椅子推开。小姐身旁若有男友，男友应拉开椅子请女友入座。

用餐前，正确的身体姿势：身体坐直，手放在膝盖上，不要把手放在桌子上或者摆弄餐具。进餐前要与周围的客人互相结识、交流，因为这是结交新朋友的好时机。进餐时，举止要文雅。

（1）夹菜要文明，应等菜肴转到自己面前时，再动筷子，不要抢在邻座前面；一次夹菜也不宜过多，要细嚼慢咽，这不仅有利于消化，也是餐桌上的礼仪要求。取菜不要翻来翻去，更不要夹过来又放回去。

（2）不要挑食，不要只盯着自己喜欢的菜吃，或者把自己喜欢的菜急忙夹到自己盘子里。

（3）应把食物送入嘴中，而不是把嘴凑近食物。咀嚼食物不要发出声音。

（4）万一打喷嚏、咳嗽，应马上掉头向后，用手帕掩口。

（5）菜或汤很烫时不可用嘴吹，等稍凉后再吃。

（6）口中有食物时，不宜高谈阔论。

（7）嘴唇的油污不要沾染到酒杯上，应先用餐巾拭净。

（8）鱼刺、骨头不要丢在桌布上，要放在盛残渣的碟子里。

（9）宴会上，若感觉闷热，当众解扣宽衣、松裤带是不雅观的，需要时可去盥洗室。

（10）用餐时遇有酒水打翻、筷子掉地、碰到了邻座，要道声"对不起"，再请服务员帮忙。

（11）对于餐桌上的公用物品，若离你较远，不可起身去取，可请求邻座帮忙，用后放回原处，并向邻座致谢。

（12）宴会中，主人应向来宾敬酒，客人也应回敬主人。敬酒时，不一定个个都碰杯，离的较远时可举杯用眼睛示意，不要交叉碰杯。敬酒时，应按身份地位由高到低或按座次顺序依次进行，身份地位低者酒杯要低于身份地位高者的。

斟酒倒酒时，应一手执瓶身，另一手轻扶瓶侧，脸带笑容，全神贯注，姿态优雅而认真地将酒慢慢倒入对方杯中。

啤酒宜斟满，让泡沫注溢至杯口；甜酒宜倒至杯的八成；白酒或烈性洋酒倒至杯的 2/3。

别人为你斟酒，你应一手持杯，一手扶住杯底，微笑对人并轻声道谢。

（13）主人致词或与其他人交谈时要放下餐具，停止进食。

（14）席间要与同桌的人员交流，不要只与个别人交谈或者只与熟悉的人交流，说话的声音不能太大也不能窃窃私语。要选择愉快的话题，不要选择严肃、沉重甚至悲伤的话题，以免影响大家的情绪。

（15）席间，确实有事需提前退席，应向主人说明后悄悄离去，也可以事前打招呼，届时离席。宴会结束退席时，应向主人致谢，对宴会的组织及菜肴的丰盛精美表示称赞。

在不了解席间礼仪的情况下，不可贸然行事。比如，服务员送上的第一条湿毛巾，你不可用来揩脸，它的用途是擦手。再比如，入席后何时开始动筷，要看主人何时打开餐巾。主人打开餐巾，其他人方可拿起餐巾，铺在膝头上。虽说"不知者不怪"，但在隆重的场合，你应模仿别人的做法，或者老老实实地请教旁人，沉着应付一切。

任务实施

前文提到的总经理请吃饭，主要目的是为了联络感情、观察一下每个人的表现。在饮食方式方面，西方人喜欢各自品尝放在自己面前的食物，中国人则有一定的用饭规例：数碟佳肴放在饭桌的中央位置，各人有一碗饭共同配这数碟菜肴，饭吃完可再添；夹起的菜肴通常要先放在自己的饭碗中，直接把菜肴放入口是不礼貌的；客人出席正式或传统的晚餐，不会吃光桌上的菜肴，以免令主人家误以为菜肴预备不足而感到尴尬。从事船上工作的人最忌讳吃鱼时把鱼翻身，寓意翻船。无论如何，在进入社会之前多多少少应该了解一下赴宴用餐礼仪的。

拓展训练与测评

1. 某公司在一著名酒店举办一个大型的中餐宴会，邀请了本市最著名的演员到场助兴。这位演员到达后，费了很长时间才找到自己的座位。她入座后发现同桌的许多客人是接送领导和客人的司机，该演员感到自尊心受到了伤害，没有同任何人打招呼就悄悄离开了饭店。当时宴会的组织者并未觉察到这一点，直到宴会主持人拟邀请这位演员演唱时，才发现演员并不在现场。幸好主持人头脑灵活，临时改换其他节目，才算没有出现"冷场"。

互评成绩：一等奖_____，二等奖_____，三等奖_____。

2. 小田是一家公司的业务经理，今天要宴请重要客户徐总。席间，小田抖起了二郎腿，斜叼着烟吞云吐雾，偶尔夹点菜吃就发出"吧唧吧唧"的声音。徐总见状，借口有急事离开了饭局，从此就失去了联系。

自测得分：_____。

3. 要过春节了，你在国外工作的哥哥要带回他的洋媳妇，亲戚们都要宴请洋媳妇，一是表示热烈欢迎，二是要展示一下中餐文化。你哥哥怕洋媳妇在亲戚面前出丑，就让你帮助洋媳妇熟悉一下中餐礼仪，你该做好哪些方面的讲解呢？

欢乐课堂

》》情景模拟

一家陕西人在纽约唐人街开了家餐馆，儿子当服务生，老妈管

分组讨论
（1）宴会的席次安排有何不妥？演员为什么不辞而别？情况发生后该如何处理？
（2）你为这位演员安排一个合理的位子。

问　题
你认为用餐礼仪重要吗？在日常生活中你注意餐饮礼仪了吗？

收钱，老爸做大厨。某一天，店里来了个老外，点了个套餐，吃到一半时，"咣当"把汤碗打了。

儿子跑过去看了一下，说："碗打了！"

老外想："One dollar, …"

老妈听见声音，也过来看，见地上有个破碗，问："谁打的？"

老外想："Three dollar？ …"

儿子说："他打的！"

老外想："Ten dollar？ …"

老妈又说："还得打一碗！"

老外想："Hundred and one？ !…"

老爸正在厨房切菜，听见外面的声音，赶忙跑出来看怎么回事。忙乱中，忘了把菜刀放下。五大三粗的老爸，手持菜刀站在餐厅里。老外一看，心跳加速，血压急升，但更让他心碎加崩溃的是老爸的一番话。老爸对着正在加热炉上舀汤的儿子说："烫，少盛点儿！"

老外："Ten thousand？ !!@#$%^&*…"

（老外以惊人的速度从口袋中掏出钱包，把里面所有的钱倒在了桌上，然后像刘翔跨栏一样往门口狂奔……）

探究与实践

聊一聊
　你在吃饭时遇到过哪些笑话？

任务二　西餐宴请中应了解的礼仪
——西餐礼仪

学习目标

● **能力目标：**

能够规范地安排、出席西餐宴会活动。

● **知识目标：**

了解并掌握西餐礼仪的基本知识。

● **素质目标：**

把握各种餐饮礼仪细节，做到任何时候都能不失礼。

任务情境

老张的儿子留学归国，还带了位洋媳妇回来。为了取悦未来的公公，这位洋媳妇一回国就诚惶诚恐地张罗着请老张一家到当地最好的四星级饭店吃西餐。用餐开始了，老张为在洋媳妇面前显示出自己也很讲究，就用桌上一块"很精致的布"仔细地擦了自己的刀、叉。吃的时候，老张学着他们的样子使用刀叉，既费劲又辛苦，但他觉得自己挺得体的，总算没丢脸。用餐快结束了，吃饭时喝惯了汤的老张盛了几勺精致小盆里的"汤"放到自己碗里，然后喝下。洋媳妇先一愣，紧跟着也盛着喝了，而他的儿子早已是满脸通红。

探究与实践

想一想

　　最后老张的儿子为什么满脸通红？

任务分析

　　西方餐桌礼仪起源于法国梅罗文加王朝，当时受拜占庭文化启发，制定了一系列细致的礼仪。

　　到了罗马帝国的查里曼大帝时，礼仪更为复杂，甚至专制。皇帝必须坐最高的椅子，每当乐声响起，王公贵族必须将菜肴传到皇帝手中。

　　在17世纪以前，传统习惯是戴着帽子用餐。在帝制时代，餐桌礼仪显得繁琐、严苛，不同民族有不一样的用餐习惯。高卢人坐着用餐，罗马人卧着进食，法国人从小学习把双手放在桌上，英国人在不进食时要把双手放在大腿上。

　　欧洲的餐桌礼仪由骑士精神演变而来。在12世纪，意大利文化流入法国，餐桌礼仪和菜单用语均变得更为优雅精致，教导礼仪的著作亦纷纷面世。

　　时至今日，餐桌礼仪在欧洲国家继续传留着。若你前往外国朋友家做客，须穿上得体的衣服，送上合宜的礼物，处处表现优雅的言谈举止。

相关知识

　　在欧洲，所有跟吃饭有关的事，都备受重视，因为它同时提供了两种最受赞赏的美学享受——美食与交谈。用餐时酒、菜的搭配，优雅的用餐礼仪，调整和放松心态，享受环境和美食，正确使用餐具、酒具，都是享受美食的先修课。

　　西餐是我国人民和其他部分东方国家和地区的人民对西方国家菜点的统称，广义上讲，也可以说是对西方餐饮文化的统称。

　　西餐这个词是由于它特定的地理位置所决定的。"西"是西方的意思，一般指西欧各国。"餐"就是饮食菜肴。我们通常所说的西餐不仅包括西欧国家的饮食菜肴，还包括东欧各国，也包括美洲、大洋洲、中东、中亚、南亚次大陆以及非洲等国的饮食。西餐一般以刀、叉为餐具，以面包为主食，多为长形桌台。

一、西餐的种类及特点

西餐的主要特点是主料突出、形色美观、口味鲜美、营养丰富、供应方便等。

西餐大致可分为法式、英式、意式、俄式、美式等几种，不同国家的人有着不同的饮食习惯，有种说法非常形象，"法国人是夸奖着厨师的技艺吃，英国人注意着礼节吃，德国人考虑着营养吃，意大利人痛痛快快地吃……"

从总体上看，与中餐相比，西餐至少具有以下几个显著的特点：

（1）西餐极重视各类营养成分的搭配组合，充分考虑人体对各种营养（糖类、脂肪、蛋白质、维生素）和热量的需求来安排菜或加工烹调。

（2）选料精细，用料广泛。西餐烹饪在选料时十分精细、考究，而且选料十分广泛。如美国菜常用水果制作菜肴或饭点，咸里带甜；意大利菜则会将各类面食制作成菜肴，各种面片、面条、面花都能制成美味的席上佳肴；法国菜，选料更为广泛，诸如蜗牛、洋百合、椰树芯等均可入菜。

（3）讲究调味，注重色泽。西餐烹调的调味品大多不同于中餐，如酸奶油、桂叶、柠檬等都是常用的调味品。法国菜还注重用酒调味，在烹调时普遍用酒，不同菜肴用不同的酒做调料；德国菜则多以啤酒调味，在色泽的搭配上则讲究对比、明快，因而色泽鲜艳，能刺激食欲。

（4）工艺严谨，器皿讲究。西餐的烹调方法很多，常用的有煎、烩、烤、焖等十几种，而且十分注重工艺流程，讲究科学化、程序化，工序严谨。烹调的炊具与餐具均有不同于中餐的特点，特别是餐具，除瓷制品外，水晶、玻璃及各类金属制餐具占很大比重。

二、西餐前的礼仪

（一）提前预约

在西方，去饭店吃饭一般都要事先预约，预约时有几点要特别注意说清楚，首先要说明人数和时间，其次要表明是否要吸烟区或视野良好的座位。如果是生日或其他特别的日子，可以告知宴会的目的和预算。在预定时间到达是基本的礼貌，有急事时要提前通知取消定位，并表示歉意。

一般西餐厅的营业时间为中午 11：30 至下午、晚上 6：30 后开始晚餐，如果客人早到了可以先在酒吧喝点酒再进入主餐厅。

就座后可以不急于点菜，有什么问题可以直接问服务生，他们一般都非常乐意回答你提出的任何问题,若他们不是很清楚会问询餐厅经理或主厨。

(二)赴宴的着装

再昂贵的休闲服,也不能随意穿着上高档西餐厅吃饭,穿着得体是欧美人的常识。去高档的西餐厅,男士要穿着整洁、得体;女士要穿晚礼服或套装和有跟的鞋子,女士化妆要稍重,因为餐厅内的光线较暗;如果指定穿正式服装的话,男士必须打领带。无论天气如何炎热,都不能当众解开纽扣、脱下衣服。小型便宴,如主人请客人宽衣,男宾可脱下外衣搭在椅背上。

(三)进入餐厅入座

进入餐厅时,男士应先开门,请女士进入,女士走在前面。先将外套、提包、礼帽存入衣帽间。在餐厅就餐时最得体的入座方式是从左侧入座。当椅子被拉开后,身体在几乎碰到桌子的距离站直,领位者会把椅子推进来,腿弯碰到后面的椅子时,就可以坐下来了。就座后,坐姿应端正,上身可以轻靠椅背。不要用手托腮或双臂肘放在桌上。不要频频离席或挪动座椅。用餐时,上臂和背部要靠到椅背,腹部和桌子保持约一个拳头的距离。两脚交叉的坐姿最好避免。入座、点酒都应请女士来品尝和决定。

在隆重的场合,如果餐桌安排在一个单独的房间里,在女主人请你入席之前,不应当擅自进入设有餐桌的房间。如果都是朋友,大家可以自由入座;在其他场合,客人要按女主人的指点入座。客人要服从主人的安排,其礼貌的做法是,在女主人和其他女士坐下之后方可坐下。一般说来,宴会应由女主人主持。如果女主人说"祝你们胃口好",这就意味着你可以吃了。如果女主人还没有发话,勺子就进了嘴,那可是非常不礼貌的。

(四)座位的排列

西餐一般用的是长桌席位排列的规则,座位的排列有以下规则:

(1)女士优先。在西餐礼仪里,往往体现女士优先的原则。排定用餐席位时,一般女主人为第一主人,在主位就位;男主人为第二主人,坐在第二主人的位置上。

(2)距离定位。西餐桌上席位的尊卑,是根据其距离主位的远近决定的。主近的位置,地位要高于主位远的位置。

(3)以右为尊。排定席位时,以右为尊是基本原则。就某一具体位置而言,按礼仪规范其右侧要高于左侧之位。在西餐排位时,男主宾要排在女主人的右侧,女主宾排在男主人的右侧,按此原则依次排列。

(4)面门为上。按礼仪的要求,面对餐厅正门的位子要高于背对餐厅正门的位子。

（5）交叉排列。西餐排列席位时，讲究交叉排列的原则，即男女应当交叉排列，熟人和生人也应当交叉排列。在西方人看来，宴会场合要拓展人际关系，这样交叉排列的用意就是让人们能多和周围客人聊天认识，达到社交目的。

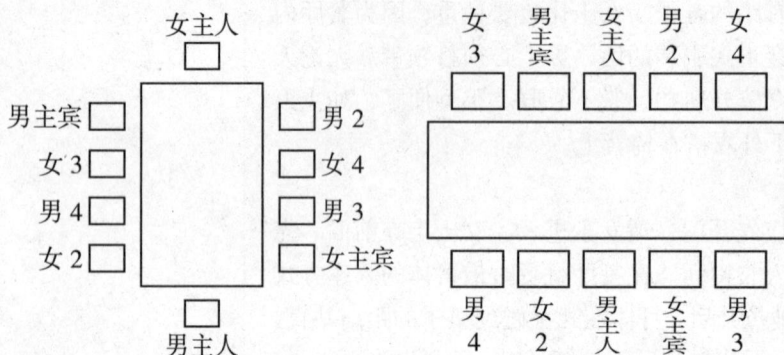

探究与实践

图 6-10

（五）餐具的准备与使用

1. 餐具的种类与摆放

西餐桌上的餐具很多，吃每一样东西要用特定的餐具，不能替代或混用。主要有五类：盘子、杯子、叉子、刀子和匙子。细分如下：餐巾（Napkin）、鱼叉（Fish Fork）、主菜叉（Dinneror Main Course Fork）、沙拉叉（Salad Fork）、汤杯及汤底盘（Soup Bowl & Plate）、主菜盘（Dinner Plate）、主菜刀（Dinner Knife）、鱼刀（Fish Knife）、汤匙（Soup Spoon）、面包及奶油盘（Bread & Butter Plate）、奶油刀（Butter Knife）、点心匙及点心叉（Dessert Spoonand Cake Fork）、水杯（Sterling Water Goblet）、红酒杯（Red Wine Goblet）、白酒杯（White Wine Gobl）。

西餐餐具摆放有一定的规矩。在每个位置前的桌上要放好一个盛主菜的盘子，把盛小菜的碟子放在大盘里。汤盘要放在女主人身边的茶几上。刀放在盘子右边，刀刃对着盘子；叉放在左边，叉齿向下。勺放在餐刀的右边。吃小菜的餐碟及餐具应放在菜碟上，同时用餐巾轻轻盖位。酒杯应摆在盘子右前方，并把胡椒粉、盐等调料装在瓶子里，再配一把小勺。吃水果则另用其他工具。

2. 餐具的使用

（1）刀子：宴席上最正确的拿刀姿势是手握住刀柄，拇指按着柄侧，食指则压在柄背上。除了用大力才能切断的菜肴或刀太钝之外，食指都不能伸到刀背上；若伸直小手指拿来刀，尤其是女性以为这种姿势才优雅，其实是错误的。

演一演
　　西餐刀叉的使用。

刀是用来切割食物的，不要用刀挑起食物往嘴里送。请记住右手拿刀。如果用餐时，有三种不同规格的刀同时出现，一般正确的用法是：带小小锯齿的那一把用来切肉制食品；中等大小的用来将大片的蔬菜切成小片；而那种小巧的，刀尖是圆头的、顶部有些上翘的小刀，则是用来切开小面包，然后用它挑些果酱、奶油涂在面包上面。切割食物时双肘下沉，手肘不要离开桌子，否则会令对方觉得你的吃相十分可怕，而且正在切割的食物没准会飞出去呢！

（2）叉子：叉子的拿法有背侧朝上及内侧朝上两种，要视情况而定。背侧朝上的拿法和刀子一样，以食指压住柄背，其余四指握柄。食指尖端大致在柄的根部，若太往前则外观不好看，太往后又不太能使上劲，硬的食物就不容易叉进去。叉子内侧朝上时，则如铅笔拿法，以拇指、食指按柄上，其余三指支撑柄下方；拇指和食指要按在柄的中央位置，如果太向前会显得笨手笨脚。

左手拿叉，叉齿朝下，叉起食物往嘴里送。如果吃面条类软质食品或豌豆，叉齿可朝上。动作要轻，捡起适量食物一次性放入口中，不要拖拖拉拉一大块，咬一口再放下，否则很不雅。叉子捡起食物入嘴时，牙齿只碰到食物，不要咬叉，也不要让刀叉在齿上或盘中发出声响。吃体积较大的蔬菜时，可用刀叉来折叠、分切。较软的食物可放在叉子平面上，用刀子整理一下。基本原则：右手持刀或汤匙，左手拿叉。若有两把以上叉子，应由最外面的一把依次向内取用。刀叉的拿法是轻握尾端，食指按在柄上。汤匙则用握笔的方式拿即可。如果感觉不方便，可以换右手拿叉，但更换频繁则显得粗野。边说话边挥舞刀叉也是失礼之举。

（3）匙子：在正式场合下，勺有多种，小的是用于取食咖啡和甜点心的；扁平的用于涂黄油和分食蛋糕；比较大的，用来喝汤或盛碎小食物；最大的是公用于分食汤的，常见于自助餐。切莫搞错。汤匙和点心匙除了喝汤、吃甜品外，绝不能直接舀取其他主食和菜品；不可以将餐匙插入菜肴当中，更不能让其直立于甜品、汤或咖啡等饮料中。进餐时不可将整个餐匙全部放入口中。

（4）餐巾：餐巾摆放的位置不同，寓意不同。主人铺开餐巾，就表示用餐开始；主人把餐巾放在桌子上，表示用餐结束。中途暂时离开，将餐巾放在本人座椅面上。将餐巾平铺于大腿上，可以防止进餐时掉落下来的菜肴、汤汁弄脏自己的衣服。在用餐期间与人交谈之前，先用餐巾轻轻地揩一下嘴；女士进餐前，可用餐巾轻抹口部，除去唇膏。在进餐时需剔牙，应拿起餐巾挡住口部。

（5）杯子：杯子有高脚玻璃杯、茶杯等。高脚玻璃杯有凉水杯、白葡萄酒杯、红葡萄酒杯、香槟杯等。拿高脚杯时，应用大拇指和另外几个指头拿住杯子的下半部。只有当白葡萄酒是冰镇的时候才不这样拿,此时用手捏住酒杯脚,以免手温把酒弄热。每次喝完酒后,要把杯子放回原处。

图 6-11　　　　图 6-12　　　　图 6-13

　　茶杯是用来喝茶或咖啡的。拿茶杯的方法:把食指穿过杯子的耳朵,大拇指压在杯子耳朵上面,用中指压住杯子耳朵,从而把杯子固定。在正式宴会上,应当让茶杯、茶盘自始至终放在那里。

　　(6)餐具的语言:在吃西餐的时候大多数情况下你不需要多费口舌的,进餐时的一举一动就告诉服务人员你的意图,受过训练的服务员会按照你的愿望去为你服务,去满足你的要求,这就是"刀叉语言"。

　　一是继续用餐:把刀叉分开放,大约呈三角形,那么示意你要继续用餐,服务员不会把你的盘收走。

　　二是用餐结束:你把餐具放在盘的边上,即使你盘里还有东西,服务员也认为你已经用完餐了,会在适当时候把盘子收走。

　　三是请添加饭菜:盘子已空,但你还想用餐,把刀叉分开放,大约呈八字形,那么服务员会再给你添加饭菜。注意:只有在准许

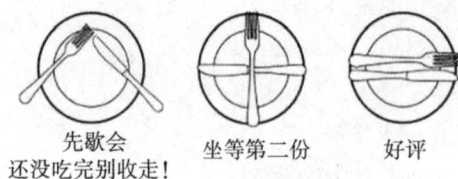

先歇会
还没吃完别收走!　　坐等第二份　　好评

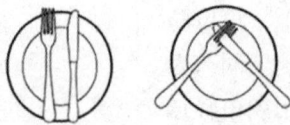

吃完可以收拾　　差评

图 6-14

图 6-15

图 6-16

添加饭菜的宴会上或在食用有可能添加的那道菜时才适用。如果每道菜只有一盘的话，你没有必要把餐具放成这个样子。

四是已用好餐：盘子已空，你也不再想用餐时，把刀叉平行斜着放好，那么服务员会在适当时候把你的盘子收走。

以上就是家庭西餐礼仪之用餐前所应该注意的细节。你的每一个动作都是你自身素养的体现，你以一种西方人眼中"绅士"的姿态出现时，他们也一定会对你产生深深的敬意。

三、正餐的开始礼仪

通常在就座之后，主人都会发表一段短小的演讲，感谢到场的客人，所以在主人动手开始吃饭之前，你千万不要动手，不然会被认为是非常粗鲁的行为。有些西方人在用餐之前也会进行祷告，如果你同对方有共同的信仰，可以一同祷告，没有的话只需要安静地等待主人祷告结束即可。

（一）西餐上菜顺序

1. 头盘

西餐的第一道菜是头盘，也称为开胃品。开胃品的内容一般有冷头盘或热头盘之分，常见的品种有鱼子酱、鹅肝酱、熏鲑鱼、鸡尾杯、奶油鸡酥盒、焗蜗牛等。因为是要开胃，所以开胃菜一般都具有特色风味，味道以咸和酸为主，而且数量较少，质量较高。

2. 汤

与中餐有极大不同的是，西餐的第二道菜就是汤。西餐的汤大致可分为清汤、奶油汤、蔬菜汤和冷汤等4类。品种有牛尾清汤、各式奶油汤、海鲜汤、美式蛤蜊周打汤、意式蔬菜汤、俄式罗宋汤、法式焗葱头汤。冷汤的品种较少，有德式冷汤、俄式冷汤等。

3. 副菜

鱼类菜肴一般作为西餐的第三道菜，也称为副菜。品种包括各种淡水和海水鱼类、贝类及软体动物类。通常水产类菜肴与蛋类、面包类、酥盒菜肴品均称为副菜。因为鱼类等菜肴的肉质鲜嫩，比较容易消化，所以放在肉类菜肴的前面，叫法上也和肉类菜肴主菜有区别。西餐吃鱼菜肴讲究使用专用的调味汁，品种有鞑汁、荷兰汁、酒店汁、白奶油汁、大主教汁、美国汁和水手鱼汁等。

4. 主菜

肉、禽类菜肴是西餐的第四道菜，也称为主菜。肉类菜肴的原料取自牛、羊、猪、小牛仔等各个部位的肉，其中最有代表性的是牛肉或牛排。牛排，按其部位又可分为沙朗牛排（也称西冷牛排）、菲利牛排、T骨型牛排、薄牛排等。其烹调方法常有烤、煎、铁扒等。

155

认识牛排的熟度：三分熟，切开牛排见断面仅上下两层呈灰褐色，其间70%肉为红色并带有大量血水；五分熟，切开牛排见断面中央50%肉为红色，带少量血水；七分熟，切开牛排见断面中央只有一条较窄的红线，肉中血水已近干；全熟，牛排为咖啡色乃至焦黄程度。牛肉可依自己喜好熟度点餐，但猪肉及鸡肉均为全熟供应。切牛排应由外侧向内。一次未切下，再切一次，不能像拉锯子方式切，亦不要拉扯，勿发出声响，肉块的大小以一口为宜。吃肉时宜切一块吃一块，勿将肉全部一次切小块，否则会导致肉汁流失及温度下降。嚼食肉时，两唇合拢，不要出声。嚼肉时勿说话或以刀叉比画。

肉类菜肴配用的调味汁主要有西班牙汁、浓烧汁精、磨菇汁、白尼斯汁等。

禽类菜肴的原料取自鸡、鸭、鹅，通常将兔肉和鹿肉等野味也归入禽类菜肴。禽类菜肴品种最多的是鸡，有山鸡、火鸡、竹鸡，可煮、可炸、可烤、可焖，主要的调味汁有黄肉汁、咖喱汁、奶油汁等。

5. 蔬菜类菜肴

蔬菜类菜肴可以安排在肉类菜肴之后，也可以与肉类菜肴同时上桌，所以可以算为一道菜，或称为一种配菜。蔬菜类菜肴在西餐中称为沙拉。与主菜同时服务的沙拉，称为生蔬菜沙拉，一般用生菜、西红柿、黄瓜、芦笋等制作。沙拉的主要调味汁有醋油汁、法国汁、千岛汁、奶酪沙拉汁等。

沙拉除了蔬菜之外，还有一类是用鱼、肉、蛋类制作的，这类沙拉一般不加味汁，在进餐顺序上可以作为头盘食用。

还有一些蔬菜是熟食的，如花椰菜、煮菠菜、炸土豆条。熟食的蔬菜通常与主菜的肉食类菜肴一同摆放在餐盘中上桌，称为配菜。

6. 甜品

西餐的甜品是主菜后食用的，可以算做第六道菜。从真正意义上讲，它包括所有主菜后的食物，如布丁、煎饼、冰淇淋、奶酪、水果等等。

7. 咖啡、茶

西餐的最后一道是饮料、咖啡或茶。饮咖啡一般要加糖和淡奶油。茶一般要加香桃片和糖。

(二) 西餐用餐中礼仪

用餐之中需要注意的细节也非常多，若不注意，你就不知不觉中成为一个非常"粗鲁"的人。

开始用餐之后，你千万不能埋头只顾着吃饭、一言不发，西方人在用餐时对于餐桌上的交流非常重视，他们视之为沟通交流的重要手段。

1. 学会赞美主人

要让赞美成为一种习惯，但是不要让人认为你是在谄媚。你要学会真诚地赞美主人和主人所提供的美食。

2. 供应分量

对于每一道菜，客人一般都是只装取其中的一小份。你用完之后，主人询问你是否需要多装一份时，你的接受会是对主人最真诚的赞美，你同时可以说："这菜太美味了，谢谢，我想再仔细品尝一点！"如果你礼貌地回绝，也可以说："谢谢，我想留点空间，尝尝接下来的甜点！"当然主人也会问及你对菜肴的感受，如合不合口味、喜不喜欢等等。

3. 添酒的两大原则

千万不要擅自为自己添酒。如果你想多要点葡萄酒，需要等别人主动给你倒酒，同样，你需要询问邻座是否需要更多的葡萄酒。只有当其他人主动要求为你添酒时，你才可以接受，并为自己添酒。

千万不要将酒杯添满。所倒的酒量一般不超过酒杯容量的二分之一。

4. 适量饮酒

喝酒一定要量力而行，在用餐之中主人除了提供餐酒之外，可能还会提供甜酒、香槟或是餐后酒（利口酒）等，所以每一种酒的饮用量要适当，否则到最后可能会酩酊大醉，闹出笑话。

5. 喝汤的方式

喝汤时千万不要发出声音，将汤匙微微倾斜比较容易饮用。如果汤还很烫，可以利用汤匙静静地来回搅拌使温度下降。汤喝完后直接把汤匙放在汤盘内，或是放在餐盘上也可以。

6. 鸟类吃法

先把翅膀和腿切下，然后借助刀和叉来吃身体部分。你可以把翅膀和腿用手拿着吃，但不能拿身体部分。

7. 吃鸡肉

先吃鸡的一半。把鸡腿和鸡翅用刀叉从连结处分开，然后用叉稳住鸡腿（鸡脯或鸡翅），用刀把肉切成适当大小的片，每次只切两三片。如果场合很正式，不适合刀叉取用的，干脆别动。如果是在非正式场合，你可以用手拿取小块骨头，但只能使用一只手。

8. 吃肉排

用叉子或尖刀插入牛肉、猪肉或羊肉排的中心。如果排骨上有纸袖，你可用手抓住，来切骨头上的肉，这样就不会使手油腻。在正式场合或者在饭店就餐时即使包有纸袖也不能用手拿着骨头啃着

探究与实践

温馨提示

不要等到主人问及食物是否美味可口时才开始赞美，而应该在主人询问之前！

温馨提示

如果您不希望其他人为您添酒，您要基本保证杯中的酒原封不动。

吃，这些多余的东西基本上是用来作装饰的，而没有让你暴吃一顿的意思。另外，在非正式场合，只有骨头上没有汤时才可以拿起来啃着吃。

9. 吃鱼类

先用刀叉把鱼头和鱼尾割下，放在盘边，然后用刀尖顺着鱼骨把鱼从头到尾劈开。这时你有三种选择：将鱼骨滑出；将鱼平着分开，取出鱼骨；揭去上面一片，吃完后再去骨。如果嘴里吃进了小骨头，用拇指和食指捏出，爱吃鱼的人会连小鱼头吃掉，而吃到鱼的脸颊是很幸运的事。

10. 面包的吃法

原则：先用两手撕成小块，再用左手拿来吃。吃硬面包时，用手撕不但费力而且会掉面包屑，此时可用刀先切成两半，再用手撕成块来吃。不要像用锯子似的切面包，应先把刀刺入中央部分，往靠近自己身体的部分切下，再将面包转过来切断另一半。切时可用叉子将面包固定，避免发出声响。

11. 沙拉吃法

沙拉一般都是在主菜之前提供，但是法国人通常都是在主菜之后、奶酪之前提供。注意在吃生菜和其他绿叶蔬菜时，千万不要将叶子切碎，而应该用刀叉将叶子折叠成小方块，然后用叉子叉住，送到嘴里。

12. 奶酪吃法

通常在最后，主人会提供一盘奶酪。一般奶酪都是同面包一起食用，而不是同薄脆饼干一起食用。奶酪的切割是非常讲究的，长方体的奶酪要从短边开始切起，正方体的奶酪可以先切成两个长方体或立体三角形，立体三角形的奶酪要从长边开始切割，圆形的奶酪一般都是切成楔形。

温馨提示
　如果你实在不知道该如何切奶酪，可以仔细观察主人或其他的客人是怎么切割的。

四、用餐后家庭西餐礼仪

用餐之后，客人还应该主动提出协助主人收拾餐桌、清洗餐具的要求，要向主人表达谢意，还应当在接下来的一两个月内回请。

在主人家里用餐后，你当然不能像在餐馆吃饭那样结完账就拍拍屁股走人了，否则可能这辈子再也不会有人愿意邀请你参加家庭宴会了。下面有三条基本能原则需要谨记在心。

1. 主动提供帮助

用餐之后客人都应该主动提出帮忙收拾餐桌、清洗餐具等要求，主人愿不愿意让你参与是一回事，你愿不愿意参与是一回事，但是无论怎么样，你要向主人表达你的心意。主人对于你的主动协助会心存感激，一般也都会接受你的协助，当然如果你非常幸运的话，主人也会拒绝你的请求。

2. 表达谢意

用餐后你要告诉主人，你可以这么说："非常感谢可以同你一起共进晚餐，也非常感谢你美妙高超的手艺，同你在一起我感到非常轻松快乐！"如果在被邀请后的几天，你能够通过电话或是邮件的方式再次表达你的谢意，那就更加完美了。

3. 回请

如果你有固定的住所，你需要在接下来的一两个月内回请主人，以表达你的谢意和敬意。如果你没有这么做的话，曾经邀请你的人会觉得你是一个非常粗鲁无礼的人，很有可能在你回请之前，别人再也不会邀请你参加任何宴会。

当然如果你在国外没有固定的住所，那另当别论。不过，你也应该在合适的时候选择一家餐馆，邀请曾经邀请过你的人一起就餐。

回请时，你也要注意，曾经邀请你的人是如何热情款待你的，你需要以同样的方式来款待别人。

以上是西餐礼仪从赴餐前、用餐前、用餐中到用餐后所应该注意的细节，可能针对不同国家的人需要区别对待，但是基本遵循的规范要求是相同的。这些细节的注意，也只有用心去练习，用心去体味，才能做到真正的"得心应手"，表现自然。

任务实施

西餐和中餐有着本质的区别，如果到了一家西餐厅，你没有遵守吃西餐应该遵守的礼仪，在别人眼里你就是一个没有礼貌的人。

前文提到的老张闹了两个笑话：一个是他不应该用"很精致的布"（餐巾）擦餐具，吃西餐时那只是用来擦嘴或手的；二是"精致小盆里的汤"其实是洗手的，而不是喝的。随着我们的对外交往越来越频繁，西餐也离我们越来越近，只有掌握一些西餐礼仪，在必要的场合才不至于"出意外"。

拓展训练与测评

1. 王玲在一家外企做总经理秘书工作，中午要陪同总经理到西餐厅宴请利华公司的张总。她到餐厅入座后，摊开餐巾别在衣服领口上，然后躺靠在椅背上叫服务员拿菜谱点菜。第一道食物面包和汤上来了。喝汤时，由于刚上的汤比较烫，为了加快汤的冷却，她忙一边用汤匙搅和着热汤，一边用手在汤碗上方不停地扇动。后来，又用刀子切了面包放进汤中，然后用叉子将面包叉出来吃。不一会

分组讨论
　　分析此案例中王玲有哪些失礼之处。

159

儿,牛排上来了。她右手拿刀,左手拿叉,将牛排全部切成小块,然后用叉子一块块地送入口中。突然,她的手机响了,她顺手将餐巾放在桌旁,边接电话边往洗手间走去。

互评成绩:一等奖_____,二等奖_____,三等奖_____。

2.你的一位去美国留学的同学回国,盛情邀请你去一家西餐厅聚会。

自测成绩:_____。

3.某公司的业务员张先生晚饭时走进一家西餐厅就餐。服务员很快把饭菜端上来了。张先生拿起刀叉,使劲切割牛排,刀盘摩擦发出阵阵刺耳的响声,他将牛排切成一块块后,接着用叉子叉起,一大块一大块地塞进嘴里,狼吞虎咽,并将鸡骨、鱼刺吐于洁白的台布上。中途,张先生随意将刀叉并排往餐盘上一放,将餐巾摆在桌上,起身去了趟洗手间。回来后却发现饭菜已经被端走,餐桌也已收拾干净,服务员站在门口等着他结账。张先生非常生气,在那儿与服务员争吵起来。

欢乐课堂

》情景模拟

本来是约了晚上七点的,我们要从法国赶到摩纳哥的一个庄园吃这餐饭,因堵车,到时已经九点了。另一拨先到的还没有喝完餐前酒。我们到了,脱了外衣,还要穿正装,钢琴伴奏喝半小时餐前酒,然后才正式吃饭。其实当时我们都饿坏了,根本没心思喝什么餐前酒。正式吃饭,头盘是海鲜头盘加鹅肝酱,当然是要白葡萄酒;过了几十分钟再上主菜,烤羊排,配红葡萄酒;再过几十分钟上甜点,吃完甜点已经12点了,我们都困得要死;又上了一个干净盘子。要说我们这群人,大部分人是没少吃过西餐的,还包括几位在美国生活多年,这样正式的法餐他们也没吃过。所以我们面对这个干净的空盘子,以为还要上什么,考虑每道菜间都要等几十分钟的,大家都撑在那里等着,等到最后有人实在是受不了,过去问侍者,能不能快点。侍者说,上干净的盘子,就是结束了。我们如蒙大赦,赶快往外走。这时,感觉又饿了。

探究与实践

问　题

在这次聚会中你应该注意哪些西餐礼仪呢?

问　题

作为中国人,你吃过真正的西餐吗?张先生为什么会非常生气,以至于和服务员吵起来呢?

演一演

选几个学生演示一下西餐中牛肉、鱼和面包的吃法。

规范自己的行为，自觉维护公共秩序

项目概述

在社会生活中，每个人除了个人的工作、学习外，还必不可少地参与各种社会交往活动，这样，每个人的言行举止都会暴露在众人注目之下，每个人的礼仪水准都要接受众人的检验和评判，而在公共场合所表现出来的礼仪水准常常可以显示一个人修养水平的高低。因此，每个人在社会生活中与他人相处，彼此包容、礼让、理解、互助，便成为最根本的要求。

任务一　一般公共场合应注意的行为规范
##　　　　——一般公共场所礼仪

学习目标

● **能力目标：**

能够在公共场合自然正确地运用各种礼仪，以顺应文明社会发展的需要。

● **知识目标：**

了解公共场所应遵守哪些公共秩序。

● **素质目标：**

能够自我约束遵守和维护公共秩序，做一个自觉遵守公共秩序的好公民。

任务情境

网友刘先生的亲身经历：

昨天下午1点多，一辆从武林小广场开往农副产品物流中心的

K192 公交车上，一个身材瘦小的小伙子，鼻子上架着红色镜框，坐在车厢中部的"照顾专座"上，正对着车后门。

车子驶进登云路口站，上来一对年轻夫妻。丈夫上身穿着超大款的绿色 T 恤，个子不高，看起来很魁梧。妻子扎了个马尾，怀里抱着几月大的孩子。

车上站了不少人，夫妻俩挤到车厢中部，正对着小伙站着。

这时，车厢广播响起："请给有需要的乘客让个座，谢谢！"小伙没反应，广播再次响起，连播了 4 遍。

小伙抬头看了一眼夫妻，一声不吭地低下了头。

这时，一个女乘客跟司机说："后面站着抱小孩的乘客，再给提个醒，万一紧急刹车容易出事。"

司机回头对乘客们喊了句："大家互相照顾下，让个座啊！"

小伙再次抬头，看了夫妻一眼，又迅速躲闪转头。

到了和睦新村站，后排有人下车，抱着孩子的妻子寻到空位，坐了下来。丈夫仍站在原地，对着小伙。

小伙又抬头，跟丈夫对上了眼。这个时候，丈夫瞬间懊恼了："你看什么看，车上坐着还看，看笑话啊！"抡起手朝小伙脸颊扇过去，一左一右"啪啪啪……"小伙连吃 5 记耳光。

小伙的红色镜框一下子飞了出去，鼻血就"唰"地流了出来。

刘先生当时坐在后面，"这个巴掌打得是真是响，光听声音我就受不了"，车厢里一下子静下来，大家都顾不上说话看了过来，没人阻止。

"那个妻子也毛凶，坐在位子上，还帮腔骂那个小伙子。"刘先生回忆说。

两站路后，这对夫妻就下车了。

小伙被打后，一声不吭，呆坐在位子上，鼻血不住地流。

一位头发花白的老奶奶，缓缓走过来，从布袋里掏出几张方巾纸递给他："小伙子，擦擦。出了蛮多血，上医院查下。"小伙终于轻声说了句："没事，不要紧。"

边上乘客也帮忙拾起了断成几截的红色镜框。

小伙把方巾纸团拢，塞到鼻孔里堵住，几张方巾纸被血浸透了。

到了终点站，小伙才下车，天下着雨，他没有伞，淋着雨走了，那两条残疾的腿在雨中艰难地挪动着，让人看着特别扎心。

探究与实践

想一想

你遇到过因为让座发生的冲突吗？你怎么看待让座这件事情？

📊 任务分析

在公共场合礼让是一种美德，不是义务。在美德的实践上，人们更容易对他人产生期待，而非对自身。公交车上的让座冲突引发的悲剧，背后是美德的窘境。一方面，我们对于美德的缺失十分痛心，期待改观；另一方面，我们却因浮躁，难以形成耐心，也难以从自身做起，甚至以美德的名义破坏美德。

要倡导让座，但绝不倡导强制让座。与社会而言，公交车上的让座冲突，只是美德窘境的一个缩影，在其他场所，这样的因礼让缺失而起的冲突也在时常上演着。

主动礼让无疑是一种美德，大家需要做的是真正的理解和包容，而不是相互指责，要想赢得别人的尊重和包容，首先自己要先成为一个值得被尊重的人，或者你给了别人同样的尊重。

相关知识

公共场合礼仪的基本内容，是人们在公共场合与他人的和睦相处、礼让包容的有关行为规范，具体而言，就是指人们置身于公共场合时所应遵守的行为规范。它是社交礼仪的重要组成部分，也是人们在交际应酬之中所应具备的基本素养。

公共场合，又称社交公共场所，指的是可供全体社会成员进行各种活动的社会公用的公共活动空间。其主要的特点是公用性、共享性。

公共场合礼仪，就是人们在公共场合与他人和睦相处、礼让包容的有关行为规范。它体现社会公德，是人类文明程度的体现。公共礼仪维持了公共生活最基本的秩序，而公共秩序是社会公众的最低要求，没有了秩序，公共的权利就无法保障，利益就要遭到损失。在社会交往中，良好的公共礼仪可以使人际交往形成良好的关系，为社会公众创造一个高素质的生活环境。

学习、应用公共礼仪，应掌握四条基本原则："遵守社会公德"原则，"不妨碍他人"原则，"以右为尊"原则，"女士优先"原则。

一、遵守社会公德原则

公共礼仪从属于社会公德，并且以更为具体的形式和要求对其进行贯彻落实。遵守公共礼仪，首先要遵守社会公德，也就是在交往过程中，要具有维护社会公德意识，要自觉、自愿地遵守、履行社会公德。若不讲社会公德，遵守公共礼仪将无从谈起，成为一句空话。

社会公德的内容是对公共生活中的方方面面提出的基本规范和要求。

（一）社会公德的内容

社会公德指存在于社会群体中间的道德，是生活于社会中的人们为了群体的利益而约定俗成的应该做什么和不应该做什么的行为规范。

社会公德在本质上是一个国家、一个民族或者一个群体，在历史长河中、在社会实践活动中积淀下来的道德准则、文化观念和思想传统。

社会公德对维系社会公共生活和调整人与人之间的关系具有重要作用。"私德"指个人品德、作风、习惯以及个人私生活中的道德。与"私德"相对，这里的"公德"是指与国家、组织、集体、民族、社会等有关的道德。

（二）我国现代社会公德的主要内容

1. 文明礼貌

社会公共生活中人与人之间应该和谐相处，举止文明，以礼相待。自觉杜绝说脏话、随便猜疑、欺骗他人等恶习。这是处世做人最起码的要求。

2. 助人为乐

助人为乐、见义勇为是社会成员在公共生活交往中用以调整相互关系的最一般的行为规范之一。在公共生活中，人与人之间应该团结友爱，相互关心，相互帮助。爱人者人恒爱之，信人者人恒信之。现实生活中不可能人人都时时快乐、事事顺心，难免会遇到这样和那样的困难和问题，总有需要人帮助、救济的时候。这就需要人们之间互相帮助，扶危济困，乐善好施，以助人为乐。对不法行为，每个公民都应当分清是非，挺身而出，智斗勇斗，见义勇为，都有责任和义务自觉维护社会治安。

3. 爱护公物

爱护公共财物是社会公德极其重要的内容，在公共场合更要注意这一点。要爱护国家及公共财产不受侵犯。

4. 保护环境

为了保持社会公共生活环境的整洁、舒适和干净，保障社会成员的身体健康，每个公民都应当讲究公共卫生、保护生活环境，这也是社会公共生活中人们应当遵循的最基本的行为规范。讲究公共卫生，创造优美环境，是人身心健康的重要保证，是社会风尚的一个重要方面，体现出一个民族的文明程度和精神面貌。

5. 遵纪守法

（1）法律是对公民行为的必要约束及规范，是对道德的补充。

（2）自觉遵守法律法规、纪律，是社会公德最基本的要求。公共生活中人们要顺利地进行社会活动，就必须有规矩可循，必须遵循一定的行为规范。

探究与实践

温馨提示

涉外活动中，人们在拍照时，不能违反特定国家、地区、民族的禁忌。凡在边境口岸、机场、博物馆、住宅私室、新产品与新科技展览会、珍贵文物展览馆等处，严禁随意拍照。

在被允许的情况下，对古画及其他古文物进行拍照时，严禁使用闪光灯。凡在有"禁止拍照"标志的地方，人们应自觉不去拍照。在通常情况下，不要给不相识的人（特别是女子）拍照。

（3）每个社会成员既要遵守国家颁布的有关法律、法规，也要遵守特定公共场所的有关规定。人们只有依照法律、法规及纪律的有关规定行事，才不妨碍他人的正常活动，也保障自己顺利从事某项活动；才不会给社会和他人造成损失和伤害，保持社会公共生活相对稳定和和谐，并保证社会的健康发展。

（4）遵纪守法反映了人们的共同要求，体现了人们共同的利益。每个社会成员都应自觉提高法律意识、增强法纪观念，自觉用法纪来指导和约束自己的行为，自觉履行法纪规定的义务，敢于并善于运用法律武器同各种违法乱纪现象作斗争，并能正确运用法纪手段保护自己的合法权益不受侵犯，真正做到知纪懂法、遵纪守法。

探究与实践

二、"不妨碍他人"原则

人们在公共场合中休闲、生活都应当有意识地检点、约束自己的个人行为，并要尽一切可能，自觉防止自己的行为影响、打扰、妨碍到其他任何人。

在公共场合不妨碍他人原则是国际社会公认的现代人际交往三大法则之一（另两个原则是女士优先、守时惜时），已经被世界上越来越多的人所认同。不妨碍他人原则，就是不干涉不干扰别人、对别人不造成伤害的原则。这是现代社会人们的共识，也是最基本的常识。这个简单的常识却是现代文明社会人们赖以正常生存和交往的基石，对于维系一个文明社会的正常发展起着极其重要的作用，它所产生的力量也会超出人们的想象。

三、"以右为尊"原则

在各种类型的国际交往中，大到政治磋商、商务往来、文化交流，小到私人接触、社交应酬，但凡有必要确定并排列具体位置的主次尊卑，"以右为尊"都是普遍适用的。

在并排站立、行走或者就座的时候，为了表示礼貌，主人要主动居左，而请客人居右。男士应当主动居左，而请女士居右。晚辈应当主动居左，而请长辈居右。未婚者应当主动居左，请已婚者居右。职位、身份低者应当主动居左，而请职位、身份高者居右。有时候，进行国际交往的宾主双方往往都不止一个人，若有必要进行并排排列，比如需要会见、合影，仍然需要遵守"以右为尊"的原则。

举行正式谈判时，假定谈判双方需要分别坐在谈判桌的两侧，若谈判桌纵向放在室内，谈判桌两侧的位置仍有上下之分，确定时"以右为尊"原则依然有效。具体方法：假定有一个人正在推门而入，并且面向室内，则应该以其右侧为上座，使客方谈判人员在右侧就座；以左侧为下座，使主方谈判人员在左侧就座。若谈判桌横放在室内，以面对正门的一侧为上座，以背对正门的一侧为下座。举行国际会议时，会议主席台座次的排列，也是讲究"以右为尊"的。不仅如此，发言者所使用的讲台必须位于主席台的右前方，这是给予发言者的一种礼遇。

在排列涉外宴会的桌位、席次时，同样必须应用"以右为尊"原则。在宴会厅内摆放圆桌时，通常应以"面对正门"的方法进行具体定位：如果只设两桌，以右桌为主桌（这里所说的右桌，指的是在宴会厅内面对正门时居于右侧的那一桌）；如果是需要设置多桌，在宴会厅内面对正门主桌右侧的桌次，应该被看成高于主桌左侧的桌次。

在三排座甚至其他类型的多排座轿车上，不管是谁驾驶车辆，在确定车上具体位次的尊卑时，也要遵行"以右为尊"的原则。

在进行涉外往来、召开国际会议、举办国际博览会或者从事国际体育比赛时，按照国际惯例，经常需要悬挂有关国家的国旗，这是一件极其严肃的事情，借此向他国表示尊重和敬意，不仅不能把其他国旗弄错、挂错，还要给予适当的礼遇。国旗大都采用并排悬挂的方法。悬挂两国国旗时，按惯例要以国旗自身面向为准：以右为上，悬挂来访国国旗；以左为下，悬挂东道国国旗。在重要国宾搭乘的轿车上同时悬挂两面国旗时，一般要以轿车行进的方向为准：以驾驶员右侧为上，悬挂来宾所在国国旗；以驾驶员左侧为下，悬挂东道国国旗。

需要同时悬挂多国国旗时，通行的做法，是以国旗自身面向为准，让旗套位于右侧，越往右侧悬挂的国旗被给予的礼遇就越高，越往左侧悬挂的国旗被给予的礼遇就越低。在确定各国国旗的具体位次时，一般按照各国国名首个拉丁字母的先后顺序而定。在悬挂东道国国旗时，可以遵行这一惯例，也可以将其悬挂在最左侧，以示东道国的谦恭。

在国际交往中若有必要排定并排位次的尊卑，遵循"以右为尊"原则，就可以化繁为简，以不变应万变。

四、"女士优先"原则

所谓"女士优先"，是国际社会公认的一条重要的礼仪原则，主要用于成年的异性进行社交活动之时。

它最早源于西方的骑士教育，这种教育的主要内容除将一个男孩培养成为骑士外，另一个主要的内容就是尊重妇女、为妇女服务，从而形成了让西方人骄傲的"女士优先"的社交礼仪，这也是每一

谈一谈
你怎么看待女士优先这个问题？

位有教养的男士都应该具备的品格和风度。

"女士优先"的含义：在一切社交场合，每一名成年男子都有义务主动而自觉地以自己的实际行动去尊重妇女、照顾妇女、体谅妇女、保护妇女，并且想方设法、尽心尽力地为妇女排忧解难。倘若因为男士的不慎而使妇女陷于尴尬、困难的处境，则意味着男士的失职。男士们唯有奉行"女士优先"，才会被人们看做是有教养的绅士，反之，在人们眼里则会成为莽夫粗汉。讲究"女士优先"，并非说明妇女属于弱者，值得怜悯、同情，也不是为了讨好妇女别有用心，从根本上来说，是因为妇女乃是"人类的母亲"。在人际交往中给予妇女适当的、必要的优待，实际上就是要表达对"人类的母亲"所特有的感恩之意。在国际社会活动的具体实践中，"女士优先"的原则已逐渐演化为一系列具体的、具有可操作性的做法。

（一）适用范围

在国际社会交往中，"女士优先"原则早已家喻户晓、人人皆知，但是仍然有其特定的适用范围。只有在其适用范围之内，"女士优先"原则才会生效。一旦超出其特定范围，"女士优先"便不起任何作用。在确定"女士优先"原则的适用范围时，关键是要掌握其地区差别、场合差别与个人差异。

1. 地区差别

"女士优先"主要通行于西方发达国家、中东欧地区、拉丁美洲地区及非洲的部分地区。在这些国家、地区范围之内，一名对"女士优先"原则一无所知的成年男士在交际应酬之中必将四处碰壁。在阿拉伯国家、南亚地区、东亚地区，尤其是在以崇尚传统文化而著称的一些东方国家里，人们讲究的却是"男尊女卑"，在绝大多数情况下，人们对"女士优先"并不买账。

2. 场合差别

即使在讲究"女士优先"的国家，人们也并非不区分具体的场合而时时处处都讲究"女士优先"。根据惯例，只有在社交场合中，讲究"女士优先"才是最为得体的。在公务场合中，人们普遍强调的是"男女平等"。性别差异并不为人们所看重，因此就没有必要讲究"女士优先"。至于在休闲场合中，"女士优先"则讲究亦可，不讲究亦可，悉听尊便。

3. 个人差异

"女士优先"原则提醒每一名成年男士，在需要讲究"女士优先"之时，应对当时在场的所有妇女一视同仁。从原则上讲，"女士优先"的适用对象，应包括所有成年妇女在内。但在实践中，必须注意：即使在传统上讲究"女士优先"的国家里，仍有一些人并无此种讲究，甚至对此颇为反感。最具典型意义的当推所谓"女权主义者"，她们提倡"女权"，要求"男女绝对平等"，认为"女士优先"是歧视妇女行为的一种表现。

（二）行为方式

"女士优先"是非常讲究行为方式的。离开了种种具体的行为方式，"女士优先"就会成为一句空话。

1. 贯彻"女士优先"原则需要兼顾的四个方面

（1）尊重妇女。在正式的社交场合里，男士必须对每一名成年妇女无一例外地给予应有的尊重。尊重妇女乃是"女士优先"原则的第一要旨。

（2）照顾妇女。必要时男士应给予妇女以照顾。照顾妇女，一要注意具体时机适当，二要讲究两厢情愿。在任何时候，男士所给予妇女的照顾都不应当强加于人。

（3）体谅妇女。在正式的社交场合中，任何一名具有良好个人教养的男士，都应当给予妇女必要的体谅。体谅妇女，特指男士应当善解人意，善于设身处地地替妇女着想，并且善于谅解妇女。

（4）保护妇女。在必要时，男士应当挺身而出，主动保护妇女。保护妇女的本意，是男士应采取主动行动，不使自己身边的妇女受到伤害。

2. 讲究"女士优先"的具体表现

行走时，男士应在女士左边（西方通行以右为上）；在街上行走，男士应走在有车辆行驶的一侧，保护女士安全。

陪伴女士同乘火车、电车时，男士应先给女士找位置，自己再找位置坐下，如果找不到应站在女士前面，尽可能离其近些。乘出租车时，男士应先走近汽车，把右侧的车门打开，让女士先坐进去，男士再绕道至车左边，坐在女士的左侧。下车时，男士先下车为女士开车门。

进室内，让女士先进，男士应主动照料，帮其脱大衣，让其先入座。

就餐时应让女士先点菜；进剧院、餐厅，男士应走在前面，为女士找好座位；在机场、车站，男士应主动帮助女士拿行李、办理有关手续。同女士打招呼，如果男女双方身份相当或男士身份低于女士，男士应该起立；如果男士身份较高或年纪较大，不必起立。遇有夫妇同在，应先同其夫人打招呼。

公众场合、交际活动中，男士关怀和照顾女士，要做得自然、恰当、适度，而不能过分与勉强。比如，想帮一位并不太熟悉的女士提拿物品,需征得对方同意,才可实施;如果女士并不想让你帮忙,你就不可过分殷勤、贸然行事,否则可能会让她尴尬、不快。特别是她的手包或挎包,一般并不希望男士去碰。此外,男士还应注意一视同仁,不能单独对某位女士过分热情,而冷淡其他女士,否则也会招致非议。如果女秘书和男老板在一起工作,对女秘书来说,那就谈不上女士优先。但是,在交际场合,男老板有时也让女秘书在众人面前"优先"一下,这未尝不是一种绅士风度的体现。在我国,不少女士对"女士优先"似乎并不适应,面对男士的关照,感到不好意思或不知所措,其实女士完全可以泰然受之。对于将要踏出国门或涉及对外交往的女同胞,更应尽快适应这一国际流行的礼节。

五、一般公共场合应注意的行为举止

（1）走路、站立要规范。

（2）坐姿要优美。

（3）说话要规范。在公共场所高声谈笑是极不文明的行为,因为这种失态会遭致别人的反感和厌恶。尤其是职业女性,说话声音更应自然轻声。

（4）公共场所向别人打招呼前,应点头,面带微笑,愉快地说话。公共场所和办公室一样,"对不起""请""您好""谢谢""拜托""麻烦您了""再见"之类的礼貌用语应经常挂在嘴边,形成自然习惯。

公共场所,见人三分笑,千万不能板着脸,更不能自命清高、漠然或巍然地孤芳自赏。

（5）不在他人面前整理衣服。

（6）不在他人面前化装打扮。

（7）注意细节。不注意避人修饰,如抠鼻孔、剪鼻毛、挖耳朵、搓泥垢、搔痒痒、抖腿、脱鞋抠脚、剔牙缝,在某些情况下如同当众献丑。还有人不管在正式的谈判会议上,还是非正式的家庭聚会中,但凡有时间就爱"拾掇"自己:一会儿揩揩眼镜,一会儿擦擦皮鞋,一会儿修修指甲。这些"小动作"或许不会妨碍别人,但会给人以心不在焉的感觉,使在场的其他人感到被轻视、被冷落。

（8）处理无法控制的行为。对于不得已或无法控制的修饰,如打喷嚏、咳嗽、擤鼻涕、打哈欠等,应用手帕或纸巾捂住口鼻,面向旁边,而且立即与旁边的人说声"对不起"表示歉意。在公共场合中真正做到修饰避人,才能维护自身形象。

另外,公共场所尽量不要吃零食或拿着饮料边走边喝,公共场所不能吸烟,不要在公共场所谈论公事,在公共场合要保持自己身

体的平稳、安静，不要随地吐痰，爱护公共财物，排队时不能"插队"，在大街上行走要注意交通规则，公共场合不要外放音乐，公共场合不要用手机打扰他人，尊重他人的隐私权，遵守时间，男女在公共场合要"止乎礼"。

📋 任务实施

掌握公共场合礼仪知识，能够在公共场合自然正确地运用各种礼仪，以顺应文明社会的发展需要，不断提高个人修养和素质。公共场合的礼让尤其重要，任何人都有年老的时候，年轻人给老年人主动让座，夸赞起来是一种美德，而说得直爽一点也是"应该的"，这样等年轻人年老的时候，同样有年轻人来让座。反观之，年轻人不主动让座，可以说是"不太讲道德"。有时候，年轻人不让座，或因生病，或因劳累，而且人家花钱乘车找个座位坐下并不违法。如果，身边有老年人站着，而年轻人坐着不动，老年人说声"请让个座好吗？"也未尝不可，而人家就是坚持不让座，你说人家"不讲道德"也是可以的，那是"言论自由"，但这种"谴责"只能"就此打住"，因为道德并无强制力。在现实生活中，很多领域和场合都有法律规范和调整，每个人都享有大量的法律权利和义务。但也有不少的领域和场合，并没有纳入法律的规范和调整范围，仍处于道德的"统治"之下。

前文所述发生在公交车上的一幕显然是那对夫妻的做法不对，公交车上的让座问题属于道德层面，道德义务是靠人的自觉来实现的，让不让座是要靠人的自觉性，靠修养、觉悟和礼让，而不能靠强迫。

📝 拓展训练与测评

1. 一个小伙子，某名牌大学毕业，曾参与的诸多社会实践使他获得了很好的工作能力。他的应聘简历获得了一家大型企业人力资源部的赏识。

面试那天，他进行了精心的准备，配上了得体的服装上路了。一大早公交站台上就排满了人。公车还没停稳，他就一个箭步冲向车门，拼命挤上了车，并抢到一个座位……

行驶过程中突然一个急刹车，他"哎呀"一声，原来他的脚被重重地踩了一下，"眼睛瞎了！"他张口就骂。旁边一位女士尴尬地跟他道歉"对不起，对不起"，他正眼也没看她："我今天去面试，你踩脏了我的皮鞋。要是我面试没通过你得负责！！！"女士一再道歉才避免了事态的升级。

他准时地到达了这家企业，并被引领到面试的会议室里。过了一会，人力总监与助理进来了。他对答如流，人力总监一再点头。正当他洋洋自得的时候，助理说话了："你的学习经历以及你的实际工作能力都让我们非常赏识，这个职位也非常适合你。但请允许我将今天早上公车上发生的事情向总监做一个如实汇报。"原来这个助理恰巧是在公车上被他骂的那位女士。

总监听完情况汇报之后，坦诚地对小伙子说："一个人的工作能力很重要，但是你知道吗？一个人成功的要素，能力和学识只占15%，更多的在于他的人际关系、处事能力以及他的基本修养。"

互评成绩：一等奖______，二等奖______，三等奖______。

2. 北京有这样一位老人，他每天晨练的路上都会逢人问好。老人说：在公共场合这样做是为了推广礼仪，特别是给孩子们做个榜样。有人觉得这位老人的行为值得学习，而有人觉得老人的礼仪有些唐突。

自测得分：______。

3. 夏天一个阳光灿烂的日子里，小刘应老朋友宋大伟的邀请，去"君悦大酒店"参加一个小型的聚会。

由于天气炎热，想到大家都是老熟人，为了贪图凉快和轻便，小刘上身穿紧身背心，下身穿一件宽大的沙滩裤，脚趿一双人字拖鞋，便兴冲冲步行到"君悦大酒店"。

但是"君悦大酒店"的保安指着门口"衣冠不整者不得入内"的牌子，不肯让小刘进去。小刘要保安通融一下，说朋友在里面久等了，但是保安坚持不放行。

最后，小刘不得不回家去穿了衬衫、西裤、皮鞋，再到"君悦大酒店"。

看到衣冠整洁的小刘，保安这次没有拦住他，礼貌地对小刘表示欢迎。

小刘骂保安狗眼看人低，然后进去参加聚会，但是已经迟到好一会了。

4. 情景模拟与行为分析

（1）情景模拟。

时　间：××月××日

地　点：公园门口

人　物：男青年及其女朋友

情　节：男青年在街头大声打电话给女朋友，邀请她一起去逛公园。由于女朋友还没到，男青年跷着二郎腿坐在公园外面的石椅上，一边抽烟一边听手机的外放歌曲。不一会女朋友来了，男青年

探究与实践

分组讨论

谈谈你对这件事的看法？

问　题

（1）你认为老人多礼吗？

（2）假如在路上你遇到了这样的情况，你会怎么对待？

（3）你在生活中遇到熟人会经常打招呼吗？

问　题

（1）小刘和保安到底谁做得不对？

（2）这个故事给我们什么启示？

把烟头随手扔在地上，女青年把嚼的口香糖吐出，用手粘在石椅上，两人搂搂抱抱、高声谈笑着向公园走去。

（2）行为分析。

①试分析男、女青年行为不当之处。

②男、女青年的行为应该如何改正？并邀请几组同学进行演示。

探究与实践

欢乐课堂

》情景模拟

一天坐公交车，前面一个女士上车后对司机说："师傅，我今天没带钱，亲你一口，就当投币了好吗？"司机说好的，那个美女就亲了一口司机，然后去后面坐下了。另一个女汉子在后面看得清楚，上车后按住司机一顿狂亲，抬起头说："我也没带钱，亲你这么多，就当我投币了呗！"那个司机都吓哭了："你前面那个是俺媳妇啊！"

谈一谈

公共场合请注意自己的形象。

任务二　特殊公共场所应遵守的行为规范
——特殊公共场所礼仪

学习目标

● **能力目标：**

能够在各种特殊的公共场合正确运用各种礼仪。

● **知识目标：**

学习并掌握各种特殊公共场合的礼仪知识。

● **素质目标：**

具备在任何场合都能和别人和睦相处的行为规范。

任务情境

某市图书馆二楼的阅览大厅设置了许多桌椅，供大家看书、学习。9月21日，记者在市图书馆二楼看到，许多孩子在借阅室里看书、写作业，但部分孩子一直在聊天，还有年龄较小的孩子在借阅室内追逐打闹，让周围的人没办法静下心来看书。

一位工作人员说，平时到图书馆看书的主要是成年市民，比较安静，除了偶尔翻书的声音外，几乎没有其他声音。周末和假期有不少孩子来这里看书，比较吵。记者注意到，图书馆设置了多处"请

想一想

你经常去图书馆吗？在图书馆里你觉得哪些行为最不能忍受？

保持安静"的标语，但工作人员说，这些提示语收效甚微，发现有人大声喧哗、嬉戏打闹会及时提醒保持安静，但效果不理想。

任务分析

图书馆、博物馆等都是一些特殊的公共场合，在特殊的公共场合对公众的礼仪规范有一定的特殊要求。但现实中，经常会出现图书馆、博物馆里有人大声喧哗、嬉戏打闹，电影院里聊天、嗑瓜子，生活区内晨练音响声音大，……更不必说候车室、饭店、公交车、医院等其他公共场所了。许多本该需要安静的特殊场合，喧哗之声却总是不绝于耳，许多市民旁若无人地大声喧哗，根本没有考虑自己的行为是否妨碍到他人。在特殊公共场所大家应多为他人着想，自觉遵守礼仪规范，做一个文明的使者。

相关知识

公共场所礼仪体现社会公德。在社会交往中，良好的公共礼仪可以使人际交往更加和谐，使人们的生活环境更加美好。公共场所礼仪总的原则：遵守秩序，仪表整洁，讲究卫生，尊老爱幼。

在一些比较特殊的公共场合，如音乐厅、演唱会、新闻发布会、美术馆、影剧院、名人故居、银行、图书馆和阅览室，除了要遵守一般公共场合的礼仪规范外，还有一些特殊的要求。

一、国旗、国歌、国徽礼仪

（一）升挂国旗的注意事项

在升挂国旗时，可举行升旗仪式。在国旗升起的过程中，参加者应面向国旗肃立致敬，行注目礼（非身着制服的戴帽者应脱帽），并可以唱国歌。全日制中小学，除假期外，每周应举行一次升旗仪式，参加者不得交头接耳、忙于他事或随便走动，不准嬉皮笑脸、怪模怪样。

在升挂国旗时，应将国旗置于显著位置。列队举持国旗和其他旗帜行进时，国旗应处于其他旗帜之前。国旗与其他旗帜一同升挂时，应将国旗置于中心、较高或突出的位置。

悬挂国旗，应以正面面向观众，不准随便将其交叉悬挂、竖挂或反挂，更不得倒挂。需要竖挂国旗或使用其反面时，必须严格按照国家有关规定进行。

在室外升挂国旗，不能让旗角触及地面，更不能将其直接弃置于地面。一般应于早晨升起，傍晚降下。遇上恶劣天气时，可以不挂国旗。夜间通常不在室外升挂国旗，若确需升挂，必须将其置于

想一想
当国旗升起的时候，你想到了什么？

173

灯光照射范围内。

在直立的旗杆上升降国旗，应当徐徐地升降。升旗时，应将国旗升至杆顶特殊情况除外。降旗时，不准使国旗落地。

国旗及其图案至高无上，不得随便升挂、使用，不得用作商标和广告，不得用于私人丧葬活动。

（二）国徽的使用规定礼节

应尊重国徽。不允许错用国徽，不要对国徽乱作解释。

要保护国徽。在日常工作与生活中，应有意识地保护我国国徽及其图案。在任何情况下，都不允许侮辱我国国徽及其图案。

（三）奏国歌时应注意的细节

在奏国歌时，应起身肃立，目视正前方，姿势端正，神态严肃。在升挂国旗奏国歌时，应目视徐徐上升的国旗，向其行注目礼。应立正，不能稍息；不能双手插兜；不能提拿物品、扶持他物或端起双臂。

在奏国歌时，不允许坐着，不允许四处走动，更不允许同他人进行交谈、嬉笑喧哗或者打打闹闹。

在奏国歌时，除按规定穿制服者可戴帽子之外，其他人皆应脱下自己的帽子；不准戴太阳镜。

在唱国歌时，应吐字清晰，节奏适当，演唱准确。不允许自由发挥、随口胡唱、含糊不清，不允许怪声怪气、洋腔洋调，不允许有意改变节奏或是拖腔，也不能在唱国歌时鼓掌、击节或摇头晃脑、手舞足蹈。

在他国领土上，应当遵守当地对于演奏或演唱国歌的有关规定，切不可肆意而为。

二、阅览室礼仪

去图书馆、阅览室，要衣着整洁，不能穿汗衫和拖鞋入内。进入图书馆应将通讯工具关闭或调成振动，接听手机应悄然走出室外轻声通话。不要为别人预占位置。阅读时要默读，不能出声或窃窃私语。不能在阅览室内交谈、聊天，更不能大声喧哗。在图书馆、阅览室走路脚步要轻，物品要轻拿轻放，不能发出声响。要爱护图书。若有事需要帮助，不能大声呼喊，要走到工作人员身边寻求帮助。

演一演

在阅览室里，有两个同学在大声谈笑，周围人会有什么样的反应？

三、影剧院礼仪

到影剧院观看演出，应提前 15 分钟左右进场，尽早入座。如果自己的座位在中间，应当有礼貌地向已就座者示意请其让自己通过。通过让座者时要与之正面相对，切勿让自己的臀部正对别人的脸。

观看演出时，不戴帽子，不吃带皮和有声响的食物，不笑语喧哗，不把脚踩在前排座位上。演出结束后要报以掌声，演员谢幕前不能提前退席，演出结束亮灯后再有秩序地离开。

四、商场礼仪

在商场购物时不要大声喧哗，自觉维护公共卫生，爱护公共设施。对男女营业员可统称为"同志"，不要以"喂"代表称呼。在自选商场购物时，要爱护商品，对挑选过的商品如果不中意，应物归原处。采购完毕离开柜台时，应对营业员的优质服务表示谢意。

五、旅游观光礼仪

旅游时要自觉遵守公共秩序，按顺序购票入馆、入园，不拥挤、堵塞道路和出入口。要树立环保意识，自觉保持环境卫生整洁。遵守铁路、民航规定，不携带危险品、违禁物品。

1. 行路

行路靠右侧，走人行道。横穿马路时，应注意交通信号，等绿灯亮时从人行横道的斑马线上穿过，行人之间要互相礼让。不要闯红灯，不要翻越马路上的隔离栏。行路时不吃零食，不吸烟，不勾肩搭背，不乱扔杂物，不随地吐痰。

2. 住宿

旅客在办理住宿登记手续时，应耐心地回答服务台工作人员的询问，按旅馆的规章制度办理登记手续。旅客住进客房后要讲究卫生，爱护房内设备。当旅馆服务员进房间送开水、做清洁服务时，旅客应待之以礼。旅客离开旅馆前，应保持客房内整洁、物品完整，不做损人利己之事。要及时到服务台结账，并同旅馆工作人员礼貌话别。

3. 进餐

尊重服务员的劳动，对服务员谦和有礼。当服务员忙不过来时，应耐心等待，不可敲击桌碗或喊叫。对于服务员工作上的失误，要善意提出，不可冷言冷语、加以讽刺。

六、赛场礼仪

到体育馆或体育场观看体育比赛，应提前入场，对号入座。有些比赛存在一定的危险性，所以一定要按照赛场的要求到指定地点就座，不要到禁区走动，以免发生危险。要遵守公共道德，自觉维护秩序，注意自己的言行举止。体育场内一般不许吸烟。拍照时不要使用闪光灯。

运动员比赛时，观众要保持安静，不能任意走动。鼓掌和喝彩要选择合适的时机，一般应在选手完成了高难度动作之后。鼓掌的时间要适可而止。主场观众应体现东道主的风度和公平精神，为双方鼓掌，表现出公道和友好。

七、乘飞机礼仪

按时登机，对号入座。进入机舱后保持安静。

不将超大行李和有异味的物品带上飞机。尽快放好随身行李，保持通道畅通。

登机后主动关闭手机等无线电设备。

不乱动飞机上的安全用品及设施。需要找乘务员时，可按服务铃，不宜大声喊叫，接受乘务员服务应致谢。

在飞机上进餐时，主动将座椅椅背调至正常位置，以免影响后排乘客进餐。

保持舱内卫生清洁。因晕机呕吐时，应使用机上专用呕吐袋。飞行过程中，尽量不要脱下鞋子，以免异味影响他人；如果是长途飞行，脱下鞋后应在外面再罩上护袜。

机上读物阅读后整齐放入面前插袋。

飞机未停稳时不打开行李舱取行李，以免行李摔落伤人。

上下飞机时，对空中乘务员的迎送有所回应。

八、探视病人礼仪

当亲友、同事、同学患病时，前往探望、慰问是人之常情，也是一种礼节。探望病人时，应选择适当时机，尽量避开病人休息和医疗时间。由于病人的饮食和睡眠比常人更为重要，所以不宜在早晨、中午、深夜以及病人吃饭或休息时间前往探视。如果是探望住院的病人，还应在医院规定的时间内前往。若病人正在休息，应不予打扰，可稍候或留言相告。

注意言行举止得当。由于特殊的心理状态，人在患病期间都相当敏感。与病人谈话时，一般应先询问病人身体状况及治疗效果。在病人讲述病情时，要认真地听，不要心不在焉、左顾右盼。在谈话的内容上，针对患者的焦虑心态要多说一些轻松、宽慰的话，或释疑开导，或规劝安慰，以利于病人恢复平静稳定的心情。不要向病人介绍道听途说的偏方、秘方，不推荐未经临床实验的药物。还要多说一些关心、鼓励的话，让病人感到愉快，淡化病痛带来的苦恼，以增强病人战胜疾病的勇气。如病人的病情需要保密，不要和

温馨提示

乘车礼仪

骑自行车：要严格遵守交通规则。不闯红灯，骑车时不撑雨伞，不互相追逐或曲折竞驶，不骑车带人。遇到老弱病残者动作迟缓，要给予谅解，主动礼让。

乘火车、轮船：在候车室、候船室里，要保持安静，不要大声喊叫。上车、登船时要依次排队，不要乱挤乱撞。在车厢、轮船里，不要随地吐痰，不要乱丢纸屑果皮，也不要让小孩随地大小便。

乘公共汽车：车到站时应依次排队，对妇女、儿童、老年人及病残者要照顾谦让。上车后不要抢占座位，更不要把物品放到座位上替别人占座。遇到老弱病残孕及怀抱婴儿的乘客应主动让座。

病人一起去乱猜，已知道应保密的病情更不能对病人进行暗示。

为照顾病人休息，谈话和逗留的时间应较短，注意避免谈论可能刺激对方或有关忌讳的话题。告别时，一般应谢绝病人送行，并询问病人是否有事相托，祝他早日恢复健康。

按照日常的习惯，探望病人一般会带去一些礼品。可适当赠送鲜花、水果以及有利于病人健康的食品。

九、拍照礼仪

国内合影时的排位，一般讲究"居前为上""居中为上"和"以左为上"。在涉外场合合影时，应遵守国际惯例，讲究"以右为尊"，即主人居中，主宾居右，其他双方人员按主左宾右依次排开。

合影人员的着装要求是正统、端庄、规范。拍照时的基本表情应当和蔼、亲切、友善。还要注意行为举止必须彬彬有礼，特别讲究"站有站相、坐有坐相"。

合影之后，主办方应主动向参与合影的各方人士提供照片，并保证人手一张。公务合影照片只宜作为资料或纪念，一般不宜用于商务活动，更不能在没有征求拍照参与者同意的情况下就随便发表。

十、如厕礼仪

谨记"来匆匆、去冲冲"，留下一个干净的卫生空间。

冲水时卫生纸等杂物不要丢进马桶，以免堵塞下水道。如果不小心把马桶垫板弄脏，一定要用纸擦干净。

洗手时水要开小些，一方面节约用水，一方面可以避免水溅得到处都是。如果不小心溅了水，做个文明人，用纸把水擦干净。

十一、舞会礼仪

参加舞会时，应注意仪容仪表和举止文明，做到庄重典雅、整洁大方，保持风度。

在正式场合上邀请舞伴，不能单凭个人好恶，还须兼顾交际面。一般情况下，男士应主动有礼貌地邀请女士跳舞，如果是上下级的关系，不论男女，下级都应主动邀请上级跳舞。

跳舞时舞姿应端庄，身体应保持平、直、正、稳，切忌轻浮鲁莽。男士动作应轻柔文雅，动作应谦和而有分寸，不应因动作不当引起别人反感；不宜将女士拢得太紧、过近，不准把女士的手捏得太紧，不可把整个手掌掌心完全向内贴在女士的腰上，不应在旋转时把女士抱来飞去。女士不应把双手套在男士的脖子上，也不应把头部主动俯靠在对方的肩上。

探究与实践

上下舞场时，应讲究规矩，有礼貌，尊重舞伴。上场时男士应主动跟在女士后面，到对方选择双方跳舞之处。一曲终了，方可停舞。女士拒绝男士的邀请时，应委婉而客气。男舞伴应把女舞伴送至席位，并致谢意，女舞伴则应点头还礼。

在跳舞时，万一触碰舞伴的脚部或冲撞别人，应有礼貌地向对方致歉。

参加舞会前不得吃葱、蒜、醋带强烈刺激气味的食品，不喝烈性酒，不大汗淋漓或疲惫不堪地进入舞场。患有感冒者不应进入舞场。

在舞会上，不应当众更衣或脱外衣。

尚不会跳舞者最好不要现学现跳，应当学会后再进舞池。

应维护舞场秩序，不吸烟，不应扔果皮，不高声谈笑，不随意喧哗，杜绝一切粗野行为。

十二、音乐厅礼仪

（一）服饰

女士一般穿旗袍或连衣裙，连衣裙的下摆一定要过膝并在可能的范围内越长越好。同时，要着长筒丝袜和高跟皮鞋，可以化一化妆，做一做头发。

男士应着黑色西装套装、白衬衫、黑色领带，或黑色领结、黑色皮鞋和黑色的袜子。当然在中国，男士也可以着深色的毛料中山装套装出席音乐会。

如果是夫妻或男女朋友一起参加，女士应穿着与自己的先生或男朋友同质、同色、同款式的服装，并在两人的衣襟上分别插上一朵同色彩、同品种的鲜花，来暗示双方的关系。

（二）行为举止

要提前预订座位或买票。要在音乐会开场前20分钟左右到达音乐厅。如果是自己做东，应手持门票走在被邀请者前面，以免他们受到检票者的阻拦，并替每位被邀请者购置一份节目单，使客人了解音乐会的曲目、乐队和指挥等。如果迟到，要服从工作人员的安排，在一曲演奏完或者中场休息时方可进入。

演出正式开始前五分钟，观众应该对号就座，保持安静。就座时，应由女士或长辈走在前面，从左侧走向自己的座位。如果自己的座位在一排座位中间，应面对已就座者通过，并且要对其致以歉意，忌讳背对已就座者走向自己的座位。落座时动作要轻缓，不要使座椅发出太大的响声。

演出正式开始后，不能使用手机，不能发表评论，不能进进出出，不能吃零食、吹口哨、喝倒彩、敲打座椅，不能随便拍照、录音或录像。向演职人员鼓掌表示鼓励和祝贺时，应面带微笑，双手掌位于齐胸的高度，以平稳的节奏用右掌轻拍左掌的中部。如果要向演职人员敬献鲜花，应请音乐厅代劳，或者征得有关方面的同意，在音乐会结束后自己亲自上台献花。没有特殊的原因，不应中途退场。如确实要中途退场，也应该尽量在一曲结束之时轻轻离开。

演出全部结束后，等演职人员谢幕完，全体听众应起立鼓掌，祝贺演出的成功。离场时应保持秩序，不能拥挤。走出音乐厅后，如果同行者是自己的长辈或客人，应将其送回住处。

任务实施

人们在日常工作生活与社会交往中，会经常出入商场、超市、图书馆等一些特殊的公共场合。在这些公共场合中，人们只有自觉遵守特殊公共场合的规范，讲公德、讲文明、讲礼貌，互相礼让、包容理解，才能营造良好的生活娱乐环境，才能给大家带来真正的快乐和享受。

孩子到图书馆阅读本是好事，可是他们不够安静和文明，影响了其他读者是非常不合适的。孩子的父母应该加强引导，教育孩子在公共场合要尽量保持安静，不能影响他人。

拓展训练与测评

1."小姐！你过来！你过来！"一位顾客高声喊，指着面前的杯子，满脸寒霜地说："看看！你们的牛奶是坏的，把我的一杯红茶都糟蹋了！"

"真对不起！"服务小姐赔着不是，"我立刻给您换一杯。"新红茶很快就准备好了，跟前一杯一样，放着新鲜的柠檬和牛奶。小姐轻轻放在顾客面前，又轻声地说："我建议您，如果放柠檬，就不要加牛奶，因为有时候柠檬酸会造成牛奶结块。"那位顾客的脸一下子红了，匆匆喝完茶，走了出去。

有人笑问服务小姐："明明是他土，你为什么不直说他呢？他那么粗鲁地叫你，你为什么不还以颜色？"

"正因为他粗鲁，所以要用婉转的方式对待；正因为道理一说就明白，所以用不着大声。"小姐说，"理不直的人，常用气壮来压人，理直的人要用气和来交朋友。"

2.小刘和几个外国朋友相约周末一起聚会娱乐。为了表示对朋友的尊重，星期天一大早，小刘就西服革履地打扮好，对照镜子摆

探究与实践

分组讨论
　　小姐与客人的交流为何能避免纠纷？公共场合交谈时应用什么样的语言和态度？

179

正漂亮的领结，前去赴约。北京的8月天气酷热，他们来到一家酒店就餐，边吃边聊，大家好不开心快乐！可是不一会儿，小刘已是汗流浃背，不住地用手帕擦汗。饭后，大家到娱乐厅打保龄球，在球场上，小刘不断为朋友鼓掌叫好，在朋友的强烈要求下，小刘勉强站起来整理好服装，拿起球做好投球准备，当他摆好姿势用力把球投出去时，只听到"嚓"的一声，上衣的袖子扯开了一个大口子，弄得小刘十分尴尬。

互评成绩：一等奖_____，二等奖_____，三等奖_____。

3. 王丽是大学毕业刚进入某公司工作的新人。她年轻、率真，对工作充满了热情和幻想。作为女秘书，她对上司张经理充满了敬意，对工作兢兢业业。不久前，张经理在体检中被发现得了癌症。公司和家属都尽可能瞒住张经理，不让他知道实情。一天下班后，王丽买了鲜花、水果去医院探望张经理。推开病房门，王丽一脸惊讶地对上司说："张经理，您得了这么重的病，怎么能不躺下好好休息？"张经理一脸疑惑："是吗？你能告诉我，我得了什么病吗？"这时，王丽才意识到自己说漏了嘴，只能支支吾吾地说："其实没什么大病，你很快就会出院的。"王丽走后，本来情绪好好的张经理马上像变了个人似的，躺在床上，两眼直愣愣地看着天花板。家属问他究竟发生了什么，他也不理不睬。

自测得分：_____。

4. 分组模拟

同学扮演老人、残疾人、女士或领导等不同角色，表演乘电梯的情景剧。通过情景模拟，让同学们谈谈感受。

欢乐课堂

》情景模拟

图书馆是知识的海洋。某男：有《知音》吗？管理员：金钱易求，知音难觅啊！某男：《女士》多少钱？管理员：你是人贩子？某男：《家庭》在哪里？管理员：它不在月光下，也不在温室里，它在你的理想中，它在你的汗水里！某男：有《幸福》没有？管理员：那需要你的努力！

探究与实践

分组讨论
（1）小刘的行为是否符合礼仪？
（2）从中我们可以得到什么启示？

问 题
王丽有什么不妥的地方？探望病人时该怎样做才是正确的？点评一下自己在一些特殊公共场合行为是否符合礼仪规范。

说一说
你觉得还有哪些特殊场合，必须特别注意一些特殊的礼仪规范？

项目八

求职面试礼仪的运用

项目概述

　　求职面试礼仪并非一套专门的礼仪，而是个人礼仪在求职面试过程中的具体体现。随着社会经济的发展，大学生的求职择业也成为一项公关活动。大学生掌握得体的求职面试礼仪，往往能给求职择业带来意想不到的效果。

　　求职面试过程是主试与被试双方面对面地观察、交谈、了解、智斗的过程，也是短兵相接、双向沟通的过程，主试通过对被试的外部行为特征的观察与分析，考察、评价其素质特征、应变能力、理解能力、思考问题的广度和宽度。想要在短时间内赢得面试人员的赏识，顺利得到期待的工作，就要了解并运用面试礼仪。

任务一　求职前的准备礼仪——求职礼仪

学习目标

● 能力目标：

懂得如何去适应新环境，顺利融入社会。

● 知识目标：

了解求职的相关礼仪知识。

● 素质目标：

适应社会，为以后事业发展奠定基础。

任务情境

　　小陶是一名应届大学毕业生。在校4年，自觉学有所成，却在就业上处处碰壁。他看中的单位，人家却看不中他；单位看中他的，他却看不中人家。毕业已经快一个月了，他还未与一家单位签约。

探究与实践

想一想

小陶在求职的过程中为什么会处在焦虑、忧郁、无法决断的状态？

时下，他处在焦虑、忧郁、自卑、不满、无法决断的状态，内心十分矛盾、痛苦。他该怎么办？

任务分析

在求职过程中，大学生要根据自己的主观条件和客观环境的分析，确立自己的职业生涯发展目标，选择实现这一目标的职业，以及制定相应的求职计划，包括一系列的工作、培训和礼仪教育计划，并把职业礼仪作为重要内容贯穿于求职过程中。

相关知识

一、控制求职前的过度恐惧心理

若你一见到陌生人就脸红、紧张、说不出话，感到浑身不自在，当面对的是决定自己命运的主考官时将更无所适从，应学会控制这种过度恐惧心理。

消除恐惧的方法：

（1）面试的时候，适当提高自己的服装档次。穿得整洁大方，和对方建立起视觉上的对等关系，就不会胆怯了。要是穿得太随便，看着对方西装革履，自感相形见绌，就会信心不足，心理上就已比别人低了一等。

（2）公开说出自己的紧张。当面对众人或陌生人感到紧张时，不妨干脆说出自己的感受，自嘲可以缓解紧张的情绪，使自己轻松起来。

（3）深呼吸。如果在步入面试大门之前，认真做几次深呼吸，心情肯定会平静很多，使勇气倍增。和陌生人第一次会面，特别是在关系应聘成败的面试时，心理胆怯、情绪紧张是可以理解的。另外，把拳头握紧、放松，反复几次，也有助于情绪的安定。

（4）做真实的自己。世界上没有十全十美的人和事，每个人都有自己的优点，也有自己的缺点。你只要尽力了就好，不要想着自己的表现应该获得鲜花和掌声。

二、控制求职前的过度自卑心理

如果你在求职中感到信心不足，就要试着从以下方面强化自己的自信心，为成功的面试做准备。

（1）初见陌生人，你不了解对方，对方同样也不了解你，所以要充分意识到自己的有利条件，不可以妄自菲薄。

（2）保持和对方谈话中的沉默间隔，不要急不可待。这样会使你有更多的思考时间，也使对方感到你是充满自信的人。

（3）如果对方声音超过你，你可以突然把声音变轻（但要清晰），这种音量差会给对方造成心理压力，使对方更想细心地听你说。

（4）盯住对方的眼睛讲话。如果对方回避你的目光，说明你比他坚强。

（5）经常考虑这样一个问题：人各有长短，都存在着有求于人和被人所求的可能，不能因为有求于别人就感到自己低人一头。

三、知识与技能的梳理与准备

职业规划最重要的是要"知己"，而"知己"的核心是要找准优势而不是缺点。从心理学的角度来说，没有什么好或坏的性格，而且优势和缺点往往是一个问题的两面，克服了缺点，优势可能就不明显了。当然影响优势发挥的不足方面还是要改进的。

一般来说，个人取得成功，85%是由人的个性决定的，15%是由个人所受的教育决定的。所以关键是要对自己有一个清晰的认识，同时掌握一定的技巧和方法。

需要从以下五个方面认识自己：我是谁？我想干什么？我能干什么？环境支持允许我干什么？我最终的职业目标是什么？

对于第一个问题"我是谁？"应该对自己进行一个深刻的反思、一个清醒的认识，优点或缺点有哪些，真实地写出每一个想到的答案，一个一个地列出来，认为确实没有了，再按重要性进行排序。

第二个问题"我想干什么？"是对自己职业发展的一个心理趋向的检查。可以把思绪回溯到孩提时代，从人生初次萌生第一个想干什么的念头开始，然后随年龄的增长，回忆自己真心向往过想干的事，并一个个地记下来，写完后再想想有没有遗漏，确实没有了，再进行排序。

第三个问题"我能干什么？"则是对自己能力和潜力的全面总结，把确实能证明的能力和自认为还可以开发出来的潜能都一一列出来。一个人的职业最根本的还要归结于他的能力，而他的职业发展空间的大小则取决于潜力。对于自己潜力的了解应该从多方面去认识，如对事的兴趣、做事的韧劲、遇事的判断力，以及知识结构是否全面、更新是否及时等。

对第四个问题"环境支持允许我干什么？"的回答则要稍做分析。环境，涉及本单位、本地区、本省、本国甚至其他国家，自小向大，只要认为自己有可能借助的环境，如人事政策、企业制度、职业空间，都在考虑范畴之内。在这些环境中，认真想想自己可能获得什么支持和允许，搞明白后一一写下来，再以重要

探究与实践

谈一谈
　　你希望自己有一份什么样的工作？为了得到这份工作你该准备什么？

性进行排列。

明晰了前面四个问题，就会从各个问题中找到对实现有关职业目标有利或不利的条件，列出不利条件最少、自己想做又能够做的职业目标，那么第五个问题"我最终的职业目标是什么？"就会有了一个清楚明了的框架。

四、求职信息的收集与整理

（1）获取就业信息的渠道。

学校：校园招聘会，学校（或学院）就业网和宣传栏。

家庭：利用关系，来自亲朋好友和自我建构的。

社会：Internet，直接与用人单位联系，传播媒体，人才中介。

（2）辨别就业信息的真伪。

应信息来源正规，勿滥发求职材料，辨别方法：通过信息网查询，114查号，直接联系单位，防小广告、天上掉馅饼、收报名费等。

（3）合理处理和有效利用就业信息。

掌握重点，合理筛选，结合自身实际，选择适合自己的信息，信息价值分析：用人单位的要求与自身条件是否相符，招聘人数的多少，选择有利于自己发展的信息。把握胜任和难度原则，参照信息完善自己。

五、求职材料的准备

对用人单位而言，毕业生的书面材料是用人单位了解毕业生的窗口。撰写有说服力、能吸引人注意力的书面求职材料是赢得主动、迈向成功的第一步。

书面求职材料包括自荐书（求职信）、个人简历、毕业生推荐表、学生成绩表、英语等级证书、计算机等级证书、奖学金证书、各种获奖荣誉证书、认证资格证书……在求职择业过程中，自荐材料有着举足轻重的作用，是联系单位的"敲门砖"，推荐、面试、录用都离不开它。自荐材料做得好坏直接影响着就业。

（一）自荐材料是书面推销员

求职的本质与商业行为无大异，一方求售，一方求购。招聘单位是买主，选优淘劣是其行为的目的。从某种意义上说，人才是高级"商品"，做好商品的包装是十分重要的。自荐材料就是某种意义上的包装，是书面推销员，它将你引介到招聘单位面前，说服招聘单位高兴地接纳你。

（二）自荐材料使招聘者睹文如见人

自荐材料以书画形式，可以充分体现一个人的学历、经历、专长、兴趣及其他，勾勒出完整样貌。招聘者甚至根据自荐者书写的格式、排列逻辑、语言风格，也能解读出自荐者的气质、内涵。自荐材料可以起到未见其人、胜见其人的功效。

（三）自荐材料是明察秋毫的检验官

自荐材料完整、浓缩地记录了个人资料，是求职者成长过程中学习生活的精彩缩影，因此必须忠实地呈现求职者的背景细节、专业特长、智商情况、能力特点，以及优势、弱点。借着撰写这个动作，求职者还可以重新经历自己的过去，从中审视求学过程中的收获和遗漏，这等于一个客观检验自己的过程。在求职面试诸多环节中，默记手中拥有哪些"筹码"，还应该补充哪些能量。"手中有粮，心中不慌"，面对求职，你便能够气定神闲，以无厚入有间，游刃有余。

1. 就业推荐表注意事项

推荐表的内容应真实可靠。

一位毕业生只备一份推荐表原件，若要联系不同的单位，请使用复印件，妥善保管推荐表原件。

2. 就业协议书注意事项

协议书主要表示的是双方协议，不论学校就业指导中心盖章与否，只要学生和用人单位签字盖章后即生效。

如用人单位无人事权，协议书要有用人单位上级主管部门意见或当地人才交流中心意见。

3. 个人简历

个人简历的基本内容：

（1）个人资料：必须有姓名、性别、联系方式（固定电话、手机、电子邮箱），而出生年月、籍贯、政治面貌、婚姻状况、身体状况、兴趣爱好等则视个人及应聘岗位的情况，可有可无。

（2）学业有关内容：毕业学校、专业，所获学位及时间，所修专业课程（可把详细成绩单附后）以及一些对工作有利的选修课程。

（3）本人经历：大学以来的简单经历，主要是学习和担任社会工作的经历。有些用人单位比较看重你在课余参加过哪些活动，如实习、社会实践、志愿工作者、学生会、团委工作、社团等活动。切记不要列入与自己所找的工作毫不相关的经历。

（4）荣誉和成就：包括"优秀学生""优秀学生干部""优秀团员"及奖学金等方面所获的荣誉，还可以把你认为较有成就的经历（比如自立读完大学等）写上去。

（5）求职愿望：表明你想做什么，能为用人单位做些什么。内

探究与实践

容应简明扼要。

（6）附件：个人获奖证明，如优秀党员、团员，优秀学生干部证书的复印件，外语四、六级证书的复印件，计算机等级证书的复印件，发表论文或其他作品的复印件等。

自荐书范文

尊敬的领导：

您好！感谢您在百忙之中审阅我的自荐书，这对一个即将迈出校门的学子而言，将是一份莫大的鼓励。相信您在给予我一个机会的同时，您也多一次选择！即将走向社会的我怀着一颗赤诚的心和对事业的执著追求，真诚地向您推荐自己。

我叫黄××，是××学院小学教育专业 2013 届即将毕业的一名专科生。

在校的时间里，我不断充实自己，全面发展，以锐意进取和踏实诚信的作风及表现赢得了老师和同学的信任和赞誉。我有较强的管理能力、活动组织策划能力和人际交往能力。从 2013 年起我一直担任年级学生会主席，曾担任班长、副班长、校学生会委员等职务，作为学生干部，我工作认真、学习刻苦，成绩优异，得到学校领导、老师、同学的一致认可和好评，先后获得校"优秀共青团员""三好学生""优秀学生干部"、市"优秀学生干部"等荣誉称号。作为师范生，我对基本功尤为重视，平时坚持勤练书法，基本功扎实，三笔一画考核全部过关；通过努力，我顺利通过了全国普通话等级考试，并以优异的成绩获得二级甲等证书；国家计算机水平一级考试成绩优异。大学里，我表现突出，成绩优异，获得一等补贴金、二等奖学金。作为学校《星空》文学社的社员，我认真写作，积极投稿，2014 年 11 月获得省"陶行知征文"比赛第三名。2015 年光荣地成为入党积极分子。

大学里，丰富多彩的社会生活、井然有序而紧张的学习气氛，使我得到多方面不同程度的锻炼和考验。正直和努力是我做人的原则，沉着和冷静是我遇事的态度，爱好广泛使我非常充实，众多的朋友使我倍感富有！很强的事业心和责任感使我能够面对任何困难和挑战。

作为一名即将毕业的学生，我的经验不足或许让您犹豫不决，但请您相信我的干劲与努力将弥补这暂时的不足，也许我不是最好的，但我绝对是最努力的。我相信：用心一定能赢得精彩！

"良禽择木而栖，士为知己者搏。"愿您的慧眼，开启我人生的旅程。

　　再次感谢您为我留出时间,来阅读我的自荐书,祝您工作顺心!期待您的希望!

　　此致
敬礼!

自荐人：×××

2015 年 12 月 10 日

探究与实践

（四）求职信

求职信有个大致的框架。

1. 称呼

称呼要恰当。对于不甚明确的单位,可写成"人事处负责同志""尊敬的领导""尊敬的某某公司领导"等等;对于明确了单位负责人的,可以写出负责人的职务、职称,如"尊敬的林教授""尊敬的蒋处长""尊敬的刘经理"等等。称呼写在第一行,顶格写,之后用冒号。另起一行,写上问候语"您好!"

2. 引言

引言包括姓名、就读学校、专业名称、何时毕业等基本情况。引言的主要作用是尽量引起对方的兴趣看完材料,并自然进入主体部分。开头要引人注目,说明应聘缘由和目的。

3. 主体

主体部分是求职信的重点,简明扼要并有针对性地概述自己,突出自己的特点,并努力使自己的描述与所聘职位要求一致,切勿夸大其词或不着边际。简历中有了的具体内容不应在求职信中重复。尽可能地少用人称代词"我",要让人感到你想表达的是"我怎样才能帮你"。

4. 结尾

信的结尾要留下你的电话、手机、E-mail 等联系方式,并表明如果几天内等不到他们的电话,你会自己打电话确认招聘者是否已收到履历表和求职信并安排面试。语气要肯定、热情、诚恳,有礼貌,把你想得到工作的迫切心情表达出来,请用人单位尽快答复并给予面试机会。通常结束语后面应写表示祝愿或敬意的话,如"此致""敬礼""祝您身体健康、工作顺利"等。落款:包括署名和日期。署名应写在结尾祝词的下一行的右后方。日期（×年×月×日）应写在名字下面。若有附件,可在信的左下角注明,如"附1：个人简历""附2：成绩表"等等。

求职信案例一

××经理：

您好！我想应聘贵公司经理助理职位。

我毕业于首都经济贸易大学国际贸易专业，毕业后在一家外贸公司工作两年，从事市场助理工作，主要是协助经理制定工作计划、外联工作以及文件、档案的管理工作。本人具备一定的管理和策划能力，熟悉各种办公软件的操作，英语熟练，略懂日语。我相信自己可以胜任贵公司经理助理一职。个人简历及相关材料一并附上，希望能尽快收到面试通知，我的联系电话：1391111××××。

感谢您阅读此信并考虑我的应聘要求！

此致

敬礼！

您真诚的朋友：×××
××年××月××日

求职信案例二

尊敬的公司领导：

您好！

我写此信是为应聘贵公司×××职位。我很高兴在×××上看到你们的招聘信息，并一直期望加盟贵公司。我即将毕业于江西财经职业学院，在校期间我学习了很多知识，如报关实务、国际贸易、供应链管理、国际物流、国际货运代理、企业战略管理仓储与配送管理、物流信息管理、采购管理、财务管理、生产与运作管理、企业管理（物流）组织行为学、市场营销、经济学原理、物流学概论、统计学原理、会计学原理、管理学原理等课程。还参加了学校组织的第三方物流实训、物流流程实训、物流实务实训、仓储业务实训、网上模拟综合实训等实训操作课，本人具备一定的管理和策划能力，熟悉各种办公软件的操作。

希望能成为贵公司的有力应聘者，并希望收到面试通知，电话：××××××。

感谢您阅读此信并考虑我的应聘要求！

此致

敬礼！

求职者：×××
××年××月××日

总之，求职信格式是基本固定的，内容是很简单的。另外，求职信的篇幅一定要适当，要简明扼要，一般以 A4 纸一页为宜。

📋 任务实施

求职者要想谋职成功，就要了解自我，锁定感兴趣的职业，有目的地提高职业修养，初步完成学生到职业者的转变。

应聘受挫，梦想破灭，心理失衡，问题究竟出在哪里？"他看中的单位，人家却看不中他"，说明缺乏应聘、面试的技巧。"单位看中我的，他却看不中人家"，说明职业的自我定位过高。总之，缺乏良好的就业心理准备，是求职失败的主要原因。

📝 拓展训练与测评

1. 李莎是一个性格比较内向的女生，在学校时学习非常认真，各项成绩都不错，还是商贸系学习部部长。临近毕业，她也开始为自己的工作忙碌起来，每次有单位来学校招聘，她都积极去面试，可是每次都是空手而归，看着别的同学甚至有些成绩比她差的都找到了工作，心里不禁酸溜溜的不是滋味。于是本来性格就较内向的她变得越来越自闭，不愿意和别人打交道，更不用说去参加面试了。

互评成绩：一等奖_____，二等奖_____，三等奖_____。

2. 小测试

根据自己的行为表现，可以有目的地检查一下心理失落程度，以便心中有数。仔细回忆一下，近三个月以来，是否经常有下列情况出现：

（1）看到别人工作了，内心酸溜溜（是）（否）

（2）看到别人有发展，感到自己没用了（是）（否）

（3）看到别人家庭条件好，不是滋味了（是）（否）

（4）不爱与人交往（是）（否）

（5）感到前途没有希望了（是）（否）

（6）在背后议论人，故意诋毁人（是）（否）

（7）有反感别人的感觉（是）（否）

上述七个问题，建议你在自然的状态下，真实地填写出来。

结果分析：如果出现 3 个以上"是"的回答，说明有了失落心理，应该及时调节，逐步建立起自信心。失落心理的出现，与人的经历与素质有关系。有些有失落心理倾向的人，外表很懒惰，没有精神，不思进取，无所谓的样子，但内心却非常苦闷，如果不及时、正确地排解而积聚严重的话，任其发展下去，会造成极端行为发生，要引起重视。

自测得分：_____。

✏️ **探究与实践**

分组讨论

根据所学知识，说说李莎该如何走出目前的状况，找到一份适合自己的工作。

3. 有一家你心仪已久的公司招聘员工，公司需要提供一份个人简历。

📊 欢乐课堂

>> 情景模拟

财经大学的一个同学说，她们宿舍一起去参加校内招聘会。HR 特严厉，基本每个学生出来后都是哭丧着脸……到了她，照例被 HR 鄙视了一番，然后赶走……但是，只见她冷静地站起来，伸出手，"请把简历还给我，花了两毛钱呢！"……HR 错愕地看着她……结果，她被录用了。她真不愧是财务管理出身的……

✏ **探究与实践**

问 题
怎样为自己制作一份比较规范的简历呢？

想一想
你希望拥有一份什么样的工作呢？

任务二　面试应具备的礼仪——面试礼仪

📈 学习目标

● **能力目标：**
能够恰当运用面试技巧。

● **知识目标：**
通过学习了解并掌握面试的基本礼仪知识。

● **素质目标：**
具备良好素养，敲开职场大门。

📇 任务情境

在学校举办的小型招聘会上，毕业生小李的父母亲在招聘会尚未开始时，就早早地到会场打听单位的情况。招聘会开始很久以后，小李才姗姗来迟，打扮得花枝招展，脸上画了很浓的妆，并由家长陪同前往用人单位摊位前面谈。面谈过程中，小李发言的时间还没有其父母多，结果谈了一家又一家，最终仍一无所获。

想一想
小李为什么没有收获？

☑ 任务分析

"教养体现于细节，细节展现素质。"求职者在学习面试礼仪时，应该先了解面试本身的作用、面试的过程，然后准备相应的面试礼仪。面试礼仪是其他求职形式永远无法代替的，因为在人与人的信息交流形式中，面试官通过对面试者的无声语言和有声语言来进一步了解他所需要的人才。

现在的毕业生中，独生子女所占的比例越来越大，他们的生活一帆风顺，没有经历过什么波折，再加上父母亲的过分呵护，客观上也培养了他们的依赖心理。这些毕业生大多缺乏主见，自我意识模糊，在择业中常会茫然不知所措，自己独立进行择业决策的能力差，以致在人才市场上，父母代替子女、亲友代替本人与用人单位洽谈的场面屡见不鲜。难怪有用人单位对依赖性过强的毕业生说："你本人都要靠别人来推销，企业还能靠你来推销产品吗？"

他们在生活中对一些基本的礼仪也比较忽视，所以，现在的大学生求职者在面试时要充分掌握面试的基本礼仪规范，做好求职面试的充分准备。

探究与实践

相关知识

一、总体要求

面试中的礼仪是一个非常重要的因素，由此可以看出应试者的涵养和素质，决定着面试的成败。因此，每一个应试者都不能轻易忽视面试时的言行举止。下面是一些知名企业的 HR 经理以及人力资源专家对应试者在应试过程中言行举止方面的总体建议，也许可以成为你面试成功的敲门砖。

（一）着装

大多数公司要求应试者身穿正装，由此能看出应试者的精神面貌和工作态度，不过没必要"全副武装"。女生只要穿端庄的裙装，男生也可以选择干净的短袖衬衫。面试着装也要依据季节而变，对在校大学生的要求更是比较宽松，只要看起来比较正式、干练就可以了，大热天仍然西装革履反而让人感觉应聘者不善变通。

（二）基本礼貌

轻敲，慢关房门；主动与面试官打招呼、握手；如果条件允许，可以记住每位面试官的姓名和称谓；面试结束时微笑起立、道谢、告别。一般无须主动伸手握别，切记主动向对方要联系方式。

（三）姿势

坐姿要笔直端正，切忌小动作。如果面试官准备的是一张软绵绵的沙发靠椅，应试者要尽量控制自己不要陷坐下去，更不要跷起二郎腿，要挺直腰杆；女性应试者最好双膝并拢，双手放在膝盖上。

（四）视线

应试者大部分时间应该看着提问的面试官，但不必目不转睛盯着对方，眼神可以停留在他人眉宇之间或者额头上，这样既可以保持平视，也会降低自己的怯意，切忌东张西望、动手动脚、闭目养神或中间插话。

二、具体操作

（一）介绍

1. 必要的自我介绍

准时赴约，最好提前10分钟到达，这样可以稍微平静一下心态，整理一下服饰，然后以饱满的精神出现在主试面前。

面试的介绍并不是不必要的重复，而是为了加深印象，给对方以立体的感觉。自我介绍一般要求简短，如果自己的名字很富有诗情画意，也不妨说："我叫×××，很高兴能够有机会到贵公司参加面试。"

2. 接受对方名片

假如对方递送名片，应以双手接过来，并认真看一看，熟悉对方职衔，有不懂的字可以请教，然后将名片拿在手中。在谈话中，若从口袋里重新取出名片来看，会让人感到不够诚意，进而给对方不良的印象。最后告辞前，一定要记住把名片放入自己上衣兜里以示珍重，千万不要往裤袋里塞。

（二）入座的礼仪

不要自己主动坐下，要等主试请你坐时再入座。很多办公环境将企业经理室、办公室负责人的位置安排在面对门口、背朝窗户的地方，这样的位置安排，容易给拜访者造成一定的心理压力，某种意义上来讲，求职者从一走进办公室的时候起，就被摆在了一种极为不利的位置上。要想改变这种情况，求职者应当有意识地使自己位于避免直接背对门口的位置，即侧一侧身或者把座位稍稍偏离正向位，就可以做到。

在面试中，坐的姿态非常重要。如果你坐时，双手相握，或者不断揉搓手指，那么，会使对方感到你缺乏信心，或显得十分紧张；如果你稳稳当当地坐在座位上，将双掌伸开，并随便自在地放在大腿上，就会给人一种镇静自若、胸有成竹的感觉。

（三）交谈中的礼仪

1. 诚恳热情

把自己的自信和热情"写"在脸上，同时表现出对去对方单位工作的诚意。

2. 落落大方

要把握住自己，应答时要表现得从容镇定，不慌不忙，有问必答。碰到一时答不出的问题，可以用两句话缓冲一下："这个问题我过去没怎么思考过。从刚才的情况看，我认为……"这段时间脑

探究与实践

温馨提示

如何在面试中合理选择座位

面试既可能在专用会客室或会议室，也可能在主试人的办公室举行。在进入面试室后，遵照主试人的指示坐到相应座位上，如果主试人不指定座位，可选择主试人对面的座位，或询问主试人后坐到适宜的位置。坐的位置既不要离主试人过远，产生距离感，也不要过近，和主试人共用一张办公桌，探视主试人办公桌上的文件或面试资料。在选择座位时，应落落大方，必要时征求主试人的同意。

子里就要迅速归纳出几条"我认为"了。要是还找不出答案，就先说你知道的，然后承认有的东西还没有经过认真考虑。考官在意的并不一定只是问题的本身，如果你能从容地谈出自己的想法，虽然欠完整，很不成熟，也不致影响大局。

3. 谨慎多思

回答提问之前，应对自己要讲的话稍加思索，想好了的可以说，还没有想清楚的就不说或少说，切勿信口开河、夸夸其谈、文不对题、话不及义。

（四）聆听的礼仪

1. 专注有礼

当主考人向你提问或介绍情况时，应该注视对方以表示专注倾听，可以通过直视的双眼、赞许的点头表示你在认真地倾听他所提供的更多信息。

2. 有所反应

要不时地通过表情、手势、点头等必要的附和，向对方表示你在认真地倾听。如果巧妙地插入一两句话，效果则更好，如"原来如此""你说的对""是的""没错"等。

3. 有所收获

聆听是捕捉信息、处理信息、反馈信息的过程。一个优秀的聆听者应当善于通过主考官的谈话捕捉信息。

4. 有所判断

求职者倾听时要仔细、认真地品味对方话语中的言外之意、弦外之音、微妙情感，细细咀嚼品味，以便正确判断他的真正意图。

（五）女士面试服饰礼仪

1. 着装以整洁美观、稳重大方、协调高雅为总原则

服饰色彩、款式、大小应与自身的年龄、气质、肤色、体态、发型和拟聘职业相协调、一致。应试时，不要穿长而尖的高跟鞋，中跟鞋是最佳选择，既平稳、又能体现职业女性的尊严。另外，不论你的腿有多漂亮，都不应在应试时露着光腿。

2. 饰物要少而精

（1）公文包、手提小包，带一个即可，不要两个都带。在多数面试场合，携带公文包比手提小包体现出更多的权威。你可以把手提包的基本内容放进一个无带小提包，然后把它装进公文包内，但不要塞得满满的。如果你个子较矮小，包则不宜过大，会显得极不协调。

（2）对帽子必须持谨慎态度。假如你的帽子与全身很相配，就请选择一顶既无饰边也不艳丽却很雅致的帽子。

（3）首饰尽量少戴。

（4）眼镜会使一些人外表增色，也可能使一些人显得不协调。尽量选择适合自己的镜框，式样宜新为好。

（5）丝巾飘逸清秀的特点最能烘托出女性的美，选择丝巾时一定要注意与衣服的协调搭配。如花色丝巾可配素色衣服，而素色丝巾则适合配艳丽的服装。有时，一条漂亮的围巾有画龙点睛的妙用。

3. 发式要适宜

在选择发型之前，应该先分析研究一下自己的脸型，选择出最适合脸型的发型。

4. 化妆要淡而美

对于女性求职者，化妆一定要坚持素而淡的原则，切不可浓妆艳抹。

5. 注意手和指甲

女人的手通常是其气质外观的一个方面。为充分显示其魅力，应保持干净，指甲应修剪好，不要留长长的指甲，不要涂艳丽的指甲油，因为长指甲会使人联想起你是什么都不干的大小姐。

对于求职者而言，其服饰要符合一般社交场合的共同要求，更要注重和突出服饰的职业特点，使着装打扮与应聘的职业相称，给人一种鲜明的职业形象。如你拟应聘的职业是教师、工程师或干部等岗位，打扮就不能过分华丽、时髦，而应该选择庄重、索雅、大方的着装，以显示出稳重、文雅、严谨的职业形象；如果你拟应聘的职业是导游、公关或服务等岗位，你就可以选择华美、时髦的着装，以表现活泼、热情的职业特点。

（六）男士面试服饰礼仪

1. 西装要笔挺

在现代社会的公关社交活动中，人们普遍认为"西装革履"是现代职业男士的正规服饰。就求职面试活动而言，男士穿西装也是最为稳妥和安全的，为许多求职者的首选装束。穿西装也有许多讲究。

（1）颜色的选择。应聘者最好穿深色的西服，灰色、绿色和深蓝色也是不错的选择，它们给人以稳重、可靠、干练的印象。

（2）面料的选择。应穿天然织物做的衣服，因为人造织物的光泽和质地给人一种廉价的感觉，通常不像天然织物做的衣服那样有种吸引人的"下垂"感。

（3）衬衫要理想。衬衫必须是长袖的。有些衬衣的袖口上有简单的链扣，给人以格外注重细节的感觉。衬衫应当是白色或淡蓝色，不带图案或条纹，最好不要穿印有交织字母的衬衫。跟西服一样，衬衫的最理想布料也是天然织物，要穿那些经过精心缝制、专业洗涤、中度上浆（挺括）的全棉衬衫。

（4）领带要选好。有些专家说，在你跟主试握手时领带首先受到关注，它可以使一套昂贵的西服显得很廉价，也可以使普通的穿着给人的印象提高一个档次。领带的面料选用100%的纯丝即可。如果穿白色或浅蓝衬衣，就比较容易挑选与之相配的领带。领带应当为西服增色，且不能与西服的图案有任何冲突。领带的宽度随衣服款式的不同而不同，规则是领带宽度接近西服翻领的宽度。传统的图案如立体形、条纹、印花绸以及不太显眼的蜗旋纹布等都是可以接受的。最后，系好的领带不要超过你的裤腰带。

（5）皮鞋要擦亮。注意使你的鞋面保持锃亮，鞋跟要结实，破旧的鞋跟会使人显得疲软而萎靡。系带的皮鞋一定要检查鞋带是否干净且系紧了，松开或未系的鞋带会给你带来不安全感甚或可以将你绊倒。另外，切勿把黑鞋与棕色西装搭配，否则会十分不协调。

（6）袜子要够长。如果你选择的是一双鞋面较低的无带鞋，尤其注意袜子。无论如何，袜子的颜色应当和西服相配。通常应选蓝、黑、深灰或深棕色，不要穿颜色鲜亮或花格袜子。袜子要够长，使你在叠起双腿时不至露出有毛的皮肤，否则十分不雅观。

（7）外套要便捷。厚重的上衣已经逐渐被轻便的新式样代替了，因为轻便的式样几乎适用于所有场合且耐用。另外，人们潜意识中往往对穿浅色上装的人投以更深的信任，电影里扮演正面角色的男人出场上衣定是浅色的，反面角色定是深暗色的。

2. 公文包要简单

简单细长的公文包是最佳选择。为适合你的职业，可携带一个整洁的文件夹。避免带任何会使人想起推销员的皮包。还要注意看看包带或扣是否好使，拉链看看是否能开合自如。当然，别忘了把必备的简历等资料装进去。

3. 注意手和指甲

手是人体中活动最多的部分之一，也常常是人们目光的焦点。因此，在主试看你之前，先看看自己的手，必使其洁净而不要留长指甲。

4. 小饰物要简单适宜

可以带皮夹、手表、手帕，项链、装饰别针、手镯、耳环等饰物都是男性求职者面试时十分忌讳佩戴的。

5. 注意个人卫生

头发要干净、自然。求职者应聘时要保持头发整洁，精心梳理，但不要给人油光发亮、湿淋淋的感觉；发型简单、朴素、稳重大方，不要留鬓角，最好不要留中分头；头发也不能压着衬衣领子；胡须最好刮干净，不要留人丹胡、络腮胡。

身上的怪味应清除。面试时，应试人和主试人的距离一般不会很远，如果你身上散发出汗臭味、腋臭味或烟味等怪味，主试人闻到了肯定会厌恶，这也要影响面试效果。因此，面试前务必把身上的怪味清除掉。清除怪味的办法有多种。一是面试前的那餐饭菜不要吃洋葱和大蒜，也不要喝酒，以免口腔怪味刺人、酒气熏天。饭后漱漱口，最好刷刷牙。二是面试前洗个澡，这既可以把汗臭味冲洗掉，把腋臭味冲淡，也可以使你更加精神抖擞。三是面试前别吸烟，烟味会萦绕不散，气味难耐。四是可以在身上适度地喷些香水，香水既可驱散其他气味，又沁人心脾。香水需提前两三个小时喷，香水的味道应选择清淡型的，如玫瑰香型、米兰型和黄角兰型。

（七）面试结束礼仪

面试结束时，要起身向考官表示谢意。

（1）再次强调你对应聘该项工作的热情，并感谢对方抽时间与你进行交谈。

（2）表示与主考官们的交谈使你获益匪浅，并希望今后能有机会再次得到对方进一步的指导，有可能的话，可约定下次见面的时间。

（3）记住了解结果的途径和时间。

（4）不要随意移动座椅。出门前再次正式地对考官说声"谢谢"，并说"再见"，开关门的动作一样要轻柔。

（5）面试后寄上一封感谢信。信中再次感谢对方抽出时间来接待你，并对该单位表示一番敬意，重申自己对所谈的工作很感兴趣，并简要地陈述自己能够胜任该项工作。求职的人，必须有心理准备，面试人可能是自己未来的老板。

对于即将走上工作岗位的朋友来说，面试是不可或缺的一道门槛。有时候在拥有同等学历条件的前提下，能否在面试中脱颖而出就成为是否成为受聘者的决定条件。因此，面试中的出色表现是非常重要的，而面试礼仪则是考官考察你的主要细节之一。

任务实施

面试时的行为举止是否恰当，是求职成败的关键。求职者要想谋职成功，就要恰当地表现自己，认真对待。

前文述及的小李在择业过程中没有注意自己的仪容、仪表礼仪，过分依赖他人，依赖他人是难以选择到一份满意的工作的。

演一演
　分组演示应聘场景，哪组做得最好？

拓展训练与测评

1. 在上海某单位组织的一次面试中，主考官先后向两位考生提出了同样的问题："我们单位是全国数一数二的大集团公司，下面有很多子公司，凡被录用的人员都要到基层去锻炼，基层条件比较艰苦，请问你们是否有思想准备？"毕业生 A 说："吃苦对我来说不成问题，因为我从小在农村长大，父亲早逝，母亲年迈，我很乐意到基层去，只有在基层摸爬滚打才能积累丰富的工作经验，为今后发展打下基础。"毕业生 B 则回答："到基层去锻炼我认为很有必要，我会尽一切努力克服困难，好好工作，但作为年轻人总希望有发展的机会，不知贵公司安排我们下去的时间多长？还有可能上来吗？"结果 A 学生被录用，B 学生被淘汰。

互评成绩：一等奖_____，二等奖_____，三等奖_____。

2. 王小川要应聘某个公司的文员。这天下午，当他来到面试现场，发现和自己竞争同一个岗位的人很多，于是他就在一旁先等着。在等待过程中，他将身体斜靠在门边，将手插进裤带，不停地东张西望。该公司的前台人员误以为王小川等人，就问他需不需要帮助，他急忙回答不用。这时该公司一个负责招聘的部门经理从他身边经过，看到了他的这种表现，已经在心里为他打好了分数。

自测成绩：_____。

3. 小侯毕业后，投了几十份简历，才获得面试机会。这家公司是人力资源咨询公司，面试方法也与众不同，除了回答问题还在电脑上做了大约 3 个小时的测评题，面试结束后，让他们在两天之内等通知。小侯因为以前有过一年多的人力资源工作的经验，所以主管将他的名字列在录取名单中，等待与老板研究后再确定。第二天下午，心情急切的小侯打电话给公司说："公司录不录取我们没关系，能否把测评结果给我们？"接电话的主管愣了一下，和蔼地告诉他："测评结果只是公司用来选拔人才用，不给个人。"小侯接着又补充一句："录不录取我没有关系，我只想要测评结果，因为我测评了三个多小时呢！"放下电话，主管立即将录取名单取出，划掉了小侯的名字。

欢乐课堂

≫情景模拟

（一）

考官：你有女朋友吗？

应聘者：有。

探究与实践

分组讨论

为什么毕业生 B 被淘汰了呢？面对类似的问题你该如何回答呢？

问 题

王小川的仪态举止是否符合一个公司对员工的要求？通过王小川的面试经历，来谈谈自己体态和举止方面有哪些事项需要注意。

问 题

小侯为什么没有面试成功？请结合案例谈一下电话求职礼仪。

考官：她漂亮吗？

应聘者：不算漂亮。

考官：对不起，我们不能用你。

应聘者：难道女朋友不漂亮也会影响贵公司的形象？

考官：那倒不会。不过，本公司是经营艺术品的，你的审美情趣似乎不适合本公司的业务需求。

（二）

考官：你有女朋友吗？

应聘者：有。

考官：她漂亮吗？

应聘者：很漂亮。

考官：她是你的初恋吗？

应聘者：是的。

考官：对不起，我们不能用你，因为你缺乏不断追求的进取心。

探究与实践

谈一谈

　　根据所学内容探讨，如何在应聘时绕开考官所设的"陷阱"？

項目九
进入职场需要注意的礼仪

项目概述

职场礼仪，是指人们在职业场所中应当遵循的一系列礼仪规范。学会这些礼仪规范，将使一个人的职业形象大为提高。职业形象包括内在的和外在的两种主要因素，而每一个职场人都需要树立塑造并维护自我职业形象的意识。

了解、掌握并恰当地应用职场礼仪有助于完善和维护职场人的职业形象，会使你在工作中左右逢源，使你的事业蒸蒸日上，做一个成功职业人。成功的职业生涯并不意味着你要才华横溢，更重要的是在工作中你要有一定的职场礼仪技巧，将体谅和尊重别人当做自己的指导原则。用一种恰当合理方式与人沟通和交流，你才能在职场中赢得别人的尊重，才能在职场中获胜。

任务一　办公室工作需要注意的礼仪
——办公室礼仪

学习目标

● **能力目标：**
具备处理办公室日常事务的基本能力和技巧。

● **知识目标：**
了解办公室礼仪的基本内容。

● **素质目标：**
自觉遵守办公室基本礼仪，提高自身素质。

任务情境

小孙应聘到一家公司的办公室工作，每天工作时间从早上八点一直到晚上八点，但是他也十分珍惜和喜欢这份工作。因为是单身，下班后他也喜欢待在办公室。因为善于交际，他有很多朋友，朋友下班后也喜欢来找他玩，在他的有空调的办公室聊天、看报纸，偶尔打打牌。一天晚间老板有事来到办公室，遇到小孙和他的两个朋友，小孙忙于工作，没有介绍朋友给老板，他的两个朋友也没有给老板打招呼，虽然停止了聊天、打牌，但坐在那里不知所措，一会儿两个朋友起身离开也没有和老板打招呼。事后小孙失去了这份才干了三个月的工作。

任务分析

机关、企事业单位的办公室作为重要的职能部门，主要负责协调单位的各项工作与内外各方面关系，是单位与外界进行沟通的重要"窗口"。办公室工作人员素质高低，运用办公室礼仪的水平，直接影响到单位的内外形象和利益，甚至影响到单位的长远发展。因此，掌握好办公室礼仪越来越受到各单位的重视，更是挑选办公室人员必须考核的一个重要条件。

相关知识

办公室是一个处理公司业务的场所，办公室的礼仪不仅是对同事的尊重和对公司文化的认同，更是每个人为人处世、礼貌待人的最直接表现。办公室礼仪涵盖的范围其实不小，但凡电话、接待、会议、网络、公务、公关、沟通等都有各式各样的礼仪。其实，在办公室遵守礼仪，是职场人士的基本要求，根本不需要被人刻意强调。不过，现在很多人由于物质的充足而得意忘形，忽略了人生中本来应该知道了解和做到的一些礼仪细节。时代可以改变，生活可以改变，心情可以改变，但是我们的礼仪不能改变。

一、仪表礼仪

（一）仪表端庄、整洁

头发：办公室人员的头发要经常清洗保持清洁，做到无异味、无头皮屑；男士的头发前边不能过眉毛，两边不能过鬓角；女士在办公室尽量不要留披肩发，前边刘海不能过眉毛。

指甲：指甲不能太长，应经常注意修剪，女性职员涂指甲油要尽量用淡色。

探究与实践

想一想

办公室工作人员只要做好自己的工作就可以了吗？办公室礼仪主要包括哪些方面的内容？

面部：女士要化淡妆上岗，男士不能留胡须，胡须要经常修剪。

口腔：保持清洁，上班前不能喝酒或吃有异味食品。

（二）服装应清洁、方便，不追求修饰

服饰要与岗位协调，以体现权威、声望和精明强干为宜。男士最适合穿黑、灰或蓝三色的西服套装，女士则最好穿西装套裙、连衣裙或长裙。男士注意不要穿印花或大方格的衬衫；女士则不宜把露、透、短的衣服穿到办公室里去，否则使内衣若隐若现很不雅观。

衬衫：无论是什么颜色，衬衫的领子与袖口不得污秽。

领带：外出前或要在众人面前出现时，应佩戴领带，并注意与西装、衬衫颜色相配。领带不得肮脏、破损或歪斜松弛。

鞋子应保持清洁，如有破损应及时修补，不得穿带钉掌的鞋。

女士要保持服装淡雅得体，不得过分华丽。

职员工作时不宜穿大衣或过分臃肿的服装。

二、举止礼仪

在公司内职员应保持优雅的姿势和动作。

（1）站姿：两脚脚跟着地，脚尖离开约45度，腰背挺直，颈脖伸直，脸微俯视，使人看清你的面孔。两臂自然下垂，不耸肩，身体重心在两脚中间。会见客户或出席仪式的站立场合，或在长辈、上级面前，不得把手交叉抱在胸前。

（2）坐姿：坐下后，应尽量坐端正，把双腿平行放好，不得傲慢地把腿向前伸或向后伸，不得俯视前方。要移动椅子的位置时，应先把椅子放在应放的地方，然后再坐。

公司内与同事相遇应点头行礼表示致意。

（3）握手时用普通站姿，并目视对方眼睛。握手时脊背要挺直，不弯腰低头，要大方热情、不卑不亢。伸手时，同性间应先向地位低或年纪轻的，异性间应先向男方伸手。

（4）出入房间的礼貌：进入房间，要先轻轻敲门，听到应答再进。进入后，回手关门，不能大力、粗暴。进入房间后，如对方正在讲话，要稍等静候，不要中途插话。如有急事要打断说话，也要把握住机会，而且要说："对不起，打断你们的谈话。"

（5）递交物件，如递文件等，要把正面、文字对着对方的方向递上去；如是钢笔，要把笔尖向自己，使对方容易接着；至于刀子或剪刀等利器，应把刀尖向着自己。

走通道、走廊时要放轻脚步。无论在自己的公司，还是对访问的公司，在通道和走廊里不能一边走一边大声说话，更不得唱歌或吹口哨等。在通道、走廊里遇到上司或客户要礼让，不能抢行。

探究与实践

三、环境礼仪

不在公共办公区吸烟、扎堆聊天、大声喧哗，节约水电，禁止在办公家具和公共设施上乱写、乱画、乱贴，保持卫生间清洁，在指定区域内停放车辆。

饮水时，如不是接待来宾，应使用个人的水杯，减少一次性水杯的浪费。不得擅自带外来人员进入办公区，会谈和接待安排在洽谈区域。最后离开办公区的人员应关电灯、门窗及室内总闸。

个人办公区要保持办公桌位清洁，非办公用品不外露，桌面码放整齐。当有事离开自己的办公座位时，应将座椅推回办公桌内。

下班离开办公室前，应该关闭所用机器的电源，将台面的物品归位，锁好贵重物品和重要文件。

四、接听电话礼仪

电话作为便利的通讯工具在日常生活中的使用很重要，在办公室接听电话的礼仪也非常重要，代表了整个企业的形象。

听到电话铃响时，若在吃东西应该停止，若与同事谈论事情也应等情绪平稳后再接电话，不要边吃东西边打电话，应该停止一切不必要的动作。电话铃响三声之内必须接听。

在接到电话时首先要问候，如果接听电话晚了应该向客人道歉，问候时声音要有精神。然后自报家门，外线报哪个公司，内线报哪个部门。电话交谈时要配合肢体动作，如微笑、点头；讲话的声音不要过大，声调不要太高，话筒离口的距离不要过近，注意倾听，并时不时地说些"嗯""是""对""好"之类的短语。

如果是需要转接的电话，应该请客人等待并且尽快转接；如果是代听电话，应主动询问客人是否需要留言或转告。留言要准确记录，并重复确认留言。

挂电话时要询问客人还有什么吩咐，表示对客人的尊重，没有事情就与客人道谢，感谢来电，说再见，等客人挂电话后再挂电话。

演一演
当接到客户的电话，这个电话找公司的董事长，你如何应对？

五、语言礼仪

在办公室里与同事交往离不开语言，俗话说"一句话说得让人跳，一句话说得让人笑"，同样的目的，但表达方式不同，造成的后果也大不一样。在办公室说话要注意哪些事项呢？

首先，不要跟在别人身后人云亦云，要学会发出自己的声音。老板赏识那些有自己头脑和主见的职员。如果你经常只是别人说什么你也说什么的话，那么你在办公室里就很容易被忽视了，你在办公室里的地位也不会很高了。有自己的头脑，不管你在公司的职位如何，你都应该发出自己的声音，应该敢于说出自己的想法。

不要在办公室里当众炫耀自己，不要做骄傲的孔雀。即使自己的专业技术很过硬，你是办公室里的红人，或者老板非常赏识你，这也不能成为你炫耀的资本。骄傲使人落后，谦虚使人进步。再有能耐，在职场生涯中也应该小心谨慎，强中自有强中手，倘若哪天来了个更加能干的员工，那你一定马上成为别人的笑料。

最后，要记住的是不要把办公室当做诉说心事的地方。总有这样一些人，特别爱侃，性子又特别直，喜欢和别人倾吐苦水。虽然这样的交谈能够很快拉近人与人之间的距离，使你们之间很快变得友善、亲切起来，但心理学家调查研究后发现，事实上只有1%的人能够严守秘密。

所以，若你的生活出现个人危机，如失恋、婚变之类，最好还是不要在办公室里随便找人倾诉；你的工作出现危机时，如工作上不顺利，对老板或某个同事有意见有看法，你更不应该在办公室里向人袒露胸襟。

六、同事相处礼仪

（1）真诚合作。同事之间属于互帮互助的关系，俗话说"一个好汉三个帮"，只有真诚合作才能共同进步。

（2）同甘共苦。同事有困难，通常首先会选择亲朋帮助，但作为同事，应主动问询，对力所能及的事应尽力帮忙，这样会增进双方之间的感情，使关系更加融洽。

（3）公平竞争。同事之间竞争是正常的，有助于相互成长，但是切记要公平竞争，不能背后耍心眼、做损人不利己的事情。

（4）宽以待人。同事之间经常相处，一时的失误在所难免。如果出现失误，应主动向对方道歉，征得对方的谅解；对双方的误会应主动向对方说明，不可小肚鸡肠、耿耿于怀。

七、开关门礼仪

一般情况下，进出办公大楼或办公室的房门，都应用手轻推、轻拉、轻关，态度谦和，讲究顺序。进出房门时，开关门的声音一定要轻，"嘭嘭"的关开门声是十分失礼的。进他人的房间一定要先敲门，敲门时一般用食指有节奏地敲两三下即可。如果与同级、同辈者进入，要互相谦让一下。走在前边的人打开门后要为后面的人拉着门。假如是不用拉的门，最后进来者应主动关门。如果与尊长、客人进入，应当视门的具体情况随机应变，这里介绍通常的几种方法：

（1）朝里开的门。如果门是朝里开的，秘书应先入内拉住门，侧身再请尊长或客人进入。

（2）朝外开的门。如果门是朝外开的，秘书应打开门，请尊长、客人先进。

（3）旋转式大门。如果陪同上级或客人走的是旋转式大门，应自己先迅速过去，在另一边等候。

无论进出哪一类的门，秘书在接待引领时，一定要"口""手"并用且到位，即运用手势要规范，同时要说诸如"您请""请走这边""请各位小心"等提示语。

八、用餐礼仪

现代工作节奏很快，公司员工不可避免地会在办公室中用餐。在办公室中，与同事一起进餐是件方便、愉快的事，但需注意一些小节，以免破坏了你已在同事中树立的良好形象。

在办公室吃饭，拖延的时间不要太长。他人可能要及时进入工作，也可能有性急的客人来访，若仍在吃饭则双方都有点不好意思。

开口的饮料罐，长时间摆在桌上总是有损办公室雅观，也应尽快扔掉。如果不想马上扔掉，或者想等会儿再喝，把它藏在不被人注意的地方。

嘴里含有食物时，不要贸然讲话。他人嘴含食物时，最好等他咽完再对他讲话。由于大家围坐一堂，难免有人讲笑话，因此要防止大笑喷饭的情形，可以每口含食物不太多。

弄得乱溅及吃声音很响的食物会影响他人，最好不吃，吃时也尽量注意点。

有强烈味道的食品，尽量不要带到办公室。即使你喜欢，也会有人不习惯的。其气味会弥散在办公室里，还是很损害办公环境和公司形象的。

食物掉在地上，要马上捡起扔掉。餐后将桌面和地板打扫一下，是必须做的事情。

准备好餐巾纸，不要用手擦拭油腻的嘴，应该用餐巾纸擦拭。

及时将餐具洗干净，用完餐把一次性餐具立刻扔掉，不要长时间摆在桌子或茶几上。如有突然事情耽搁，也记得礼貌地请同事代劳。

📋 任务实施

机关、企事业单位的办公室的特殊地位决定了办公室工作人员

✏️ 探究与实践

注意事项

进入正在开会的会议室不要敲门，进入后将写好的字条交给有关人员。当来访者出现时，应由专人接待，说"您好，我能帮您做些什么吗？"办公时间不许大声笑谈，交流问题应起身走近，声音以不影响其他人员为宜。当他人输入密码时自觉将视线移开。

不翻看不属自己负责范围内的材料及保密信息；对其他同事的客户也要积极热情；在征得许可前，不随便使用他人的物品；同事之间相互尊重，借东西要还，并表示感谢。

不仅要有较强的业务知识，还要有一定的办公室修养，办公室礼仪问题不仅仅是个人的问题，而是直接影响到办公室的形象和效率。

前文提及的小孙之所以失去工作，主要是因为不懂得办公室应酬的基本礼仪。尽管本人很珍惜这份工作，也很努力，但作为办公室工作人员首先要懂得最基本的办公室礼仪，其中重要的一点是尊重领导，维护领导在单位和外人中的威信。本来小孙的朋友来访无可厚非，但是办公室并非私人场所，在此打牌和聊天都是不合适的，最为严重的是，当老板来时，小孙应该介绍他们互相认识，维护领导的威信，否则让领导感觉不是滋味，自己倒成了外来的、多余的一样，让气氛很尴尬。

拓展训练与测评

1. 王芳，某高校文秘专业高材生，毕业后就职于一家公司做文员。为适应工作需要，上班时，她毅然放弃了"清纯少女妆"，化起了整洁、漂亮、端庄的"白领丽人妆"：不脱色粉底液、修饰自然、稍带棱角的眉毛，与服装色系搭配的灰度高偏浅色的眼影，紧贴上睫毛根部描画的灰棕色眼线，黑色自然型睫毛，再加上自然的唇型和略显浓艳的唇色，虽化了妆，却好似没有化妆，整个妆容清爽自然，尽显自信、成熟、干练的气质。但在公休日，她又给自己来了一个大变脸，化起了久违的"青春少女妆"：粉蓝或粉绿、粉红、粉黄、粉白等颜色的眼影，彩色系列的睫毛膏和眼线，粉红或粉橘的腮红，自然系的唇彩或唇油，看上去娇嫩欲滴，鲜亮淡雅，整个身心都倍感轻松。心情好，自然工作效率就高。一年来，王芳以自己得体的外在形象、勤奋的工作态度和骄人的业绩，赢得了公司同仁的好评。

互评成绩：一等奖_____，二等奖_____，三等_____。

2. 选择题

案例1

上司办公桌上的机密文件

琳达是费希德（上海）公司销售部经理的秘书，当秘书还不到一个月。这天上午，琳达的上司被公司市场总监叫出去了，他俩站在办公室门口聊天。办公桌上的电话铃响了，琳达过去接电话时，发现桌子有份印有"公司机密不得外传"的文件翻开在那里。面对这种情况，琳达应该怎么办？下面有 5 个选项：a. 因为是在上司的办公室，公司外部的人也看不见这份文件，所以这么放着没什么事。b. 给正在与市场总监聊天的上司发短信，请示他如何处置办公桌上的机密文件。c. 将文件放进保险柜里，上司回来后，马上向他报告。

探究与实践

分组谈论
　通过该案例说说我们该如何注意自己的职业形象？

d. 给老同事艾玛打电话，问她可否在上司返回座位之前自己把文件保存起来。e. 机密文件这么摊着可能会被不该看到的人看到，所以用其他资料将文件盖上。请从上面 5 个选项中挑选出 1 个你认为合适的，并说明理由。

案例 2

秘书工作的基本原则

小王是腾飞仪器（北京）公司财务总监的秘书。她上个月才大学毕业，人力资源部请一位老同事对她进行培训。这位老同事告诉她做秘书工作的一些基本原则。下面有 5 个选项：a. 在处理上司交办的工作时，如果遇到不明白的地方，不要自作主张，而是在请上司确认之后再处理。b. 在上司身边工作，肯定会比一般员工多知道一些公司机密，所以即使知道了也要装作不知道。c. 秘书不能只等上司给自己交办工作，应该学会自己找事做。d. 即使上司指示你帮他处理一些个人私事，你同样要处理好。这事到底与上司的工作有没有关系，可以在处理完之后再去确认。e. 因为秘书的工作就是帮助上司处理日常杂务，所以秘书应仔细观察上司，了解他现在想做什么，从而提前主动为他提供帮助。请从上面 5 个选项中挑选出 1 个你认为不合适的，并说明理由。

案例 3

上司自己的工作出错

王菲是香港玛丽制衣（深圳）公司总经理秘书。这天上午，王菲一边在前台值班，一边润色给总经理起草的发言稿。当王菲正在给一位新来的客人沏茶时，行政部经理过来说总经理急着要看发言稿。王菲说还有点没改完，如果总经理急着要，那就请他帮忙把把关再送给总经理，他说没问题。但中午行政部经理对王菲大发脾气，说总经理对发言稿很不满意。面对这种情况，王菲应该怎么办？下面有 5 个选项：a. 由于当时太忙，没有仔细检查，我下次一定注意！b. 我当时就给你说清楚了还没改完，你应改完之后再交给总经理呀！c. 实在不好意思，我今后一定注意！d. 头，别太在意，就是总经理自己不也经常出点小差错吗？！e. 总经理也是鸡蛋里面挑骨头，有点小毛病自己随手改改不就完了吗？！请从上面 5 个选项中挑选出 1 个你认为合适的，并说明理由。

自测得分：_____。

3. 你希望自己将来进入办公室工作吗？你具备办公室人员所需要的礼仪修养吗？

欢乐课堂

>>> 情景模拟

有一天上班，领导对我说："世界那么大，你就不想去看看？"

心里一惊！这是炒鱿鱼的新词么？我稳稳地回答："领导，您就是我的全世界！"

领导笑着说："这么说，你是不愿出去了？"

我义正词严地表示："领导放心，公司就是我的家，我哪儿也不去！"

领导："那太好了，这次安排大家出国旅游，正在为留守人发愁呢！既然你不去，你就留守吧！"

探究与实践

谈一谈

怎样才能做到我以单位为家、单位以我为荣？

任务二　在工作中和同事交往的礼仪
——同事交往礼仪

学习目标

● **能力目标：**

正确运用与同事相处的技巧和方法。

● **知识目标：**

了解在工作中与同事相处的技巧和方法。

● **素质目标：**

在工作中树立团队意识，提高工作效率。

任务情境

李伟最近发现女上司总是压制他，尽管李伟提了很多合理化建议，最终都被女上司否决了，而且说是总经理决定的。女上司在工作中并没有真的决策什么，只是充当"二传手"，在中间不给意见也不给方向。李伟很不满女上司的做法，时间长了就有了负面情绪，做事也事倍功半。

想一想

假如你是李伟，你该如何改变目前的状况？

任务分析

同事是与自己一起工作的人，与同事相处得如何，直接关系到自己的工作、事业的进步与发展。

良好的同事关系必然会给自己在工作、事业等各个方面带来成功。然而，在现实生活中，由于把握不好"火候"，同事关系反倒成了自己成功之路上障碍的例子屡见不鲜。

每天在职场中埋头苦干是不行的，想要在职场中有所成就，除了要工作出色，也要会做人，那就是如何与同事和睦相处。与上下级交往时应该多注意礼仪方面的问题，真诚合作、宽以待人、公平竞争、主动打招呼、诚实守信都是与同事相处必须遵守的礼仪行为规范。

相关知识

同事之间关系融洽、和谐，人们就会感到心情愉快，有利于工作的顺利进行，从而促进事业的发展；反之，同事关系紧张，相互拆台，经常发生摩擦，就会影响正常的工作和生活，阻碍事业的正常发展。

一、与上司交往的礼仪

（1）熟悉上级的心理特征，进行正常的心理沟通。与上级交往，同与其他人交往一样，都需要进行心理沟通。上级也是人，同样存在七情六欲。不熟悉上级的心理特征，就不能进行良好的情感交流，达不到情感的一致性。

上级与下级的工作关系，不能完全抛开情感关系。上下级之间双方心理上接近与相互帮助，会减少相互的摩擦事件和冲突；反之，情感差异很大，就免不了要发生心理碰撞，影响工作关系。《战国策》中"触詟说赵太后"一段很能说明这个问题。赵太后刚刚当政时，秦国发兵进犯，形势危急。赵国向齐国求救，而齐国却要赵太后将最疼爱的小儿子长安君做人质，才肯出兵。太后舍不得让长安君去，大臣们纷纷劝太后以国事为重，结果君臣关系闹翻了。太后说："有复言令长安君为质者，老妇必唾其面！"这时候，左师触詟求见，他避而不谈长安君之事，先从饮食起居等有关老年人健康的问题谈起，来缓解紧张气氛，即托太后关心一下他的小儿子舒祺，引起太后感情上的共鸣。太后不仅应允，而且破颜为笑，主动谈起了怜子问题，君臣关系变得和谐、融洽起来。这时，触詟因势利导，指出君侯的子孙如果"位尊而无功，俸厚而无劳"是很危险的，太后如果真疼爱长安君，应该让他到齐国做人质，以解赵国之危，为国立功，只有这样，日后长安君才能在赵国自立。这番入情入理的劝导使太后幡然醒悟，终于同意长安君入齐为质。

了解、熟悉上级的心理特征是为了更好地处理工作关系，不应当怀有个人动机而投其所好，以达到取悦上级之目的。

探究与实践

演一演
作为下级，你怎么给领导汇报工作？

　　领导者的工作需要得到上级的支持和帮助，为了组织的共同目标有时要对上级进行建议和规劝，这些离开良好的心理沟通是无法奏效的。社会心理学研究认为，交往频率对建立人际关系具有重要作用。对上级不交往，采取回避态度，很难和上级的认识取得一致，没有一致的认识，相互之间的支持、协调、配合都将大受影响。

　　（2）服从上级的领导，不要对上级采取抗拒、排斥态度。下级服从上级是起码的组织原则。一般情况下，上级领导的决策、计划不可能全是错误的，即使有时上级从全局考虑出发，与小单位利益发生了矛盾，也应服从大局需要，不应抗拒不办。更何况有的人因为与上级产生了矛盾，明知上级是对的，也采取抗拒、排斥态度，那更不应该。感情不能代替理智，领导者处理工作关系，不仅有情感因素，更要求理智地处理问题。顶牛、抗拒、排斥不是改善上下级关系的有效途径。下级与上级产生矛盾后，最好能找上级进行沟通，即使上级的工作有失误，也不要抓住上级的缺点不放。及时地进行心理沟通，会增加心理相容，采取谅解、支持和友谊的态度。

　　（3）敢于给领导提建议，但不一定用逆耳之言。在工作中给领导提建议时，一定要考虑场合，注意维护领导的威信。提建议一般应注意两个问题：不要急于否定原来的想法，而应先肯定领导的大部分想法，然后有理有据地阐述自己的见解；要根据领导的个性特点确定具体的方法。如对严肃的领导可用正面建议法，对开朗的领导可用幽默建议法，对年轻的领导可直言建议法，对老领导可用委婉建议法。

　　（4）要设身处地从上级角度想问题，不要强上级所难，上级要关心、帮助、支持下级，这是不言而喻的。但是在人际交往中，特别是在对上级交际中，下级经常会发生非感情移入心理障碍，即不设身处地考虑上级在实际工作中遇到的情况，脱离现实主客观条件对上级提出要求，如果达不到则进行"发难"。

二、与下属交往的礼仪

　　（1）尊重下属的人格。下属具有独立的人格，领导不能因为在工作中与其具有领导与服从的关系而损害下属的人格。这是领导最基本的修养和对下属的最基本的礼仪。

　　（2）善于听取下属的意见和建议。领导者应当采取公开的、私下的、集体的、个别的等多种方式听取下属的意见，了解下属的愿望，这样既可提高领导的威信，又可防止干群关系的紧张。

　　（3）宽待下属。领导应心胸开阔，对下属的失礼、失误应用宽容的胸怀对待，尽力帮助下属改正错误，而不是一味打击、处罚，

探究与实践

更不能记恨在心、挟私报复。

（4）培养领导的人格魅力。作为领导，除权力外，还应有自己的人格魅力，如良好的形象、丰富的知识、优秀的口才、平易近人的作风等，这些都是与领导的权力没有必然联系的自然影响力。

（5）尊崇有才干的下属。领导不可能在各方面都表现得出类拔萃，而下属在某些方面也必然会有某些过人之处。作为领导，对下属的长处应及时地给以肯定和赞扬。例如：接待客人时将本单位的业务骨干介绍给客人，在一些集体活动中有意地突出一下某位有才能的下属的地位，节日期间到为单位做出重大贡献的下属家里走访慰问等，都是尊重下属的表现。这样做，可以进一步激发下属的工作积极性，更好地发挥他们的才干。相反，如果领导嫉贤妒能、压制人才，就会造成领导和下属的关系紧张，不利于工作的顺利开展。

三、同事之间的礼仪

（一）处理好同事关系的原则

（1）尊重同事。相互尊重是处理好任何一种人际关系的基础，同事关系也不例外。同事关系不同于亲友关系，它不是以亲情为纽带的社会关系，亲友之间一时的失礼可以用亲情来弥补，而同事之间的关系是以工作为纽带的，一旦失礼，创伤难以愈合。所以，处理好同事之间的关系，最重要的是尊重对方。

（2）物质上的往来应一清二楚。同事之间可能有相互借钱、借物或馈赠礼品等物质上的往来，切忌马虎，每一项都应记得清楚明白，即使是小的款项，也应记在备忘录上，以提醒自己及时归还，以免遗忘而引起误会。

向同事借钱、借物，应主动给对方打张借条，以增进同事对自己的信任。有时，出借者也可主动要求借入者打借条，这并不过分，借入者应予以理解。如果所借钱物不能及时归还，应每隔一段时间向对方说明一下情况。

在物质利益方面无论是有意或者无意地占对方的便宜，都会在对方的心理上引起不快，从而降低自己在对方心目中的人格。

（3）对同事的困难表示关心。同事有困难，通常首先会选择亲朋帮助，但作为同事，应主动问询，对力所能及的事应尽力帮忙，这样会增进双方之间的感情，使关系更加融洽。

（4）不在背后议论同事的隐私。每个人都有"隐私"，隐私与个人的名誉密切相关。背后议论他人的隐私，会损害他人的名誉，引起双方关系的紧张甚至恶化，因而是一种不光彩的、有害的行为。

（5）对自己的失误或同事间的误会，应主动道歉说明。同事之间经常相处，一时的失误在所难免。如果出现失误，应主动向对方道歉，征得对方的谅解。对双方的误会应主动向对方说明，不可小肚鸡肠、耿耿于怀。

（二）处理好同事关系要诀

1. 确立一个观念：和为贵

在中国的处世哲学中，中庸之道被奉为经典之道，中庸之道的精华之处就是以和为贵。同事作为你工作中的伙伴，难免有利益或其他方面的冲突，处理这些矛盾的时候，你第一个想到的解决方法应该是和解。毕竟，同处一个屋檐下，抬头不见低头见。与同事和睦相处，在上司眼中，你的分量将会又上一个台阶，因为人际关系的和谐处理不仅仅是一种生存的需要，更是工作上、生活上的需要。

和同事相处是一件容易的事。和谐的同事关系让你和周围同事的工作和生活都变得更简单、更有效率。

要想拥有和谐的同事关系，还必须记住一句话："君子之交淡如水"。大家在同一个公司里工作，个人的交情肯定大不相同，远近亲疏自然是存在的。问题的关键就在于应该如何处理这"远近亲疏"的关系。远近亲疏的关系若因为共同的利益扩大化，甚至出现了营私舞弊、相互倾轧，这是一个优秀团队内部的大忌，甚至可以说是一个团队瓦解分化的开端，结果就是导致整个团队的瘫痪。为了避免这样的事情发生，我们要做的就是控制好与同事之间远近亲疏的关系。我们应该这样想，无论你与一个同事的关系是亲还是疏，这都是你们私人之间的关系，而这种关系更是工作以外的关系，不应该对你们的工作产生任何的影响。道理虽然很简单，但实际上人与人之间的感情并非如书面所描述的那般容易控制。尽管你的心里明明白白："我一定不能把私人关系带到工作中来。"但是更多的时候，很多行为都是个人喜恶的自然流露，连你自己都感觉不到。控制好远近亲疏的程度，最好的办法莫过于"君子之交淡如水"。

好朋友的形成和维持都是需要条件的。要成为好朋友，情投意合固然重要，但两个人之间不能存在着明显的利益冲突。两个存在明显的利益冲突、存在显性的或是隐性的利益竞争的人，是很难成为好朋友的。即使是已经成为好朋友的两个人，在面临明显的利益冲突和竞争的时候，也常常会使感情陷入僵局，因为人本性是自私的，谁也逃脱不掉。公司是一个充满了太明显的竞争和利益冲突的场合，影响和干扰人与人之间亲疏远近关系的因素实在是太多了。好朋友之间太容易出现矛盾和裂痕，就算人的主观上有再好的希冀也难以避免。正是因为如此，所以在公司里，还是"君子之交淡如

探究与实践

小贴士
　　同事相处秘诀：
秘诀一，性格开朗些；
秘诀二，礼仪周到些；
秘诀三，竞争含蓄些；
秘诀四，作风正派些。

水"为好。

2. 必须学会尊重同事

在人际交往中，自己待人的态度往往决定了别人对自己的态度，你若想获取他人的好感和尊重，必须首先尊重他人。

研究表明，每个人都有强烈的友爱和受尊敬的欲望。由此可知，爱面子的确是人们的一大共性。在工作上，如果你不小心，很可能在不经意间说出令同事尴尬的话，表面上他也许只是脸面上有些过意不去，但其心里可能已受到严重的挫伤，就会因感到自尊受到了伤害而拒绝与你交往。

一位哲人曾提出过这样的问题：将军和门卫谁摆架子？答案是门卫，因为将军有着雄厚的资本，他不需要架子作支撑。现实生活中也是如此，拥有优势的人常常胸怀大度，其自尊和面子足矣，无须旁人再添加。

与你同一阶层甚至某方面不如你的人，很可能因为自卑而表现出极强的自尊，他仅有的一点儿颜面是需要你细心呵护的，如果你能以平等的姿态与其沟通，对方会觉得受到尊重，而对你产生好感。因此，要谨记，没有尊重就没有友谊。

要做到尊重同事，就必须自觉保守同事的秘密。

同事的秘密无非来自两个渠道，一个是同事亲自告诉你的，一个就是同事以外的一切途径。同事这么信赖你，你怎么可以把他的隐私随便散布出去呢？其他途径得知的消息在你这里终止，散布通道在你这里彻底被截断。总之，一句话，就是不能让嘴巴给自己惹祸。古人说"祸从口出"，在公司这种人际关系圈子里面，用这句话时刻警醒自己！

3. 要尽量避免与同事产生矛盾

同事与你在一个单位中工作，几乎日日见面，彼此之间免不了会有各种各样鸡毛蒜皮的事情发生，各人的性格、脾气禀性、优点和缺点也暴露得比较明显，尤其每个人行为上的缺点和性格上的弱点暴露得多了，会引出各种各样的瓜葛、冲突。这种瓜葛和冲突有些是表面的，有些是背地里的，有些是公开的，有些是隐蔽的，种种的不愉快交织在一起，便会引发各种矛盾。

同事之间有了矛盾，仍然可以来往。

任何同事之间的意见往往都起源于一些具体的事件，而并不涉及个人的其他方面。事情过去之后，这种冲突和矛盾可能会由于人们思维的惯性而延续一段时间，时间长了也会逐渐淡忘。所以，不要因为过去的小意见而耿耿于怀。只要你大大方方，不把过去的事当一回事，对方也会以同样豁达的态度对待你。

即使对方仍对你有一定的成见，也不妨碍你与他的交往。因为在同事之间的来往中，我们所追求的不是朋友之间的那种友谊和感情，而仅仅是工作。彼此之间有矛盾没关系，只求双方在工作中能合作就行了。由于工作本身涉及双方的共同利益，彼此间合作如何、事情成功与否都与双方有关。如果对方是一个聪明人，他自然会想到这一点，这样，他也会努力与你合作。如果对方执迷不悟，你不妨在合作或共事中向他点明，以利于相互之间的合作。

同事之间有了矛盾并不可怕，只要我们能够面对现实，积极采取措施去化解矛盾，同事之间仍会和好如初，甚至比以前的关系更好。

4.要学会与各种类型的同事打交道

每一个人，都有自己独特的生活方式与性格。在公司里，总有些人是不易打交道的，比如傲慢的人、死板的人、自尊心过强的人等等。所以，你必须因人而异，采取不同的交际策略。

（1）应对过于傲慢的同事。与性格高傲、举止无礼、出言不逊的同事打交道难免使人产生不快，但有些时候你必须与他们接触。这时，你不妨尽量减少与他相处的时间。在和他相处的有限时间里，你尽量充分地表达自己的意见，不给他表现傲慢的机会。另外，交谈言简意赅。尽量用短句子来清楚地说明你的来意和要求，给对方一个干脆利落的印象，也使他难以施展傲气，即使想摆架子也摆不了。

（2）应对过于死板的同事。与这一类人打交道，你不必在意他的冷面孔，相反，应该热情洋溢，以你的热情来化解他的冷漠，并仔细观察他的言行举止，寻找出他感兴趣的问题和比较关心的事进行交流。与这种人打交道你一定要有耐心，不要急于求成，只要你和他有了共同的话题，相信他的那种死板会荡然无存，而且会表现出少有的热情。这样一来，就可以建立比较和谐的关系了。

（3）应对好胜的同事。有些同事狂妄自大，喜欢炫耀，总是不失时机自我表现，力求显示出高人一等的样子，在各个方面都好占上风。对于这种人，许多人虽是看不惯的，但为了不伤和气，总是时时处处地谦让着他。可是在有些情况下，你迁就忍让，他却会当做是一种软弱，反而更不尊重你，或者瞧不起你。对这种人，你要在适当时机挫其锐气，使他知道，山外有山，人外有人，不要不知道天高地厚。

（4）应对城府较深的同事。这种人对事物不缺乏见解，但是不到万不得已或者水到渠成的时候，他绝不轻易表达自己的意见。这种人在和别人交往时，一般都工于心计，总是把真面目隐藏起来，希望更多地了解对方，从而能在交往中处于主动的地位，周旋在各种矛盾中而立于不败之地。和这种人打交道，你一定要有所防范，不要让他完全掌握你的全部秘密和底细，更不要为他所利用而陷入他的圈套之中。

（5）应对口蜜腹剑的同事。口蜜腹剑的人，"明是一盆火，暗是一把刀。"碰到这样的同事，最好的应对方式是敬而远之，能避就避，能躲就躲。如果在办公室里这种人打算亲近你，你应该找一个理由想办法避开，尽量不要和他一起做事，实在分不开，不妨每天记下工作日记，为日后应对做好准备。

（6）应对急性子的同事。遇上性情急躁的同事，你的头脑一定要保持冷静，对他的莽撞，你完全可以采用宽容的态度，一笑置之，尽量避免争吵。

（7）应对刻薄的同事。刻薄的人在与人发生争执时好揭人短，且不留余地和情面；惯常冷言冷语，挖人隐私，常以取笑别人为乐，行为离谱，不讲道德，无理搅三分，有理不让人；会让得罪自己的人在众人面前丢尽面子，在同事中抬不起头。碰到这样的同事，你要与他拉开距离，尽量不去招惹他。吃一点儿小亏，听到一两句闲话，也应装做没听见，不恼不怒，与他保持相应的距离。

任务实施

在工作中，同事可以说是相处时间最多的人了，同事之间的关系直接影响到你的事业发展。

在职场中，礼貌很关键，人际关系一定要妥善处理，服从上级，尊重同事。对前文所述的李伟，不管是不是总经理的意见，他可以换个姿态请教一下女上司，告诉她自己现在比较郁闷，才思枯竭了，也不知道哪里出了问题，请她给些建议点拨一下。有可能女上司否决李伟的提议并不是老总的意见，只是女上司需要他的尊重。她可能觉得李伟傲气了，要杀杀他的锐气，如果他放下自己的架子和傲气，她也会反过来接受李伟的意见。

拓展训练与测评

1. 小王毕业于北京一所名牌大学，毕业后回到家乡，在一家国有银行内从事信贷业务，工作很出色。但干了三年后，小王对所干的工作感到厌倦，想从事新鲜刺激的工作，他认为家乡的环境不适合自己发展，于是决定去南方发展。

通过网上的招聘启事，小王准备应聘某证券公司厦门营业部的业务经理。一个月后，经过厦门营业部吴总的面试，觉得小王的条件符合公司的要求，决定聘用小王作为大客户部的经理，负责大客户部的工作。小王通过两周该证券公司北京总部的培训，成绩优良，正式开始工作。大客户部包括小王共有4人，小王除了负责正常的日常管理，还要承担一部分业务工作。原大客户部在公司内业绩一直不错，但小王接手后，3个月业绩一直下滑，大客户部的业务员对小王的工作能力和管理能力产生怀疑。吴总觉得有必要对小王的工作进行一定的了解，就让其助理马小姐具体去了解情况。马小姐原为大客户部经理，对大客户部的情况很熟悉。马小姐从大客户部的业务员了解到小王所具有的背景业务知识能力符合工作的需要，但其工作方式和管理方式确实存在问题，与部属的沟通也不够。业务员反映，小王不懂厦门话，与部分客户无法沟通，又不需要他们帮助；与客户进行业务接触时不够灵活，只顾按照工作程序进行，造成客户不便；要求业务员无论大事小事都汇报，业务员的决策空间狭窄。马小姐觉得这是小王原有工作思维方式的原因，在培训中又没有融入公司的文化中，造成大客户部的业绩下滑。马小姐将此情况向吴总作了汇报，吴总找小王谈了一下，决定派马小姐帮助小王工作，尽快使工作走上正轨。在随后的三周内，马小姐去了小王大客户部60次，马小姐认为小王的工作仍没有起色，与同事仍无法沟通，两人几次为一些小事起争执，最后由吴总出面协调。吴总决定再找小王谈谈，其间将马小姐所见的小王工作方式和管理方式的不足，向小王提出了改进意见，并严肃地指出大客户部的工作必须在短期内得到改进。小王感觉到很沮丧，原认为马小姐过来帮助自己，现在却成为自己的监视者。随后的一周内，小王为使工作业绩改善，拼命工作，但由于独自一人在厦门，工作压力过大，没有人照顾，病倒了。小王养病期间，吴总专门抽出时间来看望小王，要小王安心养病，小王生病时间，由马小姐代其管理大客户部。

小王回忆从家乡辞职到厦门这几个月时间的工作经历，不禁自问，难道当初辞职到厦门来是错误的吗？难道自己真的无法融入公司的文化？马小姐对自己的评价是正确的吗？上班后如何面对马小姐和大客户部的同事们？自己是否该辞了这份工作？

互评成绩：一等奖_____，二等奖_____，三等奖_____。

2. 阿嫚初来公司时，积极肯干，精力旺盛，得到大家的好评。但时间一长，大家发现，所有的人必须围着她转，不断夸奖她才行；所有的事情，不管与她是否有关，她都要参与一下、评论一下才行；如果别人与她有不同意见，或对她所做的事情稍有不满稍做批评，她马上非常不高兴，想尽办法诋毁对方，在工作中为难对方，到老板那里去告状，大家都难以接受。

自我中心型的人对别人的评价十分敏感，尽量不要在这类人面

探究与实践

分组讨论
（1）有人认为，小王家乡与厦门城市文化的差异使小王无法融入公司的文化，你的看法如何？
（2）你认为吴总让马小姐帮助小王工作的方式正确吗？请简短说明。
（3）小王病好后，该不该辞职？若不辞职，如何改进工作和处理同事之间的关系？

问题
假如阿嫚是你的同事，你该如何和她相处？

前逞强，以免发生冲突。与这类人相处要坚持自己的目标，完成自己的工作，并给予她激励与表扬，多发现其闪光点。

自测得分：_____。

3. 我是刚参加工作的大学生，我在工作中遇到一些问题，同事老是让我帮他们做这做那的，有的不是我分内的事情。我也知道同事之间应该互相帮助，可我是一个自己的事自己做、不喜欢麻烦别人的人，可他们老是让我做这做那，不管我愿不愿意，我也不会拒绝别人，我现在觉得自己好像他们的奴隶一样，所以现在满反感他们让我做事。我知道是我自己的心态，我应该适当地笑着拒绝别人，让别人知道我的想法，我平时也不大会说话。

欢乐课堂

≫ 情景模拟

下午老板开会说：咱们公司员工一定要团结，大家好比一个键盘，所有的人都好比按键，一个萝卜一个坑，都是不可缺少的。一男同事带有挑逗的味道说：那老板我是什么按键呐？老板说：你就像 F7，占个地方，到现在我都不知道你能干什么用！大家笑喷了……

探究与实践

问 题
"我"该怎么办？

谈一谈
作为单位的一名员工，你能为单位做些什么？

项目十
民俗礼仪

项目概述

礼俗是约定俗成的、为一定地区或特定团体的民众生活有序而形成的行为规则，具有自发性、自在性、随习性和传承性。

中国是一个地域辽阔、民族众多的国家，不同的地区、不同的民族孕育了不同的习俗、不同的礼仪。礼深入到了社会生活的每一个角落，可谓无时不在、无处不有。由于受到科学发展水平的限制和思想认识能力的局限，我国民间产生了大量禁忌。我们要"入国问禁，入境问俗，入门问讳"。

任务一　我国传统的人生礼俗

学习目标

● **能力目标：**

懂得我国人生礼俗礼仪的特征与应遵循的原则。

● **知识目标：**

了解我国人生礼俗礼仪的相关知识。

● **素质目标：**

在各种场合中都能很好地规范自己的行为，养成良好的礼仪习惯。

任务情境

鲁迅先生曾经讲过，有婴儿出生，如果贺客说，这孩子将来长命百岁，主人家一定会欢天喜地；如果贺客说，这孩子将来会死，则肯定会被暴打出门，尽管他说的是千真万确的真理。

想一想

你参加过哪些关于人生礼俗的仪式？每一种礼俗中都该注意哪些礼节？

任务分析

人生礼俗是人生习俗中最重要的活动，它贯穿一个人从生到死的整个旅途，为平平淡淡的人生增添了色彩，是人生历程中的里程碑，体现了民族文化的特色。

中国是一个农耕文明发达的国度，人丁的兴旺决定着国家的繁荣；中国又曾是一个重血缘的宗法制国家，子嗣的繁衍意味着家族的昌盛。葛洪《抱朴子》谓："人之有礼，犹鱼之有水矣。"人们特别看重生老病死、婚丧嫁娶的礼仪，以表达丰富多彩的情感。

相关知识

人生礼俗，即民俗活动中体现出来的各种人生礼仪，这是一般人生活中的礼仪实践。一个人从出生到死亡可以划分为许多不同的重要阶段。在人生的不同阶段，个人必须接受与其地位、职责相关的价值观念和行为准则，从而确定人们的身份、角色及与之相应的权利和义务。每个人的人生历程都是从一个阶段走向另一个阶段的过程，人生礼俗就是整个人生历程的实际见证和标志。如毕业典礼标记着一个学生学业的结束和完成。

一、人生礼俗的基本功能

（一）标记功能

礼俗具有明显的标记功能。在人的一生中，有许多仪式活动是为了标记人的不同的生活阶段。例如，在中国古代，幼年时期的男女都不结发，多为垂发。到了一定阶段，女子要行"笄礼"，即用簪子把头发盘起来。笄礼是女性进入成年时期的标志，也就是说到了可以谈婚论嫁的年龄了。此后，如果女性已经订婚，那就还要系缨。缨是一种五色丝绳，凡女子许嫁，都用它来束发，以表示确定了婚配的人家。到了成婚之日，这条丝绳须由新郎亲手取下，标志女性已成为人妇（参见《中国风俗大辞典》）。现代婚礼，还有结婚戒指等礼俗。

（二）社会功能

在仪式中人们可以实现自己的社会角色转换。如成年礼的功能实际上是一个人告别自己的童年时代，而进入到成年人的阶段，还可以说是从一个"无性"的世界进入到一个"有性"世界的过程，因此成年礼的主要功能之一在于使一个人的身份通过仪式活动得到社会的承认，从而可以享受应有的权利和必须承担的责任与义务。

又如中国传统的丧葬礼仪在很大程度上说不是为了死者，而是为了生者。人们举行的一系列仪式活动，以及通过穿插于其中的饮食、服饰、祭祀等活动，都是为了通过丧葬礼仪重新强化和整理家族或宗族之间的关系和秩序，并期待社会的认可。家族中的人身份不同，在丧葬里扮演的角色也不同，为亲人守孝的时间也不同，有三年的、三个月的、几日的。

（三）心理功能

人生礼仪的另一个重要功能是在协助人们实现角色转换的同时，实现心理转换，安抚人们在角色转换时期不安的心理状态。例如，在中国很多地方，新娘子出嫁时要唱《哭嫁歌》。在四川宜宾地区，一套《哭嫁歌》主要包括女儿开口哭、娘哭女、哭爹娘、哭弟弟、哭外公外婆、哭舅舅、哭哥嫂、骂媒等等。《哭嫁歌》的内容之一是表达女儿与父母、亲人之间难分难舍的亲情，以及女儿对父母养育之恩的感激之情。还有一个重要内容是母亲对女儿出嫁以后的告诫，比如"对公婆要恭敬，对小姑要细心，妯娌之间要和气"，表达了父母对女儿角色变换的担心。

中国有句俗话："嫁出去的女儿，泼出去的水。"结婚，对女性与其家庭来说，就是一种生离死别。女性出嫁时，心理活动很复杂，既有对父母的依恋感激，又有对未来的担忧恐惧。《哭嫁歌》从某种意义上讲，就是情绪宣泄的一种途径，帮助女性完成心理转换。

二、人生礼仪民俗的分类

人的一生有几个主要的阶段，即出生、成年、婚嫁及死亡。据此，我们把人生礼仪民俗分为四个部分来加以阐述。

（一）诞生礼

诞生礼是个体人生的开端礼。一个婴儿的出生，只有通过为其举行的诞生礼，才由生物的存在获得社会的意义，为家庭、为亲属所认可。从我国重视子嗣的实际情况看，诞生礼包括婴儿出生之前及成长过程中的一些礼俗活动，大体可分为求子礼俗、孕期礼俗和贺诞礼俗三个阶段，其中又以贺诞礼俗最为重要。

1. 求子礼俗

我国传统上讲究多子多福，更有"不孝有三、无后为大"之说。由此衍生了一些民俗。

在湖南长沙，有元宵舞龙灯送子活动，当龙灯到达家门时，请求龙身绕妇人一次，又让男孩骑在龙身上，在堂前绕圈，古时称作"麒麟送子"。后以该图案刺绣或剪纸送妇人，表示"早得贵子"。

《岁时广记》卷一记载："俗号正月二十日为天穿日，以红缕系煎饼饵置屋上,谓之补天穿。"天穿节至今仍在四川等一带流行,时间不一,有的在正月初七、十九、二十等,一般以正月二十为多。这是信仰女娲遗风。女娲为人之母,司生殖,又曾经炼石补天。天穿节摸石求子,由此而来。

2. 孕期礼俗

忌食生姜,以免孩子多指;忌食兔肉,以免孩子豁唇;忌食公鸡,以免孩子夜啼;忌食螃蟹,以免胎横难产。这反映了过去对孕妇流产、难产及生残缺儿等不能作出科学解释。孕妇的某些禁忌有其合理性,比如少去公共场所、少登高爬楼梯等。

各地在产期临近时有催生习俗。如杭州旧时送催生礼时要携带一具笙,吹着进门,以"吹笙"寓意"催生"。

3. 贺诞礼俗

(1)产妇"坐月子":产妇在生产的一个月内不能做事、不能出门,精心调养。

(2)"洗三":婴儿出生第三天举行庆贺仪式,又称为"三朝"。这是家庭庆贺增添人丁的仪式,也是标志新生儿降临的人生大礼。"洗三"馈送:外婆家及亲朋以红鸡蛋、衣帽、鞋袜等相赠贺,主人家则设酒款待,共吃红鸡蛋。宋《梦粱录》记载:三日,女家送冠花、彩缎、鹅蛋,以金银缸儿盛油蜜,顿于盘中……并以茶饼鹅羊果物等合送去婿家,谓之送三朝礼也。婴儿沐浴:请老妇人给婴儿洗浴,边洗边唱祝福辞,如"毛毛洗了三,身子壮如山;毛毛洗了三,骑马做高官"(侗族);"长流水,水流长,聪明伶俐好儿郎";"先洗头,做王侯;后洗腰,一辈更比一辈高";此外,洗三时还要给孩子起乳名。中国人以前都是唤着乳名、小名长大,铁蛋、阿狗、阿猫的,名字越贱越容易养活。

(3)"满月":进入人群的礼俗,婴儿出生一月叫"满月",父母发帖宴客庆贺,亲友携衣物、食品或摇篮等礼祝贺,即"剃满月头"。"剃满月头"很有讲究。比如北方地区不是将胎发全部剃光,在其脑后留一撮毛,俗称"百岁毛",认为这样可以长命百岁。南方如义乌男孩顶发剃成方形,据说是乌纱帽翅形状,长大可以当官;女孩剃成桃形,长大美丽如仙桃。剃下的胎发不能随意丢弃,有的将胎发揉成团,用彩线挂在堂屋高处,据说这样小孩将来会有胆有识;有的将胎发用红纸包好,挂在门后以压邪。

(4)"抓周":预卜前程的礼俗,婴儿满一周岁时,要举行抓周仪式,即让不懂事的婴儿随意抓取预先摆放好的物件,来预兆小孩的人生志趣、喜好、职业和前途。这是一种占卜性的礼俗,实际上寄托了长辈对儿孙的期望。抓周预兆前途的礼俗由来已久,南北

说一说
你抓周抓到了什么?

朝颜子推在《颜氏家训·风操》中已记载江南地区新生儿满一周岁时"试儿"风俗，"观其发意所取，以验贪、廉、愚、智"。抓周试儿习俗历朝沿袭，至近代仍在全国流行。抓周仪式时，小孩洗澡后穿上新衣，将糕点果品、文房四宝、书籍玩具、剪刀秤尺等放置席上，让小孩坐在当中，任他伸手去抓，小孩抓到的第一件东西就代表了他日后的志趣和职业。比如抓到笔墨，说明爱读书，会金榜题名；抓到算盘，说明有能力经商，会发家致富；抓到点心的，说明喜欢吃喝。

现代的生育礼仪远没有传统生育礼仪那么复杂。然而一个年轻的生命来到人世间，毕竟是一件重大的事情，所以对于满月和百日还是要举行一定的仪式。亲朋好友知道一个生命呱呱坠地后，也会携带衣服、食品、水果、玩具等礼品陆续去看望产妇和婴儿；在满月那一天，部分家庭会摆上满月酒，恭请亲朋好友光临，感谢亲朋好友送来的礼物和祝福；在百日那天，农村甚至部分城里人仍然盛行给婴儿打制长寿锁、百家索或手足镯子等；在周岁时，外公外婆还会送来衣服、玩具之类的礼物。

（二）成年礼仪

成人礼又称"成丁礼"，是男女青年步入成年时举行的礼仪。成人礼宣告了年轻人迈入社会的开始，表示从此能够独自承担社会赋予的权利和义务。中国古代成年礼，男的称作"冠礼"，女的称作"笄礼"。成年礼也是对青年男女的约束，表示他们应该成为品德完美的人，故意义重大。

一般来说，古代男子20岁举行冠礼，女子15岁举行笄礼。根据《仪礼·士冠礼》记载，冠礼是由主持仪式者在宗庙给青年男子戴三次帽子，称"缁布冠""皮弁""爵弁"，分别象征男子从此有了成人的权利、服兵役的义务和参加祭祀活动的资格，并可择偶婚配。女子的笄礼规模要小一些，主要由家长为女儿改变发式，将头发绾成一个髻，插上簪子（即笄），俗称"上头"，表示从此结束少女时代，可以嫁人结婚。古代冠礼由于程序繁琐，至明清以后在民间逐渐泯灭，但类似成年礼的习俗一直影响到今天。

2005年5月4日首都年满18岁中学生在天安门广场举行成年礼。有的学校组织18岁的学生举行成年仪式，宣誓自己成年，以增强生活的自信心和对社会的责任感。

（三）婚姻礼仪

婚礼是维系人类自身繁衍和社会延续的最基本的制度和活动。在人生礼俗中，婚礼是继成年礼后举行的一项非常重要、非常神圣的仪式，所谓"婚姻大事，不能儿戏"，它标志着青年男女组建新

探究与实践

知识链接

日本的成人节

日本政府宣布，从2000年开始，把成人节的日期改为每年1月第二周的星期一，全国放假祝贺。各个市、镇、村为步入20岁的青年男女举行成人仪式。

家庭的开始。

我国各地区各民族的婚姻形态多种多样，贯穿于婚姻过程中的礼俗也各有差别。以汉族传统婚礼而言，中国古代就有"六礼"的说法，即婚礼过程前前后后分为纳采、问名、纳吉、纳征、请期、亲迎六个步骤。"六礼"大约肇始于周代，完备于汉代，本来是士大夫阶层礼仪，后来普通百姓的婚姻也渐渐遵行"六礼"。

1. 纳采

纳采是婚姻程序的开始，是男家请媒人带着礼物到女家求婚。先秦时纳采礼物往往是大雁。

2. 问名

问名是求婚后男方托请媒人问女方姓名、八字，准备合婚的仪式。

当女家接受男方的求婚意向后，男方就写信遣请媒人打听女方姓名，女家出具名氏、排行及出生年月日时生辰八字。问名并不专对女方，男方同时也向女方出具其子的姓名等。

3. 纳吉

纳吉是男家得女子的姓名及生辰八字后，放在家庙占卜婚姻吉凶，或直接请卜卦者测算。若占卜成功，八字相合，男家就"下帖"告知女家，女家若接下帖子，就表示议婚告成，答应该门婚事。"纳吉"婚俗，一方面表示在传统家族势力影响下，诸如婚姻大事必须求取祖先神灵的认可和保佑；另一方面也暗示着"姻缘前定""天作之合"，以求吉利完满。

4. 纳征

纳征也叫"纳币""纳成"，是男家向女家赠送聘礼，也就是后世所说的"下彩礼""下茶礼""过礼""定聘"，是正式的订婚仪式。因此，纳征可谓是婚礼之前最重要的环节。聘礼在汉以前象征意义重于物质价值，而南北朝以后风气一变，"嫁娶必多取资"，索取重聘颇为流行。唐五代以后"门当户对"的观念更加淡薄，缔结婚姻时家资财产成为重要考量因素。

5. 请期

请期是由男家卜得迎娶吉日，告知女家，选定双方都满意的大好日子，后世称为"下日子""送日子""定日子""下婚书"和"探话"。

6. 亲迎

亲迎是婚礼的高潮，礼数也最为周全。"六礼"中的前面五礼都是为亲迎做准备工作，可称为"议婚"礼俗，亲迎则是成婚礼俗。近代人们称为婚礼的往往就是指传统的"亲迎"。亲迎礼仪，通常是男方迎娶而女方相送。整套礼仪相当繁杂，主要有如下程序：

花轿迎娶，女子出阁哭嫁——辞亲之礼。

进门拜堂——一拜天地（拜了天地祖宗，才成为家庭中的正式成员），再拜高堂（拜了父母诸亲，才成为儿媳），夫妻对拜（夫妻之间交拜，最终缔结了婚姻）。

结发礼——唐以后新郎新娘各剪一绺头发绾成同心结式样的发髻，以为吉祥信物，故人们把元配夫人称"结发妻"或"发妻"。

交杯酒——宋之前为一起用餐，共食合瓢；宋以后用双杯，两杯以彩丝相连，夫妇共饮，表示同心同德、相亲相爱。

闹洞房——汉代以后，娶亲纳妇，必有亲朋围坐新房之中，戏谑百端，称作"闹房""闹洞房"。这种习俗尤其流行于民间中下层。人们认为"越闹越发，不闹不发"，又说"新婚三日无大小"。由于取闹无度，传统士大夫对这种习俗诟病很多。

回门——婚后一日夫妻双双回娘家，探望女方父母，又称"成婿礼"。

六礼是西周所规定的婚姻成立条件，婚姻解除的条件则是"七出三不去"。"七出"是解除的具体条件，"三不去"则是对"七出"的限制。"七出"：一是无子，二是淫，三是不顺父母，四是口多言，五是盗窃，六是妒忌，七上恶疾。"三不去"是对"七出"的限制，一是有所取无所归，二是与更三年丧，三是前贫贱后富贵。第一是指结婚时女方父母健在，休妻时已去世，原来的大家庭已不存在，休妻等于无家可归。二是和丈夫一起为父亲或母亲守孝三年的不能被休。三是结婚时贫穷、后来富贵的，"贫贱之妻不可弃"。

新中国成立以后，我国广大城乡基本上实行了恋爱自由、婚姻自主的制度。

恋爱一般由相识、约会、求爱、热恋和求婚五个阶段组成。相识一般通过朋友、婚姻介绍所、媒体等方式实现。

相识的时候要注意的礼节：把自己的真实情况告诉对方，同时要摸清对方的真实情况，切不可弄虚作假或自欺欺人；相识的青年男女如有好感即可约会。

约会要热情而不轻浮，大方而不大手大脚，按时赶到约会地点。

约会后，一方爱上了对方，似乎找到了心中早已期待的白马王子或茜茜公主，即向对方展开求爱攻势，以获得对方的爱情。

求爱的方式很多，有当面求爱、电话求爱、写信求爱等。对于情窦初开的男女来说，鸿雁传情似乎更受欢迎。

求爱的时候要做到感情热烈而不失于卑鄙下流，风度翩翩而不失于高傲冷漠，善解人意而不失于讨好谄媚，知己知彼而不失于盘根追底。

求爱成功后即进入热恋阶段。热恋阶段的男女会感到一切都是美好的，甚至包括对方的缺点。

此时要注意的礼仪是尊重对方、关心对方、爱护对方，不能让对方的身心受到任何的伤害。

恋爱的最后一关是求婚。求婚的礼仪：胆大心细，找到对方最能接受的表达方式；思前想后，找到求婚的最佳时机。

结婚是人生的一件大事，要举行一定的仪式，或大办酒席，或举行茶话会，或举行歌舞晚会，或举行集体婚礼，或旅行结婚等等。

与传统婚俗礼仪相比，现代婚俗礼仪大为简化。传统婚礼中的纳采、问名、纳吉、纳征、请期、亲迎六个步骤在现代婚礼中基本消失，只余下一些剪影反映传统习俗在现代社会中的衰退。同时西方文化的冲击，使得现代婚姻礼仪日渐趋于西方婚礼的简洁化、方便化。

现今，西方的婚庆仪典慢慢在中国流行起来，但是，传统婚礼仍是中国结婚礼仪中的主流，现代中式结婚礼仪与中国传统结婚礼仪不同的是添加了一些西方的元素：

（1）祭祖：男方在出门迎娶新娘之前，先祭拜祖先。

（2）出发：迎亲车队以双数为佳。

（3）燃炮：迎亲礼车行列在途中，应一路燃放鞭炮以示庆贺。

（4）等待：新郎礼车至女方家时，会有一男童持茶盘等候新郎，新郎下车后应赏男孩红包答礼，再进入女方家。

（5）讨喜：新郎应持捧花给房中待嫁之新娘，此时，新娘之闺中密友要拦住新郎，不准其见到新娘，女方可提出条件要新郎答应，通过后才得进入。

（6）拜别：新人上香祭祖，新娘应叩拜父母道别，并由父亲盖上头纱，而新郎仅鞠躬行礼即可。

（7）出门：新娘应由福高德劭女性长辈持竹筛或黑伞护其走至礼车，因为新娘子在结婚当天的地位比谁都大，因此不得与天争大。

（8）礼车：在新娘上礼车后，车开动不久，女方家长应将一碗清水、白米撒在车后，代表女儿已是泼出去的水，以后的一切再也不予过问，并祝女儿事事有成、有吃有穿。

（9）掷扇：礼车启动后，新娘应将扇子丢到窗外，意谓不将坏性子带到婆家去，扇子由新娘的兄弟拾回。掷扇后必须哭几声，且在礼车之后盖"竹筛"以象征繁荣。

（10）燃炮：由女方家至男方家的途中，同样要一路燃放礼炮。

（11）摸橘子：迎新车队到达新郎家时，由一位拿着橘子或苹果的小孩来迎接新人，新娘要轻摸一下橘子，并赠红包答礼。这两个橘子要放到晚上，让新娘亲自剥皮，意谓招来"长寿"。

（12）牵新娘：新娘由礼车走出时，应由男方一位有福气之长辈持竹筛顶在新娘头上，并扶新娘进入大厅。进门时，新人绝不可踩门槛，而应横跨过去。

（13）喜宴：时下颇流行中西合璧式的婚礼，大都在晚上宴请客人同时举行观礼仪式。在喜宴上，新娘可褪去新娘礼服，换上晚礼服向各桌一一敬酒。

（14）送客：喜宴完毕后，新人立于家门口送客，须端着盛香烟、喜糖之茶盘。

（15）闹洞房：新人被整之灾情大小，视新人是否曾在其他的婚礼上戏弄别人，或平素待人够不够忠厚等。

我国地域辽阔，各地婚姻风俗各有不同，现代社会节俭、文明、低碳的婚礼越来越受年轻人的欢迎。

（四）丧葬礼仪

丧葬礼仪，是人的一生当中最后一项"脱离仪式"。它是指人死后，亲属、友人、邻里，为之举行殓殡、祭奠、哀悼的习俗惯制。死亡是人生的终点，中国传统奉行"视死如生""慎终追远"的价值观，因此对丧葬礼仪非常看重。丧葬礼仪既包括埋葬亡者的一整套程序，也包括生者为死者服丧守孝的各项礼仪。在古代礼仪中，丧礼是极其讲究的，尤其是子女对父母服丧礼仪，往往成为衡量一个人道德品格的重要标准。它涉及的范围非常广泛，内涵也极其复杂。另外，葬礼的形式多种多样，从葬法上来看，主要有土葬、火葬、天葬、风葬、水葬、塔葬、悬棺葬等。

中国人非常看重葬礼，传统葬礼十分繁琐复杂且有一些迷信成分。在现代文明冲击下，今天的丧葬礼仪已比过去简化，追悼会开过立即火化，没有过多的讲究。丧礼毕竟是很庄严的大事，一些必要的丧礼知识应该了解，这样才能保证去世亲人丧礼仪式的完美郑重。在真正发生丧事时，作为朋友，应立即到死者家里表示哀悼之意，如因距离过远，无法前往吊唁，则应及时联系其家人表示哀悼。

关系比较亲密的朋友，一般应亲自参加哀悼，并帮助死者的家人做一些事，如照看孩子、迎接来客及照料家属等。

期间如果有很要好的朋友愿意负责安排丧葬事宜，其帮助可说是无限的，因为死者的亲人们这时候多半心情不好，无法做出理智的安排，而且慌乱中，很可能做出很多日后会觉得后悔的事来。如果没有要好的朋友帮忙负责安排，也应找一位亲属（多为男性）负责，然而这种事情常常会由死者的儿子负责，而他必须严格控制自己情绪。

> ▌**探究与实践**

> 谈一谈
> 你参加他人葬礼时，是一种什么心情？该怎样对待生命？

1. 通知亲友

如果死者家属有人不在场,在场的人第一件要做的事是通知死者家属,并通知一二位能干的、与死者关系亲密的好朋友。死者家属及亲密朋友应以电话通知近亲戚,即使他们住地远,也应以电话予以通知。

2. 死亡证明书

死亡证明书应由负责照料死者的医生填写。如果是猝死或意外事件死亡,或死时因某种原因没有医生在场时,则应由公医检验,确定死亡原因,填写死亡证明书。这种手续必须立即完成,因为其他一切事项均需等死亡证明书完成签证之后才能开始进行。

3. 发布讣告

讣告是死者所属单位组织的治丧委员会或者家属向亲友或有关单位报丧时使用的通知或文书。讣告通常包括死者生前职衔、死亡时间、直系亲属名字、殡葬时间及地点等。

4. 陪葬衣物

负责安排丧葬的人,应在死者家属协助下,将死者陪葬的衣服准备好,供死者穿用。陪葬的服装无严格的规定,可以穿死者生前喜欢的服装,也可以穿死者生前在正式场合穿用的服装。年轻女子死亡时多穿白色服装,小孩子则着学生装。结婚戒指一般都给死者带着下葬,而其他首饰都取下。现在人们都习惯在殡仪馆举行吊唁仪式、开追悼会。死者的家属也常常在这里接见前来吊唁的朋友。

5. 收送花圈

参加吊唁和追悼会的人可以送花圈表示哀悼。花圈一般送到殡仪馆,在花圈的白色缎带上通常上联写"×××千古",下联写"×××敬挽"。死者家属可请一人专门负责花圈有关事宜,并记录送花圈的人名和单位,以便日后表示谢意。如果讣告已写明有"恳辞花圈"时,就不要送花圈了。另外赠送鲜花给失去亲人的要好朋友,也很有意义。丧事过后若能经常性地赠送一些鲜花,会使失去亲人的人因你持久的同情而感到安慰。

6. 吊唁

现代丧事吊唁仪式大多都在殡仪馆举行,死者家属也在殡仪馆接见前往吊唁的亲友,这样的话,主持丧事的人应在发布讣告时把家属到达殡仪馆接受亲友前往吊唁慰问的时间予以公布。其他时间,人们想前往吊唁,但又觉得自己与丧家的关系不够密切而不便打扰时,则到殡仪馆会客间,在预先准备好的签名簿上签名后离开即可。

7. 追悼会及其仪式

不论城市或乡村，不论单位或民众家庭，人死了，开追悼会来寄托哀思，是现在人们常用的应当提倡的一种新式丧礼。开追悼会既悼念死者，也体现了社会文明，逐渐为人们所接受。

追悼会的规模不宜太大，会场要布置得庄严肃穆，可用青树叶、柏枝、白纸花扎几个花圈，两边挂上挽联。送花圈时要小心轻放。仪式开始之后，所有女性祭奠人员均应保持一切穿戴不动。男士如果穿着大衣，可继续穿着，也可以脱下挂在手腕上，帽子则应脱下拿在手上。追悼会仪式程序如下：

（1）×××同志追悼会开始，全体肃立。

（2）奏哀乐。

（3）向×××同志遗像致敬，默哀。

（4）敬献花圈（如事前已献花圈的，则只宣布献花圈的单位名单即可）。

（5）×××同志致悼词。

（6）×××代表讲话。

（7）宣读唁电、唁函。

（8）家属（或家属代表）讲话。

（9）奏哀乐，散会。

8. 遗体告别仪式

近年来，除了那些极有成就的名人以开追悼会的形式向死者表示哀悼外，一般人死了都只进行遗体告别仪式，这种做法比追悼会更简单些，其仪式如下：

（1）×××同志遗体告别式开始。

（2）奏哀乐。

（3）向×××同志遗体致敬、默哀三分钟。

（4）献花圈。

（5）致哀悼词。

（6）向×××同志遗体告别（与会人成单排缓慢走过灵床）。

（7）散会。

9. 送葬

死者所有的家属得知殡葬时间，应即行参加送葬。如果讣闻写明为"家奠"，则死者的朋友可以不必送葬，除非死者家属另有通知请求他们参加送葬。若讣告写有殡葬时间、地点，可认为是正式邀请参加送葬。是否愿意参加，一切由自己决定。当然，如果你是死者家中的常客或与死者家属为密友，不参加送葬就会被认为是无情无义了。

探究与实践

227

参加朋友的葬礼所穿的服装，不一定非穿黑色的，除非你要与死者家属坐在一起，但只要你参加送葬便仍以选择黑色及不鲜艳夺目的衣服穿着为宜。

10.骨灰安放仪式

安放骨灰盒的礼仪，一般在墓地进行。墓地一般立有墓碑。墓碑的正面刻有墓中人的姓名、立碑人及立碑时间。碑的背面不刻写碑文。

死者亲属肃立墓穴前，由承祀人（墓中人的子、女）手捧骨灰盒缓缓放入墓穴。然后封穴盖顶。封穴毕，在墓碑前的亲属献上花圈、鲜果，并行礼致哀。

倘若骨灰盒是安放在殡仪馆或火葬场的骨灰盒存放室，则仪式可以从简。只是在骨灰盒前安放小花圈和鲜果进行祭供，并行礼致哀。

11.服孝

我国传统的丧服礼制比较复杂，讲究"穿白戴孝"，不同的亲友穿不同的丧服，持服期也不等。现在丧礼、丧服大大简化，大多数人都尽可能地设法节哀，并避免让自己的悲愁心情影响别人。而穿孝服则很容易让人回想起过去。也常常妨碍穿着者过正常的生活。

现在丧葬期间，死者家属一般只戴一条黑布（纱）表示亲人去世，自己正在哀期，还表示对亲人的哀思怀念。亲友去世后，举行追悼会时，在场的人在左胳膊上也都套戴黑纱，表示对亡者哀悼。有的男子服孝时亦可同时穿黑色袜子，戴黑色手套，穿黑色鞋子，打黑色领带，穿白色衫衣（忌穿花衫衣）。戴黑纱上班或工作时，有时会觉得很不方便，因为戴黑纱意味着凡是见着你的熟人都应向你致慰问之意，而这样的事又常为多数男士所回避，因而有些男士服孝期间上班时，除穿黑色袜子、白色衬衣外，不再另戴任何服孝标记。

现在，女士们通常都要上班，为方便起见，穿上不太引人注目的孝服，也是绝对可以的。事实上，女士们若是经常穿着黑色衣服或灰色衣服，而在胸前用一点点白色加以点缀，根本不会引人特别注意。"窗口"行业的女士，穿着孝服时，必须考虑可能会影响到将接触的顾客们的心理，如在亲人死后一天或几天之后，仍穿着平时的服饰到工作场所，就不致令人侧目而视了。

不论任何时候，小孩均不应穿黑色孝服。

失去丈夫的女士，或失去妻子的先生，完全可以在适当时间获得再婚慰藉。但如果仍在服孝期间即接受新的爱情，则难免被人视为薄情。

（五）拜把子

拜把子为旧时汉族社会交际习俗，又称结盟、结拜、换帖等，流行于四川各地。基于共同利益的个人或集团，以磕头换帖、同饮血酒、对天盟誓的方式结为兄弟，以共同的信仰和誓言来约束和维护共同的利益关系。

探究与实践

（六）送节礼

送节礼为汉族交际习俗，民间凡遇春节、端午、中秋等重大节日，嫁出去的女儿携女婿，分家另过的儿子携媳妇，带上礼物回家拜望父母。亲朋好友之间也在上述节日期间互相拜节送礼。该习俗现仍流行，只是所送礼物随时代发展已有变化。

（七）办出师酒

此为学三年跟三年的汉族社会习俗，流行于四川各地。旧时投师学艺一般需三年时间。按习俗，三年之中，师傅只管徒弟伙食，会给少量衣鞋钱和剃头钱，不给工钱，徒弟出工得的工钱也归师傅。三年期满后，许多徒弟还要跟三年才能独立谋生。这三年里，徒弟相当于半个工人，有一定收入。技师学艺满三年后，如果所学技术已过关，征得师傅同意，便可"出师"。届时，徒弟要大办"出师酒"，请行内有名气的人来参加，祭祀行业祖师神，酬谢师傅的教艺之恩。徒弟给师傅叩头，送给师傅衣帽鞋袜；师傅退还投师文约，对徒弟说些祝愿的话。按规矩，无钱谢师、未办出师酒的，不能算出师。

然而，我们也要清醒地认识到，传统礼仪中不乏迷信的因素、不健康的因素和封建宗法的因素，我们必须善于剔除封建迷信等精神糟粕，继承和发扬科学的、文明的、健康的礼仪精华，从而丰富社会主义精神文明的内容。

任务实施

礼，为中华文明的精髓。中国一向被视为礼仪之邦，礼貌的本质就是体谅、照顾他人的感情。中国人的礼貌是发自内心的礼貌。

诞生、成年、婚姻、去世是人生最重要的几个阶段，在不同的人生阶段，家族、社会为当事人举行不同的礼仪，以表示家族、社会对当事人的欢迎、认可、希望、祝福、思念，这是无可厚非的，也是具有积极的社会意义的。

礼节者，顾名思义，谓有礼有节。有礼即讲礼貌，待人要有恭敬的态度；有节是守规矩，行事要有节度，不可过之，亦不可不及。

子孙繁衍是家族大事，诞生礼自然隆重热闹。婴儿满月时，亲戚朋友纷纷上门恭贺，预祝宝宝健康成长，长命百岁，并馈赠营养食品与幼儿鞋帽衣物。主家请亲朋好友吃饭，一般吃鸡蛋，寓有"圆满"之意；或吃面条，寓有"长寿"之意。

拓展训练与测评

1. 小王的婚礼现场气氛十分热烈，年轻朋友在一起闹翻了天。婚礼现场就应该有热闹的气氛，但是如果长时间无节制地打闹很容易产生一些不愉快，最终破坏这种美好气氛，以至耽误良辰吉日，影响婚礼进行。这时，婚礼司仪出面协调了，只说了一句："如果各位年轻朋友能够静静地坐到座位上，我们一起为一对新人鼓掌祝福，我想这是对新人最好的祝福，新郎新娘一定会非常感谢你们！"各种嘈杂声应声而止。

司仪一点也没破坏现场的美好气氛，却能让大家知道司仪是什么意思了。

互评成绩：一等奖_____，二等奖_____，三等奖_____。

2. 某君参加葬礼时，突然手机响了，令人最尴尬的铃声："今天是个好日子。"某君急忙掏出手机，关上铃声。一分钟后，铃声再起："今儿真高兴。"

自测成绩：_____。

3. 你好朋友的父亲过世了，朋友第一个打电话通知了你。你该怎么做呢？

欢乐课堂

≫ 情景模拟

比克的祖母来到学校，对校长说："我想看看我们家淘气的比克上课时的样子，他一定很可爱吧。"校长说："很抱歉，今天不行。他请假参加您的葬礼去了。"

任务二　我国传统的节日礼俗

学习目标

● **能力目标：**

能够正确运用各种节日礼仪。

● **知识目标：**

了解并掌握我国节日礼俗的相关知识。

● **素质目标：**

自觉遵从我国人生礼俗、节日礼俗。

探究与实践

分组讨论

我们在参加一些人生礼俗仪式时，该注意哪些礼节？

问　题

说说你对这件事的看法。在日常生活中，这方面的礼仪你注意了吗？

谈一谈

你参加过葬礼吗？心情如何？

任务情境

放鞭炮，拿红包；祭祖，扫墓；吃粽子，赛龙舟；吃月饼，赏圆月。

这些都是什么节日？各在哪一天？

任务分析

中华民族拥有自己独特而丰富的传统节日。在这些节日中，有祭祀性节日，如清明节、中元节等；有生产性节日，如二月二龙抬头节、中秋节等；有纪念性节日，如端午节、寒食节等；有娱乐性节日，如元宵节、重阳节等；还有综合性节日，如春节等。每一个节日都有其来龙去脉，每一个节日都有其民俗学上的意义，每一个节日都有一连串美丽动人的故事。

元　日

（宋）王安石

爆竹声中一岁除，春风送暖入屠苏。

千门万户曈曈日，总把新桃换旧符。

这是王安石的一首描写春节的诗，春节是中华民族最重大的节日。从悠悠远古到现代文明，在几千年的历史长河中，我们中华民族形成了许多特有的传统节日、独特的民风民俗。我们了解中华民族的传统节日，感受灿烂的民族文化，也要注意每个传统节日的礼仪规范。

相关知识

我国的节日习俗是祖先在长期社会生活过程中，为适应生活和生产的各种需要而创造出来，并经过不断发展而传承下来的民族习俗。

一、春节

百节年为首，四季春最先。春节（含除夕）是炎黄子孙历史最悠久、最隆重、最富于民族特色的节日。春节又叫"过年""年节"，其影响遍及祖国的四面八方、海外华侨和华人。在中国历史上，上自帝王显贵，下至村野山民，家家要过年，人人要过年。在我国多民族的国度中，除藏族、白族、傣族等有自己的年历，各自过本民族的年节外，其他各民族都同汉族一道过春节。

探究与实践

想一想

春节是我国传统习俗中最隆重的节日。此节乃一岁之首。古人还有哪些对春节的称呼？

中国人过年的礼仪是很复杂的。一进腊月门，过年的气氛便一天浓似一天。有民谚云：腊鼓鸣，春草生。乡民们为祈求福寿吉祥、避灾免祸，在广场上敲起细腰鼓，戴上假面具、扮成力士金刚的模样跳起乡风舞，来祈求平安。

从宋代起，腊月初八吃腊八粥就成了百姓的习俗。据说腊八粥是从寺庙传至民间的。释迦牟尼在得道成佛之前，游历各地，饥饿昏倒，一个牧羊女用五谷杂粮将其救活，由此精神百倍，得道成仙。这一天就是腊月八日，于是相沿成习。腊八粥用黄米、江米、小米、菱角米、粟子、红小豆、去皮枣泥等，和水煮熟，再加核桃仁、杏仁、瓜子、花生、榛穰、松子，及白糖、红糖和葡萄干以作点染即成。至今这一习俗不废，只是粥中原料有些变化而已。

喝了腊八粥，就安排好日子扫扫尘埃，一般是在辞灶前，家家户户把房子内外清扫得干干净净，把家具衣物洗涤得新新崭崭，以示除旧迎新。送灶，是在腊月二十三日。旧时这一天的晚上，民间有送灶神的习俗。在黄河流域诸省送灶用些糖瓜之类，还要备些清水草豆，据说糖瓜是给灶神吃的，清水草豆是为灶神的马匹准备的。祭毕，将灶神请下，与千张、元旦一同焚化，到除夕再入接灶供奉。送灶，在一些地方也称过小年，要燃放鞭炮，有吃饺子和年糕的习俗。

按照我国农历，正月初一是"岁之元，月之元，时之元"，是一年的开始。传统的庆祝活动则从除夕一直持续到正月十五元宵节。

每到除夕这一天，家家户户要摆天地桌，供奉家祖和神灵，在室内（多是卧室内）贴年画，多是四美图和一些忠孝节义的故事，以山东潍坊杨家埠、江苏桃花坞和天津杨柳青的为最好。在大门上要贴春联，并在门楣上挂门钱。家家户户阖家欢聚，一起吃年夜饭，称"团年"。然后一起守岁，叙旧话新，互相祝贺鼓励。长辈要将事先准备好的压岁钱分给晚辈，"岁"与"祟"谐音，晚辈得到压岁钱就可以平平安安度过一岁。晚辈要双手接过压岁钱，说谢谢，还要对长辈说一些吉利的祝福语。

到了晚上零时，由家长将新灶神像贴好，于像前放些贡品，意思是把灶神从天上接下来了，直到现在许多地方仍有这一习俗。守岁和年夜饭是春节的重要内容，零点时分辞旧迎新鞭炮声响起，爆竹烟花将节日的喜庆气氛推向高潮。我国北方地区在此时有吃饺子的习俗，取"更岁交子"之意，而南方有吃年糕的习惯，象征生活步步高。全家人辞旧迎新，共庆新的一年的开始。现在我国人民除夕家家户户坐在电视机前看春节晚会，共品生活美酒，形成了新的春节习俗。

除夕过后，新年伊始，人们相见要互致问候，互相登门拜年，走亲访友，互致节日祝贺，联络感情。拜年的习俗各地并不相同，但一般初一上午不走亲访友。出去拜年要穿戴整洁。出门遇到熟人、朋友要恭贺新年，说些吉利话，即使是遇见平时与之开惯了玩笑的人也不能随便开玩笑。见到长辈要行拱手礼。走亲访友要携带礼物。

过年时，招待宾客的食物有讲究，通常以谐音讨口彩，比如吃柿子、苹果寓意事事平安，吃年糕则意味着年年高升。

春节期间，人们还经常走上街头，参加舞狮子、耍龙灯、踩高跷、逛花会等娱乐项目。

现今社会，人们生活富裕，春节期间娱乐方式丰富，也要注意喜庆有度，不应为了自己开心而打扰了邻居们休息。

春节前后，社会团体一般要举办迎春会、团拜会、招待会，同时要去探望高龄的老同志。民间在外地生活的人们，也纷纷放下工作，奔回父母身边，共享天伦之乐。。

春节期间要特别注意语言禁忌，尽量说一些好话、吉利话，如"多""余""好"等字眼，切忌说"病""死""完了"之类的不详话。

二、元宵节

农历正月十五是一年中第一个月圆之夜，叫元宵节，又称"上元节"或"灯节"。自唐朝开始，民间就有元宵之夜观灯的风俗。现在元宵节有很多节俗活动。

春节从除夕关门守岁开始，到元宵节，是人们不断扩大活动范围、人际关系得到加强的过程。初一给家长拜年，初二回娘家拜年，以后逐步扩大拜年范围到一般亲戚朋友，但也局限在熟人之间。初五是破五，农活可开始干，商店可以开门了，社会开始正常运作。到了正月十五，全体社会成员不分男女老幼都加入到节日活动中，所以元宵节具有确认全体社会成员（包括彼此不认识的）相互关系的意义。元宵节是真正意义上全社会的"狂欢节"，连平时被限制在家的古代妇女也可以自由出门游玩了。元宵节允许民众自由娱乐，这是古代社会针对过分严格的礼法制度而设计的一个发泄渠道。一些年轻人借机会见意中人。

（一）吃元宵

吃元宵是元宵节最主要的活动。古时候人们把元宵这种食品叫汤圆、汤团或团子。元宵的形状是圆形，又含着一个"圆"字的同音字，象征着团圆、美满、吉祥、和睦的家庭，所以人们多取其意，这一天要吃元宵。现代人又赋予汤圆以新的解释，那就是甜甜蜜蜜、团团圆圆，象征一家团圆、幸福美满。这种解释多少有点凡庸，但

读一读

十五夜观灯
（唐）卢照邻

锦里开芳宴，
兰红艳早年。
缛彩遥分地，
繁光远缀天。
接汉疑星落，
依楼似月悬。
别有千金笑，
来映九枝前。

是它很符合人们的内心希望，元宵节因此获得了新的文化意义。

（二）灯会

在夜间举行，一般从正月初十开始就行动起来，人人动手，家家户户扎花灯、点花灯，特别是到了元宵节的夜晚时分，更是举烛张灯，结彩为戏，供人观赏，所以元宵节又称"灯节"。在明清时，花灯的样式最为繁多，数不胜数。现在政府、民间都会组织大型灯会。

和其他传统节日强调"阖家团聚"不同，元宵节更强调"普天同庆"。元宵节被人们视为春节最后的高潮，因为过了这天，人们就要真正进入新一年的生产生活，所以在元宵节全民欢庆，以祈求上苍保佑来年风调雨顺、庄稼丰收，这也表达了人们对新年的美好期盼。

三、二月二

农历二月初二是汉族的春龙节，俗称"龙抬头"。之所以定在二月初二，是因为从节气上说，农历二月初正处在"雨水""惊蛰""春分"之间，要春耕了，这是个既需要雨水又可能有降雨的时期，有雨则意味着秋天的丰收。

根据中国古代天文学，二十八星宿中的东宫七宿形似一条南北伸展的巨龙，在冬季这苍龙七宿都隐没在地平线下，至二月初黄昏来临时，角宿就从东方地平线上出现了，这时整个苍龙的身子还隐没在地平线以下，只是角宿初露，故称"龙抬头"。

"二月二龙抬头"在元朝正式成为节日。按旧俗，我国北方大部分地区，这天早晨家家户户打着灯笼到井边或河边挑水，回到家里点灯、烧香、上供。这一天，家家户户要吃面条、炸油糕、爆玉米花，还要熏虫、炒豆。

民间很多人正月不剃头，大都等二月二这天剃头，其名曰"剃龙头"。年年剃龙头，长大成人定会龙腾虎跃、金榜题名有出息。我国人们崇拜各种龙，特别是孩子们戴着龙头龙身龙尾嬉乐游戏，把龙的全身都摆动起来，这是祈祷苍龙一跃千里、龙腾高空。

二月二，农民还有往屋角撒石灰、灭五毒的风俗。有的还用红纸剪成大公鸡，贴在窗户上，来镇压五毒。

四、清明节

清明节是我国民间重要的传统节日，是重要的八个节日（上元、清明、立夏、端午、中元、中秋、冬至和除夕）之一。

清明节，据传始于古代帝王将相"墓祭"之礼，后来民间亦相仿效，于此日祭祖扫墓，历代沿袭而成为中华民族一种固定的风俗。

本来，寒食节与清明节是两个不同的节日。到了唐朝，将祭拜扫墓的日子定为寒食节。寒食节的正确日子是在冬至后一百零五天，约在清明前后，因两者日子相近，所以便将清明与寒食合并为一日。

在仍有些寒冷的春天，又要禁火吃冷食，怕有些老弱妇孺耐不住寒冷，也为了防止寒食冷餐伤身，于是就定了踏青、郊游、荡秋千、踢足球、打马球、插柳、拔河、斗鸡等户外活动，让大家出来晒晒太阳，活动活动筋骨，增加抵抗力。因此，清明节除了祭祖扫墓之外，还有各项野外健身活动，使这个节日，除了有慎终追远的感伤情怀，还融合了欢乐赏春的气氛；既有生离死别的悲酸泪，又到处是一派清新明丽的生动景象。

中国广大地区有在清明之日进行祭祖、扫墓、踏青的习俗，逐渐演变为华人以扫墓、祭拜等形式纪念祖先的一个中国传统节日。

（一）荡秋千

这是中国古代清明节习俗。秋千，意即揪着皮绳而迁移。它的历史很古老，最早叫千秋，后为了避忌讳，改为秋千。古时的秋千多用树桠枝为架，再拴上彩带做成，后来逐步发展为用两根绳索加上踏板的秋千。荡秋千不仅可以增进健康，而且可以培养勇敢精神，至今为人们特别是儿童所喜爱。

（二）踏青

踏青又叫春游，古时叫探春、寻春等。四月清明，春回大地，自然界到处呈现一派生机勃勃的景象，正是郊游的大好时光。我国民间长期保持着清明踏青的习惯。

（三）植树

清明前后，春阳照临，春雨飞洒，种植树苗成活率高、成长快。因此，自古以来，我国就有清明植树的习惯。有人还把清明节叫作"植树节"。1979 年，全国人大常委会规定，每年 3 月 12 日为我国植树节，这对动员全国各族人民积极开展绿化祖国活动有着十分重要的意义。

五、端午节

农历五月初五为端午节，又称端阳节、午日节、五月节、艾节、端五、重午、午日、夏节。虽然名称不同，但各地人民过节的习俗是相同的。端午节是我国两千多年的旧习俗，每到这一天，家家户户都悬钟馗像，挂艾叶菖蒲，赛龙舟，吃粽子，饮雄黄酒，游百病，佩香囊，备牲醴。

悬钟馗像：钟馗捉鬼，是端午节习俗。在江淮地区，家家都悬钟馗像，用以镇宅驱邪。唐明皇开元，自骊山讲武回宫，疟疾大发，

探究与实践

读一读

送陈秀才还沙上省墓
　　　（明）高启

满衣血泪与尘埃，
乱后还乡亦可哀。
风雨梨花寒食过，
几家坟上子孙来？

梦见二鬼，一大一小：小鬼穿大红无裆裤，偷杨贵妃之香囊和明皇的玉笛，绕殿而跑；大鬼则穿蓝袍戴帽，捉住小鬼，挖掉其眼睛，一口吞下。明皇喝问，大鬼奏曰：臣姓钟馗，即武举不第，愿为陛下除妖魔。明皇醒后，疟疾痊愈，于是令画工吴道子，照梦中所见画成钟馗捉鬼之画像，通令天下于端午时一律张贴，以驱邪魔。

挂艾叶菖蒲：在端午节，家家都以菖蒲、艾叶、榴花、蒜头、龙船花，制成人形称为艾人。将艾叶悬于堂中，剪为虎形或剪彩为小虎，贴以艾叶，妇人争相佩戴，以僻邪驱瘴。用菖蒲作剑，插于门楣，有驱魔祛鬼之神效。

赛龙舟：当时楚人因舍不得贤臣屈原死去，于是有许多人划船追赶拯救，争先恐后追至洞庭湖时不见踪迹，是为龙舟竞渡之起源。后每年五月五日划龙舟以纪念之，借划龙舟驱散江中之鱼，以免鱼吃掉屈原的尸体。竞渡之习，盛行于吴、越、楚，至今我国南方仍保持这一习俗。清乾隆二十九年台湾开始有龙舟竞渡，当时台湾知府蒋元君曾在台南市法华寺半月池主持友谊赛。现在台湾每年五月五日都举行龙舟竞赛。

吃粽子：荆楚之人，在五月五日煮糯米饭或蒸粽糕投入江中，以祭祀屈原。唯恐鱼吃掉，故用竹筒盛装糯米饭撒下，以后渐用粽叶包米代替竹筒。

饮雄黄酒：此种习俗，在长江流域地区的人家很盛行。

游百病：此种习俗，盛行于贵州地区的端午习俗。

佩香囊：端午节小孩佩香囊，不但有避邪驱瘟之意，而且有襟头点缀之风。香囊内有朱砂、雄黄、香药，外包以丝布，清香四溢，再以五色丝线弦扣成索，做成各种不同形状，结成一串，形形色色，玲珑夺目。

六、七夕节

每年农历七月初七这一天是我国汉族传统的七夕节。因为此日活动的主要参与者是少女，而节日活动的内容又是以乞巧为主，故称这天为"乞巧节"或"少女节""女儿节"。七夕节是我国传统节日中最具浪漫色彩的一个节日，也是过去姑娘们最为重视的日子。在这一天晚上，妇女们穿针乞巧，祈祷福禄寿活动，礼拜七姐，仪式虔诚而隆重，陈列花果、女红，各式家具、用具都精美小巧、惹人喜爱。

每年七月初七，天下的喜鹊在银河上搭成一座鹊桥，牛郎和织女才能相见。这个美好的传说始于汉朝，经过千余年的代代相传，深入人心。每到七夕将至，牵牛和织女二星都竟夜经天，直至太阳升起才隐退，因而又被喻为人间离别的夫妻相会。

2006 年 5 月 20 日，七夕节被国务院列入第一批国家非物质文化遗产名录。现又被认为是"中国情人节"。

七、中秋节

中秋节是我国的传统佳节，具有悠久的历史，和其他传统节日一样，也是慢慢发展形成的。古代帝王有春天祭日、秋天祭月的礼制，早在《周礼》一书中，已有"中秋"一词的记载。到魏晋时，有"谕尚书镇牛渚，中秋夕与左右微服泛江"的记载。直到唐朝初年，中秋节才成为固定的节日。《唐书·太宗记》记载有"八月十五中秋节"。中秋节的盛行始于宋朝，至明清时，已与元旦齐名，成为我国的主要节日之一。后来贵族和文人学士也仿效起来，在中秋时节，对着天上又亮又圆的一轮皓月，观赏祭拜，寄托情怀，这种习俗传到民间形成一个传统的活动。中秋节的习俗很多，形式也各不相同，但都寄托着人们对生活无限的热爱和对美好生活的向往。根据我国的历法，农历八月在秋季中间，为秋季的第二个月，称为"仲秋"，而八月十五又在"仲秋"之中，所以称"中秋"。中秋节有许多别称：因节期在八月十五，所以称"八月节""八月半"；因中秋节的主要活动都是围绕"月"进行的，所以又俗称"月节""月夕"；中秋节月亮圆满，象征团圆，因而又叫"团圆节"。中秋晚上，我国大部分地区还有烙"团圆"的习俗，即烙一种象征团圆、类似月饼的小饼子，饼内包糖、芝麻、桂花和蔬菜等，外压月亮、桂树、兔子等图案。祭月之后，由家中长者将饼按人数分切成块，每人一块，如有人不在家即为其留下一份，表示合家团圆。中秋节时，云稀雾少，月光皎洁明亮，民间除了要举行赏月、祭月、吃月饼祝福团圆等一系列活动，有些地方还有舞草龙、砌宝塔等活动。除月饼外，各种时令鲜果干果也是中秋夜的美食。中秋可能就是秋报的遗俗。中秋节有悠久的历史，中秋节的传说也是非常丰富的，嫦娥奔月、吴刚伐桂、玉兔捣药之类的神话故事流传甚广。

（一）中秋节送礼礼仪

秋收之际的中秋节，正是加强亲族联系、增进感情的好时机，是一年当中仅次于年节的馈赠大节。中秋节日馈赠，称为"贺节""送节""追节"，也称"送节礼"，陕西醴泉称"送秋节"。往往在节前数日甚至月初就开始赶办节礼，相互馈送，路上行人往来如梭。直到今天，中秋节前送节礼的习俗依然盛行，几乎等同于年前送礼贺节。一般送礼要赶在节前，但也有在节后送的，如在甘肃洮州，中秋节后第二天以饼果馈送亲戚。

作为团圆象征的月饼和时鲜的瓜果都是馈赠佳品。其他节物各地多有不同：在广东东安要送糖饦；在湖南蓝山，亲友间多馈赠鸭；在江苏六合，家家以菱藕、蹲鸱、糖饼相馈赠；在四川江津，中秋前一日互相馈赠糍饼，取意其圆；福建同安，节前一二日亲友间互送月饼、番薯、芋魁，中秋时以此祀先和祭神；在台湾嘉义，节前人们互送月饼、文旦、麻糍。

中秋礼数颇多，如在江苏地区，必要送礼的有学徒向师父送礼、分家的儿子给父母送礼、女婿给岳家送礼、书塾学生给教书先生送过节钱。其中，最重要的还是亲戚之间互赠节礼。

在中秋节，母家给女儿家送礼较为普遍。在河南新安，母家携枣糕（用面叠作数层，下大上小，内夹枣）、月饼、梨、柿、石榴等看视女儿，称为"送糕"。在山东泰安也有八月十五看闺女的习俗，节前家家户户买上月饼、鲤鱼之类的礼物，挑担、骑驴、坐车，去看望自家已出嫁的闺女。

对于新嫁女，母家送礼更为隆重。在浙江乌青，有新嫁女的人家要以盘或箱盛月饼，送至女儿家，叫作"致秋节"。浙江双林的新妇之母家必备果品、粉圆（意为团圆）相送。在江苏高邮，娘家给新出嫁的女儿送节礼，但不留餐。在福建福鼎，父母给已出嫁的女儿送中秋节礼，第一次送节称"送头年"，礼品要丰厚，以中秋粿、月饼为主，再加酒、鸡、鸭。其中，中秋粿又有白粿（米浆加盐蒸熟）、糖粿（米浆加红糖蒸成）、肉粿（米浆加盐、肥猪肉、葱头油、葱叶等蒸熟）、芋蛋粿（也称槟榔芋粿）等各种，粿圆味美，象征团圆。女儿收下中秋粿和月饼，其他礼品一般退回，再添上几种礼品为压礼。收下的中秋粿，切成一块块，分给邻居和亲戚、朋友，叫作"分头年粿"。

有些地方要给外孙、外甥送礼。在福建藤山，凡为外祖父母者，必以中秋饼附以鲤鱼饼送给外甥孙。在江苏高邮，外婆要在中秋这天送给外孙扎制"宝塔"，直到外孙十岁为止。在福建福鼎，当舅舅的每年中秋节都要送给外甥中秋饼和柚子，有几个外甥就要送几份，直送到外甥16岁为止。

女婿也要给丈人家送礼。如在浙江温州，女婿送丈人的礼品，一般是一对鸭子加鱼、肉、豆糕。回盘用三锦、粉干、雪梨。有外孙的，必须加大月饼和"赏月食"。在浙江乐清，中秋这天女婿、外甥、干儿需向岳父母、舅父母、干父母馈赠礼物，俗称"望八月十五"或"望中秋节"，礼物有粉干、鱼、肉等。女婿望第一个中秋要有鸭、鱼、肉等六样礼物，其余礼物则以月饼为主，其次是芋芳和茶食包等。送时还带着丝竹伴奏，饶有情趣。

　　其他馈赠礼节，如在福建福鼎，当年有父母或长辈过世的人家，过中秋节时不能蒸中秋粿，要由出嫁的女儿或亲戚给家中送来中秋粿和月饼，称为"送孝"。在江苏高邮，此日求婚者多带着雄鸡、鹅、藕、月饼去女家"追节"。

　　中国的文化源远流长，几千年的风俗流传，影响周边的许多国家，中秋节不单单是华人的节日，也是日本、韩国的传统节日。

　　日本的传统中秋节叫芋明月，也叫栗明月，但现代日本人已经不过中秋节了。那天人们可以不工作，在家里待着喝啤酒，不看月亮，看电视节目。由于传统文化的衰退，年轻人都不知道节日的来源和意义，不管你是什么节日，只知道那天不用上班。不同的是，中秋节在韩国被称为"秋夕"，是民间仅次于春节的盛大节日，有两天的法定假期，加上周末的时间，就成为含金量不低的"黄金周"了。作为韩国的感恩节，很多人都习惯互相馈赠礼物。过去交通未发达之时，民众都会利用这段日子回乡探亲，如今，每逢秋夕之前一个月，韩国各大公司都会大减价，以吸引民众购物互相赠送。大家都忙于登门拜访或者回家乡祭祀。在韩国，最受欢迎的节日礼物是亲手制作的米糕，据说米糕里还含有诚心、爱心和孝心的含义，最能表达中秋一家团圆的气氛。一些在中国工作的韩国人，他们不能在中秋节跟家人团圆，但都会托朋友带一些中国特产回国让家人尝鲜，也一定不忘在拜月的时候给家人打个长途电话，致以佳节的问候。

（二）中秋传说之嫦娥奔月

　　相传，远古时候天上有十日同时出现，晒得庄稼枯死，民不聊生。一个名叫后羿的英雄，力大无穷，他同情受苦的百姓，登上昆仑山顶，运足神力，拉开神弓，一气射下九个太阳，并严令最后一个太阳按时起落，为民造福。后羿因此受到百姓的尊敬和爱戴。

　　后羿娶了个美丽善良的妻子，名叫嫦娥。后羿除传艺狩猎外，终日和妻子在一起，人们都羡慕这对郎才女貌的恩爱夫妻。不少志士慕名前来投师学艺，心术不正的蓬蒙也混了进来。

　　一天，后羿到昆仑山访友求道，巧遇由此经过的王母娘娘，便向王母求得一包不死药。据说，服下此药，能即刻升天成仙。然而，后羿舍不得撇下妻子，只好暂时把不死药交给嫦娥珍藏。嫦娥将药藏进梳妆台的百宝匣里，不料被小人蓬蒙看见了，他想偷吃不死药自己成仙。

　　三天后，后羿率众徒外出狩猎，心怀鬼胎的蓬蒙假装生病，留了下来。待后羿率众人走后不久，蓬蒙手持宝剑闯入内宅后院，威逼嫦娥交出不死药。嫦娥知道自己不是蓬蒙的对手，危急之时她当机立断，转身打开百宝匣，拿出不死药一口吞了下去。嫦娥吞下药，身子立时飘离地面、冲出窗口，向天上飞去。由于嫦娥牵挂着丈夫，便飞落到离人间最近的月亮上成了仙。

傍晚，后羿回到家，侍女们哭诉了白天发生的事。后羿既惊又怒，抽剑去杀恶徒，蓬蒙早逃走了，后羿气得捶胸顿足，悲痛欲绝，仰望着夜空呼唤爱妻的名字，这时他惊奇地发现，今天的月亮格外皎洁明亮，而且有个晃动的身影酷似嫦娥。他拼命朝月亮追去，可是他追三步月亮就退三步，他退三步月亮就进三步，无论怎样也追不到跟前。

后羿无可奈何，又思念妻子，只好派人到嫦娥喜爱的后花园里，摆上香案，放上她平时最爱吃的蜜食鲜果，遥祭在月宫里眷恋着自己的嫦娥。百姓们闻知嫦娥奔月成仙的消息后，纷纷在月下摆设香案，向善良的嫦娥祈求吉祥平安。从此，中秋节拜月的风俗在民间传开了。

八、重阳节

重阳节，又称"踏秋"，汉族传统节日。庆祝重阳节一般包括出游赏景、登高远眺、观赏菊花、遍插茱萸、吃重阳糕、饮菊花酒等活动。每年的农历九月初九，也是中国传统四大祭祖的节日。重阳节早在战国时期就已经形成，到了唐代被正式定为民间的节日，此后历朝历代沿袭至今。重阳与三月初三"踏春"皆是家族倾室而出，重阳这天所有亲人都要一起登高"避灾"。"重阳节"名称见于记载却在三国时代。据曹丕《九日与钟繇书》中载："岁往月来，忽复九月九日。九为阳数，而日月并应，俗嘉其名，以为宜于长久，故以享宴高会。"（因此，重阳节被定为农历的九月九日。）

重阳节首先有登高的习俗。金秋九月，天高气爽，这个季节登高远望可达到心旷神怡、健身祛病的目的。和登高相联系的有吃重阳糕的风俗。"高"和"糕"谐音，作为节日食品，最早是庆祝秋粮丰收、喜尝新粮的用意，之后民间才有了登高吃糕，取步步登高的吉祥之意。

重阳日，历来就有赏菊花的风俗，所以古来又称菊花节。农历九月俗称菊月，节日举办菊花大会，倾城的人潮赴会赏菊。从三国魏晋以来，重阳聚会饮酒、赏菊赋诗已成时尚。在汉族古俗中，菊花象征长寿。古代还风行九九插茱萸的习俗，所以又叫作茱萸节。茱萸入药，可制酒养身祛病。

重阳节是杂糅多种民俗为一体而形成的汉族传统节日。"九九"与"久久"同音，九在数字中又是最大数，有长久长寿的含义，况且秋季也是一年收获的黄金季节，重阳佳节，寓意深远，人们对此节历来有着特殊的感情。

20 世纪 80 年代开始，我国一些地方把夏历九月初九定为老人节，倡导全社会树立尊老、敬老、爱老、助老的风气。 国家非常重视非物质文化遗产的保护，2006 年 5 月 20 日，该民俗经国务院批准列入第一批国家级非物质文化遗产名录。

九、冬至节

农历自立冬至立春为冬季。冬季含阴历十月、十一月、十二月，分称孟冬、仲冬、季冬。冬至是 24 节气之一。冬至这一天，夜最长，但也长到顶了；昼最短，但也短到头了。这一天昼夜阴阳开始向相反方面转化了。从这一天开始数九，天气越来越冷。

古人非常重视冬至节，朝廷官员与太学生都要放假。据记载："十一月冬至，京师最重此节，虽至贫者，一年之间，积累假借，至此日更易新衣，备办饮食，享祀先祖。官放关扑，庆贺往来，一如年节。"

在魏晋南北朝时代，曾经流行过向长者赠送鞋袜的习俗。曹植写有："国家冬至，献履贡袜，所以迎福践长"，"四方交泰，万物昭苏，亚岁迎祥，履长纳庆"。河北省滦南县一带，旧时的媳妇到了冬至，要给公公婆婆做一双新棉鞋和棉袜。

冬至节的节日饭一般是吃馄饨，也有吃饺子和面条的。

冬至节的礼仪，重在关心亲人的冷暖和健康。添衣物鞋袜保暖，调剂饮食增进健康，尤其注意不要冻坏。对老人如此，对孩子也一样。节日是唤醒人们注意礼仪的际遇。

冬至在我国古代是一个很隆重的节日。至今我国台湾还保存着冬至用九层糕祭祖的传统，以示不忘根本，祝福阖家团圆。

十、元旦

中国古代的元旦，即现代中国所称之春节的习俗。现代中国的元旦，为法定假日，成为全国人民的节日。放假一天，常将当日前或后双休日调整，一般连续休息三天。现代中国对元旦的庆祝较之春节，重要性要小得多。一般机关、企业会举行年终集体庆祝活动，但民间活动很少。

元旦是在民国年间才诞生的，并由春节演化而来，所以在中国刚刚开始庆祝元旦时，其庆祝的风俗习惯大都是类似于春节，或者说是春节的缩小版。虽然沿用了部分传统的庆祝方式，如燃放爆竹、杀三生、敬鬼神、拜祭先人等，但在人们的心目中并不会占用多么重要的地位。到了现代，元旦的庆祝习俗就更简单了。

我国对元旦节不如新年重视，所以一般中国元旦节的习俗就是张贴"欢度元旦"。

庆祝元旦的三大方式：

方式一：全中国甚至是全世界都知道，很多国家都把元旦定为法定节日，在元旦这天放假。新中国成立后，也规定元旦为法定节日，放假一天。

方式二：现在比较普遍的就是由团体组织的活动，如元旦联欢会、挂庆祝元旦的标语或举行集体活动等。以前有组织敲锣打鼓、集体跳民族舞的，现在在电视纪录片上还能看到。到科技发展的今天，就演变为联欢晚会了。近年更是有旅游、聚会等节目，并没有太多的传统，怎么玩都行，只意味着一天的假期。

方式三：保留着中国传统的庆祝方式就在于民间了，尤其是在农村。每到元旦，家家户户都会燃放爆竹，杀鸡宰鹅，拜祭过各方神灵后，就是一家人团圆，聚一餐。

另外，中国现代节日有：国际劳动妇女节（3月8日）、植树节（3月12日）、国际劳动节（5月1日）、中国青年节（5月4日）、国际护士节（5月12日）、国际儿童节（6月1日）、中国共产党诞生纪念日（7月1日）、中国人民解放军建军节（8月1日）、教师节（9月10日）、国庆节（10月1日）。

任务实施

节日根植于民族文化的土壤中，乐为广大人民接受，成为点缀生活、凝聚人心的重要方式。

节日体现了民族的智慧和心态。中华民族善于除凶化吉、化险为夷，以良好的心态正视逆境与困难，争取美好的生活。

节日是寓教于乐的良好形式。过节时往往要举行某种仪式，以表纪念之意，随之则是皆大欢喜的娱乐。

节日期间，人们经常走亲访友，举行各种聚会，开展社交活动，从而增进情谊，促进事业成功。

拓展训练与测评

1. 李君是县委机关的秘书，工作多年勤勤恳恳，但因生性木讷，在领导心中一直没什么印象。春节后上班第一天，李君与众同事相互拜年寒暄，后因事路过刚从邻县调来半年管组织工作的刘副书记办公室，其门大敞，刘副书记正向外张望。李君心想：都说我太木，就进去拜个年吧。遂谦恭进门，含笑施礼曰：周书记过年好！刘副

探究与实践

分组讨论
　　李君错在哪里？该怎么纠正这个错误？在春节期间该怎么给别人问好？

书记一愣，抬手微笑说好好。李君转身出门猛然醒悟：周是刘的前任，由于紧张称呼搞错了！回头想重新拜过，一看门已关上，实在无勇气纠正。归家告妻，妻又好气又好笑，怨其太木，说这个年拜了还不如不拜。

几天后，李君在走廊里又遇刘副书记，忐忑提起拜年称呼搞错一事，刘副书记大度地笑曰：没关系小王，我不在意！李君愕然。

互评成绩：一等奖_____，二等奖_____，三等奖_____。

2. 请在中国传统文化节日的名称后打"√"。

春　节（　）　　　　端午节（　）　　　　圣诞节（　）

重阳节（　）　　　　清明节（　）　　　　国庆节（　）

儿童节（　）　　　　中秋节（　）　　　　元宵节（　）

五一劳动节（　）　　七夕节（　）

自测得分：_____。

3. 利用春节假期尝试把社会主义核心价值观融入春节文化活动中，展示当代大学生多姿多彩的精神文化生活。

欢乐课堂

≫情景模拟

1. 大过年的家家都把"福"倒过来贴，寓意福到了。

今天突发奇想写了一个"钱"，倒着贴在门上了，寓意钱到了。

媳妇看到了，一巴掌甩过来，嘴里说着：我让你倒贴钱，让你倒贴钱，倒贴钱……

2. 昨天我给朋友打电话，什么时候请我吃饭啊？听到朋友问同事：咱们什么时候发工资啊？同事说节后就发！于是朋友对我说，过了清明就有钱了！

探究与实践

问　题

如何同广大人民群众一起过一个欢乐、祥和、健康、文明的春节？将有关活动安排描述一下。

讨　论

春节贴春联礼俗。

想一想

结合当前精神文明建设的需要，我国有哪些节日礼俗应该大力提倡？

主要参考文献

[1] 金正昆：《社交礼仪教程》，北京：中国人民大学出版社，1998 年。

[2] 杨丽敏：《现代职业礼仪》，北京：高等教育出版社，2007 年。

[3] 黄红：《现代礼仪规范》，北京：中国农业出版社，2009 年。

[4] 白丽香：《现代职业礼仪》，北京：中国铁道出版社，2014 年。

[5] 张岩松、张丽英：《现代职业礼仪与人际沟通》，北京：北京交通大学出版社，2011 年。

[6] 李缨、董萍：《现代职业礼仪教程》，广州：暨南大学出版社，2008 年。

[7] 吴本：《酒店服务与管理》，北京：旅游教育出版社，2003 年。

[8] 钟敬文：《中国礼仪全书》，合肥：安徽科技大学出版社，2001 年。

[9] 王继平：《服饰文化学》，武汉：华中理工大学出版社，1998 年。

[10] 李鸿军：《交际礼仪学》，武汉：华中理工大学出版社，1997 年。

[11] 高世杰：《新编国际礼仪手册》，北京：中国妇女出版社，1995 年。

[12] 秦启文：《现代公关礼仪》，重庆：西南师范大学出版社，1994 年。

[13] 姜钟松、夏日云：《日常交际礼仪》，济南：山东友谊出版社，1988 年。

[14] 赵关印：《现代礼仪基础》，北京：气象出版社，2000 年。

[15] 何浩然：《实用礼仪教程》，北京：中国商业出版社，1998 年。

[16] 陈玉：《礼仪规范教程》，北京：高等教育出版社，2005 年。

[17] 张金英：《办公事务实训》，上海：上海财经大学出版社，2006 年。

[18] 贾俊芳：《公关与礼仪》，北京：中国铁道出版社，2001 年。

[19] 麻美英：《现代实用礼仪》，杭州：浙江大学出版社，2002 年。

[20] 刘国柱：《现代商务礼仪》，北京：电子工业出版社，2005 年。

[21] 何春晖、彭波：《现代社交礼仪》，杭州：浙江大学出版社，2001 年。